生命，
因家庭而大好！

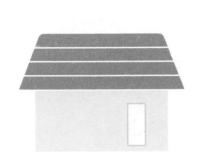

跟阿德勒學正向教養

單親家庭篇

傾聽孩子的訊息密碼，增進信任關係，
建立愛與歸屬感的環境

Positive Discipline
for Single Parents

簡·尼爾森、謝瑞爾·艾爾文、卡洛·德爾澤——著
陳玫妏——譯　姚以婷——審訂

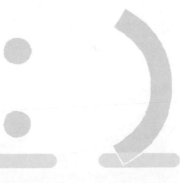

給卡洛，她讓我看到單親家庭在教養上有特殊的需要；給謝瑞爾，她告訴我們單親家庭並非破碎的家庭。她們都是單親家庭的典範，證明單親父母可以提供孩子一個滋養和賦能的環境。

——簡・尼爾森

給我的兒子菲利浦，你帶給我無比的喜悅；給湯姆，你追求改變的勇氣激勵了這本書的創作。

——謝瑞爾・艾爾文

給我的女兒潔西卡，謝謝她給我的許多靈感；給她的父親，謝謝他的合作，使我得以成為一名成功的單親媽媽。

——卡洛・德爾澤

目錄 CONTENTS

Chapter 4

溝通的藝術：讀懂能量的線索

——誠實以對，增進親子間的信任關係

Chapter 5

尋找生活的平衡，和其他單親教養的技能

——掌握簡單的技巧，解決現實面的問題

Chapter 6

不懼困難：創造平衡的技巧

——學習在需要時求助，別怕失敗或犯錯

Chapter 7

與單親媽媽或單親爸爸的生活

——進入孩子的世界，與他建立親密且信任的關係

Chapter 8

單親家庭不是「破碎」的家庭

——練習合作與鼓勵，成為發現優點的人

Chapter 9

家庭會議

——讓孩子一起參與並做出貢獻，使全家成為一個團隊

Chapter 10

理解錯誤行為

——並非因為你是單親父母，孩子才會出現錯誤行為

Chapter 11

進入孩子的世界

——拋棄說教、懲罰的方式，開始運用正向教養的技巧

Chapter 12

非懲罰性的管教方式

——利用自然與邏輯後果，貫徹執行正向教養

Chapter 13

在單親教養之外的事

——好好照顧你自己，學會與孤獨共處

Chapter 14

單親父母的社交生活和伴侶

——嘗試擁有新生活，並幫助孩子適應新關係

Chapter 15

你與前任配偶的關係

——尊重彼此的教養與生活，別把孩子當間諜

推薦序

單親家庭不是破碎的家庭

洪仲清／臨床心理師

單親家庭是現代常見的家庭樣貌之一。目前在社會上，容易看到的不同家庭樣貌，還包括隔代教養、多元家庭、新住民家庭、弱勢家庭……更別說「偽單親」家庭的流行，「缺席的父親」是我工作過程中頻繁被提出來討論的話題。

當我們對家庭種類的認識越深入，就不會隨意給予單親家庭「破碎」的標籤。有些單親家庭，是在大家庭裡，資源甚至比一般小家庭豐沛；有些單親家庭，則是等到孩子有適當的獨立能力，父母才離異；有些單親家庭，因為孩子少，所以能得到照顧者全心的關懷，教養方式也更一致。

單親家庭之間的落差，其實比我們刻板印象來得大；大眾認定的傳統家庭，也未必是幸福保證。

「因為我是單親教養，我的家現在變得平靜多了。」

因為擺脫了經常性的衝突爭吵，有些單親教養的品質反而更好，家庭氣氛更融洽。在研究上，單親家庭的孩子通常較為獨立；如果有高品質的單親教養，還可以看到親子關係更和諧，孩子因為很能體會照顧者的辛勞，主動分擔家務，對家庭更有認同感。

相對來說，有些父母寧可長期爭吵，說是為了家庭的「完整」而堅持不離婚，卻又把責任都丟給孩子——「我是為了你而不離婚的」。我跟這種處境之下長大的孩子們互動，他們其實都期待父母大可各自追尋幸福，別把「不幸」的原因都歸到他們身上，成長過程中心理壓力一直很大。

但由於文化的制約，還有對整體家庭樣貌的認識不足，很多單親父母心裡常感愧疚，也持續處在「受害者」心態。父母不知道怎麼愛彼此，卻在孩子腦中種下仇恨，不斷對著孩子發洩對伴侶的怨懟，這對孩子的心理健康有礙。

「無論你有多忙，都應該將自己作為優先事項之一；這不會自然地發生，你必須花時間照顧自己，因為無論你多努力，都無法滿足其他人對你所有的要求，但如果你讓自己精疲力盡，將無法繼續付出。意識到自己的侷限性，在必要時，對新的要求說不。」

我相當欣賞正向教養的地方是，它強調父母優先照顧好自己，這是我認為能教養孩子自重自愛的源頭——能漸漸成為我們自己內在慈愛的父母。我們怎麼對自己的內在小孩說話，我們可能很自然地用類似的語氣對現實生活中的孩子說話。

正向教養系列書籍，在台灣我推薦好幾本了，某些相當好用的教養工具也都重複跟讀者們分享與討論；但這次閱讀單親家庭篇，就像之前針對不同族群所出的書，都還是滿懷感動。

能提出一套完整的教養理論，已經難能可貴了，還能針對實務，落實在不同的背景脈絡下，輔以豐富的案例與分享，幫助讀者能更快地應用在屬於自己獨特的情境；對我來說，這是一種相當負責任的作法，不但持續完善自己所倡導的理論，同時也給讀者具體且細膩的交代。

我身邊的朋友，就有很用心的單親父母。知道孩子在情緒上難免遭遇挑戰，所以特別主動積極，也刻意安排跟孩子的特殊時光，更是把溫和且堅定的態度當成教養心法。

我真的等不及要跟身邊的朋友分享這本書，這本書所講到的很多細節，是單親父母根本沒想過的議題；即便是一般的雙親家庭，讀這本書也都相當有助益。

在我落筆的當下正值疫情肆虐，親子相處時間突然變多了，這本書更像是救命的繩索。相當榮幸跟讀者推薦這本書，希望藉著這本書，讓全家成為一個團隊！

推薦序

阿德勒可以讓你得到「雙倍好的自己」

Mr. 6 劉威麟／單親爸爸、英雄爸爸公司負責人

離婚有多痛？

協調離婚期間，我見過不下二十位律師、心理師、社工，還有許多關心我們的朋友；我深深地感到，若不是自己走過離婚，真的無法感同身受這種痛苦，而且，當你爬得愈高，跌得愈痛——我在美國史丹佛大學拿到兩個碩士學位、在矽谷當過工程師風光回國，和前妻生了兩個可愛的孩子且創業成功；不過，婚姻最終進入嚴重衝突，離婚前，讓我最不敢離婚的三個原因，都圍繞著孩子：

第一，我搶得到孩子嗎？

第二，孩子還會像以前一樣愛我嗎？

第三，孩子會不會心裡受創？

其中，第三點尤其令我痛到撕裂，因為，我好怕孩子受傷，尤其那些看不見傷口的心理創傷！我怕孩子走歪，聽說單親孩子容易被霸凌或交友不慎！

然而，當我真的離婚了，成了獨力照顧兩個孩子的單親爸爸，一個大人、兩個孩子相依為命，每天面對面的相處，我才又發現，**孩子還沒出問題，我自己已經先出問題了。**離婚後，孩子變得特別「難管」，情緒上的問題全都爆發出來了，那時剛好是暑假，每天不是大吼大叫，就是大哭大鬧，兄妹兩人還會互抓互打、以謊言掩蓋事實，還會栽贓給唯一的大人（我）稱「是爸爸在說謊」！

最慘的是，當時，我自己都還沒走出離婚的創傷，一度認為自己是人生魯蛇兼失敗者，孩子又教養失靈，我一邊擔心著他們，一邊又好受傷；在家裡的每一天，我時時都處在情緒爆炸的臨界點。

所以，所有聲稱單親孩子其實可以和正常孩子一樣，輕輕鬆鬆地正常長大，不必提出特別教養方法的人，我必須說，很有可能是因為他們自己沒離過婚、沒有真的「實戰」教養單親子女——忽視單親孩子的教養技巧，實是非常危險的鄉愿心態。雖然，我並不孤單，過去兩年多，我辦了近百場的離婚單親座談活動；邀請許多我們稱為「學長、學姐」的人（也就是比我們早離婚的過來人）來為「學弟、學妹」們分享心路歷程，也發現，單親教養所碰到的「問題」都差不多，大家一直問，卻得不到「答案」——找不到專為教養單親孩子所設計的解答。

所以，我非常珍惜這本《跟阿德勒學正向教養：單親家庭篇》，甚至認為，在「跟阿德勒學正向教養」系列中，這本是最重要的；阿德勒的理論，對離異家庭的貢獻度比一般家庭還要大，因為這種不打不罵又不縱容的教養技術，單親孩子更是需要。這本書所有理論都有非常棒的實例，比方說，此書提到的「我字句」，當孩子晚回家，可以和孩子說：「這樣會讓我感到害怕和沮喪，因為我愛你，擔心是不是發生了什麼事。請打個電話給我，我會很感激。」像這樣的舉例，對我這個單親爸爸來說非常地實用。

另外，此書也提供一些很明確的方向，比方說，加入一種「教養互助會」可以讓孩子找到玩伴；又，如何舉行「家庭會議」？對我們家來說，第一次舉行家庭會議，難免有點怪怪的，後來每個人真的都暢所欲言，「家庭會議」變成了我和孩子之間一個另類的互動機會。另外，書中還提到一點，是我很喜歡的做法——「向孩子確認他的感受，不要假設」，即便他說「不知道」（我家孩子最愛說「不知道」然後要理不理的），也要一再地確認；此外，當孩子拒絕我要求他們幫忙做家事，我必須知道，他們並不是不做家事，而是「因為他們是孩子，有其他的優先事項，家事不是他們最優先考慮的事情」，單單這樣想，就已經將父母炸裂的情緒緩和一半以上了。

此書不只教我們不打不罵的教育，最重要的是，它教我們進入孩子的心裡，並有效地讓父母自己的壞情緒獲得緩解。最後，本書還很貼心地直接書寫一章來討論「照顧你自己」的議題，包括如何忍受孤獨、如何在失去自信後堅強，它也貼心地教大人「往後有了新的交往對象，怎麼處理孩子的反彈？」它說，不必遮遮掩掩地進入「保密模式」，可以大方詢問孩子「現在是否願意聊聊『這件事』」，並於孩子在家時與伴侶見面，別隨便和孩子說「你對我很重要」，卻常在他們需要時跑去和異性友人約會等等……這些都是以往我在阿德勒相關書籍中所沒有看到的，聽起來卻相當熟悉；好「阿德勒」式教育，對於單親且需要學點新方法的我們，猶如天籟之音。

單親父母比一般雙親家長還需要「學習」，因為，唯有一直學習，才有可能讓自己在單親教養時做得「比以前更好」；另一個角度看，因為單親，反而因禍得福，得到了雙倍好的自己——雙倍好的你，就從《跟阿德勒學正向教養：單親家庭篇》開始吧！

導讀

用正向教養打造單親的完滿家庭

姚以婷／美國正向教養協會國際顧問和高級導師、中華亞洲阿德勒心理諮商和應用協會理事長、亞和心理諮商和訓練中心院長

成為單親家庭會經歷一段混亂的過程，往往會出現令人困惑、驚訝、傷心等等高度複雜的情緒波動。單親要面臨的不僅個人身分的改變，還有相當長的一段時間，要面臨來自內外環境對心理與生活各方面的劇烈震盪，包括情感、社交、經濟、法律、心理、和親職的問題，同時伴隨著各種情緒困擾。要能做到在家庭轉變的過程中，減輕衝擊和增強正向的調適，是很不容易的事。

從過去十年內政部的數據來看，單親家庭的比例有逐漸增加的趨勢，二〇一九年的統計資料顯示，台灣約有八百七十三萬戶家庭，其中八十九萬戶是單親家庭，也就是說，有超過十分之一的家庭是由單親組成。這本書的出版，對於日漸增多的單親家庭能提供很好的幫助，讀者除能了解「在單親環境下，如何做出有

支持力量的正向教養方式」之外，書中還有極大篇幅，針對單親父母面對各種困難，所必須顧及各層面的內在感受和外在生活，進行正向調適的介紹與說明。

沒有「破碎家庭」這回事，即使破碎也能修復

當雙親之一由於長期生病、分離、離婚、死亡等各種原因，導致原來「完整」的家人關係或生活遭到破壞，許多人便常使用「破碎家庭」來形容任何一種單親家庭，該名詞顯然也已受到濫用。當人們談論到孩子的錯誤行為時，可能會說：「他來自一個破碎家庭。」而忽略了必須探討這個孩子的想法或其他方面的影響。**本書的第一章和第二章內容，指出對單親家庭教養的無益和有益觀點，進而能幫助我們改變，卸下來自輿論和偏見的重擔。**

書中告訴我們，許多快樂又成功的人，都是由單親家庭撫養長大的，單親或雙親並不會對孩子的發展造成重大影響，父母要有好的教養方法和積極的心態，才是孩子發展人格特質最重要的因素，同時，也可以預防和減輕單親生活的困難。

作者認為「沒有破碎家庭」這回事，又或者「即使破碎也能修復」，如果單親父

母帶著「受害者心態」，孩子勢必也會受到影響；如果父母面對挑戰能抱持勇敢又樂觀的想法，孩子也會學習並且從中獲益。

現今家庭生活型態早已多樣化，有雙親、單親、隔代、寄養、重組、多元等等，單親家庭必須調整許多舊有價值觀和想法、行為方式，並準備好負責的積極心態，在接受新的家庭組織和生活方式之後，能夠回復個人和家庭生活的和諧。

處理好情緒，有效安頓單親家庭新生活

不知道你有沒有「掃到颱風尾」的經驗？有些人在情緒低點時，看什麼都不順眼，明明無關的人和事，卻會在不理智的狀況下被無辜牽扯進風暴中。在轉換為單親父母的巨大壓力和挫折下，有時會失去理智，做出具有傷害性或後悔的事。**本書第三章和第四章十分重要，能幫助單親父母學習誠實面對自己的感受，才能有建設性地解決問題，特別是親子之間的困難。**提醒家長留意自身和孩子的情緒，當成人學會不用壓抑、爆發情緒，就能冷靜下來，並使用不指責的溝通方式，不僅可以給孩子良好的示範，重要的是，還能把困難的時刻轉化成「跟孩子

建立親密和信任的機會」。**第五、六、七這三章提供單親家庭面對混亂生活的有效方法，像是如何減輕壓力、創造安全感、應對混亂、建立歸屬感等等**；變動過程因為發生的情況太多，有時令人措手不及，或忽略掉最重要和該優先處理的事情，這幾章內容引領讀者檢視必須顧及的生活各個面向，重新找回生活的平衡。

孩子的問題不是因為單親家庭

正向教養告訴我們：當孩子們相信「我有能力、我能以有意義的方式做出貢獻，並掌控自己的生活」他們就會擁有自尊。**孩子如果有錯誤行為，「自責」不是有效的教養方法**；只要單親父母能夠學習，並使用那些能賦予孩子們力量、教他們相信自己的價值和能力的教養方法，單親跟雙親家庭都能給孩子提供同樣多的機會，以培養孩子們的品格和能力。**本書的第八章到十二章針對單親家庭的挑戰，列舉出許多實用的正向教養方法，幫助單親父母走進孩子的內心，真正理解孩子錯誤行為的緣由；花時間教導和鼓勵孩子、召開家庭會議、用鼓勵的方式邀請孩子主動合作，都能拉近親子距離，建立如同團隊夥伴的良好親子關係，進而**

促進正向的改變和成長。

賦能自我，化危機為轉機

經過風風雨雨的一切，單親父母在生活中最容易忽略自己。第十三到十七章的焦點回到家長的自我照顧和自尊治癒，學會尊重和肯定彼此，對父母和孩子都是重要的事，甚至還包括尊重孩子對另一位父母的喜愛和相處需求。不要害怕改變，因為改變已經發生，試著找出優點並肯定單親生活的價值，建立親子特殊的相處時光，進而擁抱新生活，為自己和孩子創造雨後天晴的彩虹！

在本書中，有許多正向教養的育兒方法，像是鼓勵、傾聽、溝通、肯定等，被建議用在單親父母自身一樣有效；畢竟，**父母有愛、肯負責，親子生活就完滿**。真正影響孩子發展的因素是：家庭關係的和諧或衝突、家庭經濟穩定與否、教養方式和品質，還有家長自身楷模。本書內容除了提供單親家庭如何持續做到溫和堅定的教養引導之外，更擴大探討範圍至「如何正向應對多重的家庭面向與層次變化」，是一本單親教養的好書，也是單親父母的療癒手冊，十分值得身處其中的家長或是關心單親家庭的人們參考閱讀。

序言

單親教養：開啟一段旅程

自本書出版後迄今，關於單親教養的某些觀念改變了，但還有很多事情維持不變。統計數字沒有改變——大約有一半的婚姻仍然以離婚告終；而根據美國人口普查局（U.S Census Bureau）的調查，全美大約百分之五十九的孩子，在成長過程中有部分的時間生活在單親家庭裡。

現在擁有子女監護權的單親爸爸比以往來得普遍——根據一項統計，有子女監護權的單親爸爸的人數，從一九九六年到一九九九年，就增加了百分之二十五。像是茱蒂．福斯特[1]和蘿西．歐唐納[2]等名人，也讓我們注意到，有些大人選擇單親撫養，並且喜歡這種安排。

單親父母的角色在電視上更常出現。昔日那種「一名美國副總統自認為有資格公開批評一個描述健康幸福單親家庭的電視節目（還記得《風雲女郎》[3]嗎？）」的日子，似乎已成了過去式。如同美國家庭生活的許多面向一樣，我們對單親教養的觀念正在發生變化，但對它的某些恐懼和感受，卻沒有改變。

當一群單親父母被問及「身為單親父母的感受是什麼」時，一如預期地，我們聽到各式各樣的情緒反應。一位單親媽媽說：「我感到不知所措。」一位單親爸爸說：「我感到內疚。」還有其他許多蜂湧而出的感受：「孤立」、「疲倦」、「苦澀」、「害怕」、「不安」、「脆弱」、「孤獨」、「憂鬱」、「焦慮」、「極度的悲傷」。

成為單親父母的原因有很多種。有些人是因為喪偶；有些人根本沒有進入婚姻（出於自願選擇，或是被拋棄）；還有些人是因為離婚。不管是哪一種原因，一旦你踏上這段旅程，成為一名單親父母，你該怎麼辦？

在複雜的現代社會中，當一名單親父母是一項巨大的挑戰。單親教養好似一份「份量加倍」的工作——你必須面對日常生活中所有的教養問題，而且還得獨自

1 茱蒂・福斯特（Jodie Foster），美國著名女演員、導演、製片人，是奧斯卡獎歷史上屈指可數於三十歲前便兩度獲得最佳女主角殊榮的演員。主演的電影包括《計程車司機》（1976）、《沉默的羔羊》（1991）、《接觸未來》（1997）等。

2 蘿西・歐唐納（Rosie O'Donnell），美國喜劇演員、作家、電視主持人和節目製作人。從十幾歲便開始她的喜劇生涯；她同時也是同性戀權利運動者。

3 《風雲女郎》（*Murphy Brown*）為一九八八年至一九九八年在美國哥倫比亞廣播公司電視網（CBS）上播出的喜劇類影集，描述新聞工作者莫菲與其團隊製播幕後的故事點滴，對白內容反映美國當下社經現況。在二〇一八年，睽違二十年後，該劇再次推出新的一季。曾獲艾美獎喜劇類最佳影集。

承擔最初計畫由兩個人來做的工作。

此外，許多單親父母容易自我懷疑，形成影響其有效教養（和生活）的態度。單親父母的能見度也許變高了，但是他們仍然對自己「是否能成功撫養子女」的能力抱持懷疑。諸如朱蒂斯・沃勒斯坦[4]所寫的《第二次機會：離婚十年後的男人、女人與孩子》（*Second Chances: Men, Women, and Children a Decade After Divorce*，暫譯）這類書籍，讓許多大人相信：單親的孩子內心會受到創傷，對於雙親沒有住在同一個屋簷下的他們來說，幸福和成功自然變得渺茫。

當一名單親父母確實不容易。本書的三位作者都曾經當過單親媽媽，我們永遠不會低估箇中辛勞，以及它所給予的回報。儘管有許多人是主動選擇這趟單親教養的旅程，但有更多人不是。離婚或喪偶所帶來的悲傷和痛苦，使獨自撫養孩子的現實更形艱鉅；喪偶需要花時間恢復，有許多單親父母仍有著難以癒合的傷口。而悲痛、受傷和被拒絕的感受，有時令人感到無比沉重，以至父母難以對這段單親教養的旅程，充滿信心和保持樂觀。

父母通常能意識到自己對單親家庭生活的感受，但有時令他們驚訝的是，孩子也有許多類似的感受。如果父母中有一方過世，孩子會以自己的方式感到悲傷；如果他們只認識父母其中之一，便想知道為什麼另一名父母不在身邊；如果孩子目睹父母離婚，不論離婚的原因是什麼，這些孩子都必須學習接受他們的新環境，找到方法來緩解自己內心的憤怒、困惑和被遺棄的感受。

因死亡或離婚而失去父母或配偶所留下的傷口，只有時間能治癒；但是，當離婚的父母為了孩子好，以相互尊重的方式一起合作時，就能大幅地減少離婚所帶來的創傷感。許多離婚的父母，選擇繼續積極地參與共同撫養子女的工作，使子女能夠擁有兩個住處（和兩個家庭），並且在每個家庭中都有一個愛他們的父母。將親密關係重新打造為有效教養的夥伴關係，需要花費大量的時間和精力（本書將探討如何進行這種轉變），但是這麼做，不僅能幫助孩子克服困難，還能讓他們在不完全符合社會所定義的「正常」家庭的環境下茁壯成長。

單親教養的生活壓力當然很大。你總是要擔心看似無法解決的財務問題；你還得盡力在工作與家庭之間取得平衡，一方面花足夠的時間陪孩子，一方面留點時間給自己。當你向許多單親父母提到「社交生活」一詞時，最有可能聽到對方懷疑地哼一聲說：「什麼『社交生活』？誰有時間啊？」

4 朱蒂斯・沃勒斯坦（Judith S. Wallerstein），臨床醫學家。自一九七一年開始研究離婚對孩子的影響，被公認為全球鑽研此一領域的首席權威。

單親父母可以當得既快樂又成功嗎？在單親家庭中長大的孩子，會有創傷嗎？他們長大後，能夠維持穩定的人際關係嗎？單親父母真的可以提供孩子健康成長和全人發展所需的一切嗎？這些問題不時地困擾著每一名單親父母。

然而，當單親父母們有機會聚在一起，探索他們所有恐懼和沮喪的情緒時，一件有趣的事情發生了——一位父親說：「仔細想想，因為我是單親教養，我的家現在變得平靜多了。」其他人紛紛點頭，關於單親教養的一些美妙之處就這樣慢慢地浮現出來。雖然你有時需要花點時間才會發現，但當單親父母確實有好處。

無論你成為單親父母的原因為何，你都會發現自己從未意識到的優勢。你一定有機會學習新技能、發揮創造力，並增強你對自己和孩子的信心；除此之外，還有許多其他的好處。許多單親父母發現，因為沒有另一名父母質疑自己的決定和行動，他們能夠享受沒有衝突的家庭生活。單親父母經常能有更多隨興的發揮，並更能享受親子時光。

電影《克拉瑪對克拉瑪》精彩地描述了一名父親在成為單親爸爸後，如何與兒子建立親密關係的過程。如果電影中的父親繼續當個工作狂，將所有的教養責任丟給母親，他便會錯過這個美好的機會。

有些單親父母發現新的生活很自由。他們享受自己的獨立性、新的生活契機，以及在獨力克服挑戰後所獲得的滿足感。不受束縛的單身狀態自有樂趣！同樣地，孩子也可以在單親家庭中成長茁壯。當你知道自己不僅有辦法克服創傷，而且能夠從中汲取教訓，甚至從中受益時，會是一個極具賦能感的經驗。由單親父母撫養長大的孩子，有機會為家庭做出真正的貢獻，並認識到許多自我的價值和能力。

如果你正在閱讀本書，那麼你很有可能已經是（或即將成為）單親父母。本書的目標以及作者們的希望是：幫助你探索、分辨潛在問題，並發展預防問題發生的方法。我們希望幫助你找到問題的解決辦法。儘管並非所有單親教養的問題都源自於父母離異，但離婚仍是目前導致單親教養最常見的原因。如果你沒有經歷過離婚，我們為你感到欣喜，同時也請你對本書中主要以離婚者為對象所分享的建議和資訊保持耐性。你還是可以在這些討論中找到許多適用的內容。

正向教養的技能可以幫助你和孩子快樂地共同合作和生活（至少在大部分的時候）。本書所提供的所有正向教養工具，旨在幫助父母教導孩子如何在生活中獲得幸福和成功的重要技能，同時也提供可能還沉浸在悲傷和挫敗之中的父母一個前進的方向。我們將在書中分享幾名單親父母運用成功的經驗，希望你能藉此獲得鼓勵和一些想法，使你自己的旅程更為順利。

園丁告訴我們，如果不偶爾刮刮強風，一棵樹就不會長出強大的根系；風的力量促使樹木向下挖掘、扎根、攀附與固著。加州海岸著名的柏樹經常遭受狂風暴雨的侵襲，但它們牢固地扎根在岩石中，即使在最強勁的大風中，也不放開。它們的美麗來自於吹打它們的風雨。

成為單親父母也許不是你的選擇，你也可能會不時地懷疑，你或孩子是否有辦法過下去。在這個複雜的世界中，當一般的父母已經很難，當一名單親父母更是難上加難；但是，你確實可以在單親家庭中，撫養出負責任、尊重人且聰慧的孩子。如果你保持開放的心態並樂於學習，單親家庭的生活將為你和孩子帶來你們從未想過的機會。

無論你此時此刻的狀態為何，你想要的應該是大多數父母都想要的：一個全家人都能享受的家庭生活、一個充實滿意的人生，而孩子們都能成長為一名有自信、有能力的大人。沒錯，這並非都是容易的；不過，這絕對是有可能的。

Chapter 1

為單親教養做準備

打破單親迷思，學習開放且正向的態度

單親父母確實比一般父母多一份擔心；這份多出來的擔心，與一般人對離婚、單親家庭，以及在單親家庭中長大的孩子，所懷有的一些錯誤觀念和恐懼有關。

單親父母無論如何都是父母，只不過剛好是單親。但是，關於單親父母的許多問題，尤其是在教養初期，都集中在「單親」的部分：「我的孩子在受苦嗎？」「我如何賺夠錢負擔生計？」「當孩子生病，需要我陪他們，但我卻必須工作時，該怎麼辦？」「我如何處理我所感受到的所有情緒——憤怒、內疚、挫敗和沮喪？」「我能找到另一段關係嗎？即使找到了，我如何擠出時間一邊約會，一邊花足夠的時間陪孩子？」「當我想花點時間與其他人相處時，如何處理孩子生氣和受傷的情緒？」「如果父母不在一起生活，孩子會因此有所匱乏嗎？」「我怎麼同時當孩子的爸爸和媽媽？我連好好當一個父母，都快沒有時間或精力了，更不用說要當兩個了。」「我有辦法彌補孩子因此遭受的辛苦嗎？」

不過，身為單親父母也有另外一面（也許是最重要的一面）——面對日常教養問題的父母。單親父母無異地就是一般父母，他們必須處理所有父母都正面臨的平凡、惱人的問題：「我如何讓孩子做家事？」「我如何鼓勵青少年孩子與我交談？」「我該如何管教？」「我的孩子相信自己嗎？」「孩子會重複我的錯誤嗎？」「我該如何執行我為孩子設定的限制？」「有什麼辦法讓孩子停止抱怨？」「怎麼處理手足競爭？家庭作業？如何讓孩子彼此之間融洽相處？」

這些問題聽起來是不是很熟悉？所有擔憂都很真實，而我們將逐一探討。儘管如此，在日常問題外，單親父母確實比一般父母多一份擔心；這份多出來的擔心，與一般人對離婚、單親家庭，以及在單親家庭中長大的孩子，所懷有的一些錯誤觀念和恐懼有關。其中有一些觀念甚至在積年累月後，內化為文化的一部分，以至於很少有人對它們提出質疑；但這當中有許多觀念都是不正確的，而且其所帶來的壞處遠遠大於好處。

單親教養：迷思與現實

很久以前，當世界尚且友善與簡單時，父母只有在遭遇悲劇（喪偶），或違反社會道德規範（非婚生子）時，才會獨自撫養孩子；而今日的生活已大為不同。

在過去二十五年間，單親家庭的數量增加了一倍以上；在美國，未婚生產的狀況幾乎佔了出生總數的百分之三十。根據上一次的人口普查，大約有一千六百萬名兒童生活在單親家庭中。有些孩子甚至經歷這樣的過程不止一次，他們的父母離婚、再婚，然後又再離婚。

單親家庭也許越來越常見，而我們對它的很多看法，都源於過往的社會觀念；

這些迷思有時會打擊大人和孩子，使他們無法相信自己擁有潛力與滿懷希望的未來。我們的社會對單親教養有哪些深植的迷思呢？

關於單親教養的迷思

- 「我的孩子註定要失敗。」
- 「在單親家庭中長大的孩子，永遠不會有健康的關係。」
- 「單親的孩子需要榜樣，父母越早再婚越好。」
- 「單親家庭的孩子自尊心比較低。」
- 「單親家庭是『破碎的家庭』。」

「我的孩子註定要失敗。」許多人相信，在單親家庭中長大的孩子，與同儕相比，更容易有學習的困難、犯法，以及嚴重的社會問題；換句話說，單親家庭的孩子將成為罪犯、輟學生和毒蟲。但這是真的嗎？

事實上，近年來有許多研究人員針對這個問題進行了研究，並得到一些發人省思且令人安心的結論——許多成功人士都來自單親家庭。研究人員其實還發現，良好的教養技巧可以協助單親家庭克服許多壓力和困難；換句話說，在父母願意花時間和精力教養子女，並與子女建立親密關係的單親家庭裡，單親孩子的處境並沒有比在傳統核心家庭中長大的孩子更為不利。

我們對單親子女許多可怕的預測，大多是與經濟困難有關，而不是與子女同住的父母人數。貧困和經濟問題確實對單親父母及其子女產生嚴重的影響——一九九四年美國人口普查局的數據顯示，已婚且育有子女的夫婦，平均年收入為四萬七千二百四十四美元，而單親媽媽（離婚或從未結婚）的平均收入，則僅有一萬四千九百零二美元。擁有監護權的母親在離婚後，平均收入下降了百分之三十，且由於絕大多數擁有監護權的都是母親，她們長時間從事低薪工作，倍增的壓力，以及無力為孩子提供資源和機會，確實造成了嚴重的後果。

儘管我們無法提供解決這些財務困難的捷徑，但我們所提供的實用方法，可以幫助單親父母改善生活處境，以及孩子的前景。單親父母有獨特的機會教導孩子：你是誰和你自己可以達到的成就，並不取決於擁有什麼。好消息是，單親的孩子不會「註定失敗」；單親父母透過用心、關愛和使用正向教養的技能，將有機會把孩子撫養成有能力、知足和成功的人。

「在單親家庭中長大的孩子，永遠不會有健康的關係。」錯！實際上，密西根大學在一項針對六千多名成年人所進行的研究中發現，經歷父母離異的成年子女中，有百分之四十三的人擁有幸福的婚姻。這個比例與在雙親家庭中長大的成人差不多！事實上，父母離異的孩子可能因為自己有過的經歷，反倒不容易將健康的關係視為理所當然，而更願意在關係的維持上投入更多的精力。

孩子當然會仿效父母。如果你顯得苦澀、經常抱怨對方，並透過行為表現「關係不值得花時間維持」，或暗示它們「永遠不會成功」，孩子很有可能就會採取這些態度。但是，如果你誠實地面對自己的感受，努力保持心態的開放，並示範建立健康關係的技巧，孩子便能因此學到「儘管維持關係必須投入精力和耐心，但可以為生活增添許多樂趣」。為自己找到療癒的方式和希望，是教導孩子最好的方法。

「單親的孩子需要榜樣，父母越早再婚越好。」寶琳．梅斯很擔心兒子。八歲的賈斯汀從來沒見過他的父親，因為他在賈斯汀出生前，就離開了寶琳。在賈斯汀加入童子軍社團前，母子兩人的生活一直都過得很好。一天晚上，寶琳從童子軍社團的聚會上接賈斯汀回家後，她注意到他異常地安靜。

「孩子，你看起來有點難過，」她說，「怎麼啦？」

賈斯汀沉默片刻，樣子若有所思；然後他抬頭望著母親的臉。「童子軍社團這個週末會在湖邊舉辦一個露營活動，我真的很想去，但是其他人都會和父親一起參加。」他猶豫了一下，擔憂地看了寶琳一眼。「媽媽，妳很棒，但妳會是那裡唯一的媽媽，這讓我覺得很彆扭；而且妳不知道怎麼搭帳篷啊，或是其他一些事情。克林特的父親願意讓我待在他們的帳篷裡，但這也讓我感覺很怪。」

賈斯汀嘆了口氣。「媽媽，」他渴望地問，「為什麼爸爸會離開？」

寶琳伸手擁抱兒子，五味雜陳的情緒和想法湧上心頭。她應該和賈斯汀一起去露營嗎？也許她應該請賈斯汀的叔叔，或教堂裡一位青年領袖陪他一起去；也許她應該重新開始約會，她的上一段戀情結束得很痛苦，但賈斯汀也許需要一位父親。她像兒子一樣嘆了口氣，不確定該怎麼做，也不知道該如何幫助他。

然後，寶琳想起了她在家長課程上聽到的一些建議：當遇到困難的情況時，不要為孩子感到難過，邀請他一起尋找可能的解決方案。如果找不到解決方案，透過積極傾聽來提供支持（我們將在第二章對此進行探討），並相信孩子有能力在不自憐的情況下處理困境。

寶琳對賈斯汀說：「我們何不坐下來一起腦力激盪，想一些可能對你有用的點子？我先開始。我們可以請所有的爸爸都待在家裡，讓媽媽們有機會學習如何搭帳篷。或者，我可以打扮成爸爸的樣子，看看能不能矇混過去。」

賈斯汀笑著說：「我可以自己一個人去，搭個帳篷，在所有的爸爸都睡著後，叫所有的孩子過來講鬼故事。」寶琳說：「你可以問問看喬叔叔想不想去，要不然，你也可以接受克林特的邀請。」賈斯汀補充說：「我可以邀請薩米，他也沒有爸爸。我們可以輪流照顧對方。」

現在，寶琳和賈斯汀都在笑，然後他們認真想了想這些提議。賈斯汀說：「媽媽，我不認為其他爸爸會待在家裡，而且妳永遠也不會變成一個爸爸。就算喬叔叔願意去，我還是想邀請薩米；如果他不能去，加入克林特和他的爸爸，或許也沒那麼糟糕。畢竟，就像妳不斷告訴我的，除非我感覺自己可憐，別人是不會覺得我可憐的。」賈斯汀把身子靠過來，給了媽媽一個緊緊的擁抱，「媽媽，謝謝妳。」

大多數的單親父母遲早都會面臨類似的情況。如果父母之間的關係健康，對孩子最理想的是雙親共同參與的家庭生活；事實上，父母雙方在家庭生活中的衝突與不健康的互動，比起一個健康且能有效教養的父母，給孩子帶來的傷害更大。儘管如此，大多數的孩子偶爾還是希望能擁有他從周遭所看到的：一個同時有爸爸和媽媽的家庭。因此，如果孩子的親生父母不能在一起，他的單親爸爸或媽媽，應該再婚嗎？

單親父母可以學習如何撫養兒子與女兒的知識，透過許多不同的方式來幫助孩子茁壯成長（關於子女性別對單親教養的影響，將在第七章討論）；單親父母絕對可以在沒有另一半的情況下，成功教養子女。然而，建立一個良好的支持網絡也是明智的做法——擁有一群朋友、親戚和幫手，可以偶爾提供你無法給予孩子的事物（你將在第六章找到實現這個目的的方法）。你或許可以找到一位關愛和尊重的伴侶共同教養孩子；但如果你現在正在單親教養，請放心：你可以做得到！

「單親家庭的孩子自尊心比較低。」自尊心低落似乎是當前社會一個普遍的現象。事實上，當單親父母能夠學習，並實踐賦能孩子的教養技能和態度，教導他們相信自我的價值與潛力，單親家庭孩子自尊心低落的可能性，並不比來自雙親家庭的同齡孩子高。

當孩子相信「我有能力、我能夠以有意義的方式做貢獻、我在生活中擁有力量和影響力」，就能擁有自尊心。單親父母在協助孩子發展這些信念上的機會，與其他父母一樣多；而不論是雙親或單親家庭，都可能欠缺讓孩子建立自尊心的基礎。

強烈的自尊心很重要，它能幫助孩子抵抗負面的同儕壓力，並賦予其勇於面對挑戰和嘗試新事物的能力。這值得再次強調：無論是單親還是雙親家庭中的父母，都可以教導孩子生活技能、練習鼓勵的藝術，並讓孩子展翅高飛。事實上，單親家庭的孩子有一個美好的機會，去找到自己的歸屬感，知道自己能為家庭做出重要的貢獻，同時面對並克服任何的挑戰。

「單親家庭是『破碎的家庭』。」

「爸爸，」五歲的米莉安一天晚上走進廚房時說，「為什麼別人家裡的人和東西都比較多呢？」

馬克．辛格放下正在切的蔬菜，朝著女兒微笑。他說：「這是一個有趣的問題，妳的意思是什麼呢？」

米莉安坐到廚房的流理台上，吃著一片胡蘿蔔。「嗯，」她一邊吃一邊說，「凱蒂．帕克斯說，我來自一個破碎的家，因為我只有爸爸，我的媽媽住在其他地方。我們附近的每個人都有爸爸媽媽，還有比較多的孩子和東西。所以我想知道，為什麼我們跟別人都不一樣。」

馬克把米莉安抱在懷裡，走到沙發上坐下。他說：「我認為我們有個很棒的家，雖然它是有點不同。妳看，這個家有妳、我和小狗『麻吉』……」

「還有『小石頭』，我們的那隻貓，」米莉安插話說道，「還有我的蜥蜴雷克斯。可是這真的是一個家嗎？」

「當然是的，」馬克注視著女兒的眼睛，「我們的家，是我擁有過最好的家，沒有其他人有一個像我們這樣的家，這使它顯得很特別。而且妳知道嗎？妳還有一個媽媽那邊的家，妳有兩個家！」

米莉安笑著擁抱她的父親。「謝謝，爸爸！」她說，「我們什麼時候吃飯？」

Point

* 單親父母有獨特的機會教導孩子：你們是誰和你們可以達到的成就，並不取決於擁有什麼。
* 你也許能找到關愛和尊重的伴侶共同教養孩子；但如果你是單親教養，請放心：你可以做得到！
* 當孩子相信「我有能力、我能夠以有意義的方式做貢獻、我在生活中擁有力量和影響力」，就能擁有自尊心。

你可以做得到！

即使是壞掉的東西都能被修復；因此，除非家裡有人這麼想，否則沒有任何家庭是「破碎」的。現代社會的家庭以各種型態和規模出現——孩子可以由雙親、單親、祖父母，或是同性伴侶撫養長大。無論你的家庭型態為何，學習有效的教養技巧、建立健康的家庭關係，並慶祝自己的與眾不同，藉由這個方式，都能幫助家庭中的每個人，盡最大的努力，並相信自己是最好的。

Chapter 2

改變你對單親教養的看法

專注於單親優勢，相信自己的判斷力

你不必擔心孩子因為是單親而有所欠缺，你應該專注在「給予孩子承擔責任的機會」，以培養他們的正向目標和實現目標的技能。

你也許已經相信，來自單親家庭的孩子天生有所匱乏，但事實並非如此。如同我們先前提到的，有許多快樂、成功的大人來自單親家庭，有些甚至在孤兒院裡長大；影響最大的並非生活環境本身，而是我們對環境的看法。每個人都能決定要將「挑戰」視為通往幸福、成功人生的絆腳石還是墊腳石；不過，光是理解這一點，並無法消除單親父母所感受到的困難和焦慮，倒是它提供了希望和基礎，讓單親父母能以對孩子有益，而非傷害的方式，來處理這些困難。

你可以從放棄這個觀念開始——因為孩子單親而必須多補償他。不要試圖同時當爸爸和媽媽，這不可能，也不明智，孩子擁有一個健康的父母就足夠了。努力培養作為單親父母的正面態度：「事實就是如此，而我們將從中受益。」

孩子將跟隨你的示範

即便有時孩子會與父母唱反調，但他們通常會仿效父母的態度。如果你感到沮喪、匱乏、內疚或悲慘，孩子也會有相同的感受；如果你有受害者的心態，孩子便會覺得自己像個受害者；如果你抱持樂觀、勇敢的態度，孩子也會受影響，向你學習。我們能給孩子最大的禮物是：無論處於何種情況，都對生活抱持希望；不管處境多麼困難，都會是孩子學習和成長的機會。試著將你的焦點放在「如何充分利用眼前的機會」上。

Point

＊我們能給孩子最大的禮物是：無論處於何種情況，都對生活抱持希望；不管處境多麼困難，都會是孩子學習和成長的機會。

放眼未來的教養

請花幾分鐘時間，回想你第一次見到孩子的那一刻。還記得寶貴的新生命剛誕生時，所帶給你的那股神奇、敬畏和純粹的感受嗎？你很快地帶著那個新生兒回家，但生活不知為何每天變得要努力生存，以應對每個新的調整和新的階段。新生

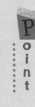

命所帶給你的那股神奇感和敬畏感，就這樣消失在昏暗的記憶中，並被撫養孩子的沉重工作所淹沒。

寶寶什麼時候會一夜好眠？站立？走路？我們花很多時間思考餵食時間表和發育圖表，並認真討論各種如廁訓練的方法。數周、數月匆匆地過去，在我們還來不及注意時，孩子已在蹣跚學步，我們必須做出許多關於教養的重要決定——我們應該體罰孩子嗎？罰站呢？接著孩子到了上學的年紀，然後進入青少年期。在日常生活中，你已經有許多大小事要做決定，但通常光是應付孩子出現的新行為（和錯誤行為），就花掉你所有的時間和精力。（有關幼兒教養的更多資訊，請參見《跟阿德勒學正向教養：學齡前兒童篇》及《溫和且堅定的正向教養3》。）

但是，孩子遲早會長成一個心高氣傲的年輕人，開著家中的轎車，與一群朋友呼嘯而去，留下媽媽或爸爸坐在無聲的家中，滿腦子疑問：他在抽菸嗎？抽大麻？喝酒還是開派對？性呢？他對我是否足夠信任，願意分享他的生活？他有自信嗎？有辦法在生活裡做出好的選擇嗎？我做得夠嗎？還是做太多了？我是個好父母嗎？

所有父母都在面對這樣的時刻和問題。單親父母有時會過度擔心；畢竟，責任看起來似乎完全落在一副非常脆弱的肩膀上。如果你讀到這本書時，孩子已經快成年了，別擔心，為了改善親子關係，改變永遠不嫌晚；如果孩子還很小，你將有機會打造他們的未來，以體貼、關愛且關注長期效果的方式來進行教養。

你現在所能做的最好的事情，或許是花一些時間，問自己一個非常重要的問題：你真正想給孩子的是什麼？當他們長大成人，並開始過成年生活時，你希望他們擁有什麼樣的特質？而你現在在做的，能培養出這些特質嗎？

你可能希望孩子能夠擁有良好的判斷力、責任感、獨立性、善良、誠實、體貼、勇敢、道德感、勤奮、感恩——每位父母的清單會有些許不同。重要的是，你要意識到：父母今日的作為，將會影響孩子的未來。如果我們希望孩子負責任，在他們把牛奶灑到地上、沒遵守宵禁規定，或沒做完家庭作業時，我們處理的方式就必須能夠培養孩子擁有那樣的特質。

大多數的父母對這些觀念感到困惑和懷疑：「我究竟該怎麼做？尤其是單親教養？」別忘了，你已經具備最重要的工具：你對孩子的愛、你的生活智慧和常識。你自己的生活以及你做出的決定，將教會孩子很多東西（有時比你想要的還多）。本書的目的在於「為你提供其他的工具和技能，以及一些新的想法」。

如果你決定從自家出發，開車到從未去過的地方，你無疑會先查地圖，規畫出最佳路線，並確認車子的狀態良好；而教養孩子是一趟同樣需要謹慎計畫的旅程。現在花時間為教養設定目標，並考慮長期效果，將為你省掉許多將來預料不到的麻煩和困擾。面對單親教養及其伴隨而來的各種焦慮和責任，制定好計畫並確認自己想達成的目標，便顯得格外重要。毫無疑問地，你在這一路上會轉錯彎、會碰到死胡同——這是所有父母都會碰到的問題。

花時間思考「我們希望孩子從生活中，以及從我們身上學到什麼」，是你在單親教養的旅途上，邁向成功的關鍵第一步。

Point

* 你現在所能做的最好的事情，或許是花一些時間，問自己一個非常重要的問題：你真正想給孩子的是什麼？
* 你已經具備最重要的工具：你對孩子的愛、你的生活智慧和常識。

珍惜優勢

令人驚奇的是，當一名單親父母其實有很多優勢。社會普遍存在的一個迷思——由兩個人一起分擔，教養孩子會比較輕鬆——不見得正確！當你單獨撫養孩子，很容易將擁有伴侶的好處過度地理想化；其實在雙親家庭中，普遍存在著不和睦的現象，父母之間幾乎從來不會在教養上達到絕對的共識。正如阿爾弗雷德・阿德勒（Alfred Adler）所說，「異性之間互相吸引，但很難和平共處。」曾經令人喜愛的差異，可能很快就變成了令人討厭的缺點；擁有不同教養風格的夫婦，通常直到「有了孩子後」，才會對此有所察覺。

你可以環顧四周，看看有多少對夫妻對「正確」的教養方式抱持不同的意見，並有多常為了孩子爭吵。一個人相信嚴管，另一個人相信寬待；當彼此都覺得需要為對方的錯誤觀念進行彌補時，這些信念就會變得更加強烈和明顯——嚴格的父母變得更嚴格，以彌補「軟弱無力」的父母，寬容的父母變得更寬容，以彌補「嚴格」和「固執」的父母。其實這兩種教養方法都是無效的，但父母卻會為了誰對誰錯，吵得不可開交。事實上，當父母能夠以溫和且堅定的態度，表達對孩子的信任與尊重時，教養才是最有效的。單親父母可以有效地做到這一點。

「嚴格控制」是無效的，因為它最終可能導致孩子叛逆、怨恨、復仇、偷偷摸摸和自卑的危險組合；有時，被過度控制的孩子會成為「討好狂」，一生都在任由自己被他人控制，經常在他人的認可和意見中作選擇。「縱容」同樣也是無效的，因為它教孩子操控他人，給予他所有想要的東西，而不必自己付出任何的努力。有時，被縱容的孩子會以為，除非有人為他服務或屈服於他，否則他就無法感覺自己被愛；而為了尋求安全感，他還會不斷地測試別人的界線。

無論是「嚴格控制」還是「縱容」的教養，孩子都無法探索和發展自己的能力。他們無法學習解決問題的技能和信念、運用良好的判斷力，並以自信和樂觀的態度面對生活挑戰。

我們指出雙親教養的問題，並不是說擁有雙親的孩子就會有這些問題。大多數的單親父母偶爾會渴望有個幫手，而大多數的夫妻有時會意見不合，也就是說，沒有任何情況是完美的。我們說出雙親教養問題的目的，是幫助單親父母不再將雙親教養理想化，並對採取其他解決問題的方法，保持更開放的態度。大多數的情況都是優點和缺點同時並存。你可以選擇專注於單親教養所具有的優點。

Point

*事實上，當父母能夠以溫和且堅定的態度，表達對孩子的信任與尊重時，教養才是最有效的。單親父母可以有效地做到這一點。

單親教養的優點

許多人在回顧自己失敗的婚姻時會說：「離婚令我痛不欲生，以至於我不敢相信，有一天我居然會說『這實際上是件好事』。我不知道我將獲得多少學習和成長，也從未想過，我能找到一段比之前好上十倍的關係；當我變得更堅強、更成熟時，我也準備好去接受一個更堅強、更成熟的伴侶。我以為離婚是世界末日，但事實上，它幫我打開了一個更美好的世界。」

當我們自己不成熟、缺乏安全感時，經常會（不自覺地）尋找具有自己所欠缺的特質的伴侶，以使自己完整；我們也容易傾向選擇與自己具有相同成熟度（或不

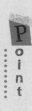

成熟度）的伴侶。但是，當我們與這樣的對象結婚後，不但不會感到自己完整了，反倒會試著想改變伴侶，使對方更像自己——這樣的互動無法建立愛與彼此尊重的關係。然而，當我們自己變得更成熟、更有安全感時，會自然地渴望和伴侶分享我們的興趣和生活方式。在雙方滿足於共享的生活方式後，要建立愛與彼此尊重的關係，就變得容易多了。

離婚可能非常痛苦，尤其是在你無法控制的情況下。如果你是被拋棄的一方，會面臨被拒絕的感受、對自我價值的懷疑，並擔心沒有人會再愛你；如果你是主動選擇離婚，也許會因此感到內疚和傷痛。我們強烈建議你進行心理諮商，來幫助你解決這些問題；你通常可以透過教堂或其他社區組織，找到免費的諮商團體。

基本上，你有兩種選擇：你可以選擇繼續任由憤怒、怨恨和低落的自尊，或任何消極的念頭來主宰你的生活；你也可以選擇在任何情況下尋找學習和成長的機會。為了你自己和孩子，我們強烈建議你，利用這個機會來示範你希望孩子擁有的特質——勇氣、毅力，以及對自我學習成長能力的信心。

許多單親父母害怕孤單；但是，他們忘記自己在婚姻中也經常感到孤單。他們通常忙於處理一段糟糕關係中的各種焦慮，而沒有花時間注意自己的孤獨感；一旦焦慮消失，他們便體會到孤獨。儘管這不是一種令人愉快的感受，但你可以從中學習。靜靜地坐下來，反思困擾你的一切；問問你寂寞的感受：「你想教我什麼？」你會驚訝於你獲得的答案。

我們將在第十三章探討面對孤獨的方法。

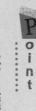

Point

* 你可以選擇繼續任由憤怒、怨恨和低落的自尊，或任何消極的念頭來主宰你的生活；你也可以選擇在任何情況下尋找學習和成長的機會。

共同的責任和貢獻

單親教養的另一個優點是，它為孩子提供「感覺被需要」的機會。單親父母有更強的動機，讓孩子一起分擔家務的責任；當你讓孩子有機會體驗貢獻的驕傲和快樂時，他們就會培養能力。參與分擔責任──成為團隊的一部分──是孩子獲得這種經驗的一種方式。

如果父母試圖為孩子做太多，以彌補單親的事實，孩子不會有機會發展主動性，並學習新技能。品格的力量來自於耐心、勤奮和延遲滿足；你不必擔心孩子因為是單親而有所欠缺，而應該專注在「給予孩子承擔責任的機會」，以培養他們正向的生活目標和實現目標的技能。

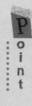

Point

*你不必擔心孩子因為是單親而有所欠缺，而應該專注在「給予孩子承擔責任的機會」，以培養他們正向的生活目標和實現目標的技能。

共同決策

讓孩子分擔責任，為家庭做出貢獻的一個好方法，是邀請他們參與家庭會議，並共同決策；當孩子感到自己真正被需要，並擁有歸屬感和價值感時，就特別能感受到自己的能力，也更有熱情和動力貫徹執行自己所參與的決策。讓孩子一起決定就寢時間、早晨慣例、做家事、家庭作業、計畫全家的娛樂活動，或請他們幫忙任何可以使家庭生活順利運作的事。

我們將在第九章詳細探討家庭會議。

發展親密關係

單親家庭的孩子有機會為家庭做出有意義的貢獻，感覺自己被需要、被傾聽、受重視——這些要素都能增進家庭成員之間的親密感。你可以將自己的處境視為與孩子建立團隊關係的機會。我們強調單親家庭的好處，並不表示它不存在問題；但我們確實想指出：一味地將其他家庭的情況理想化，並對自身的情況抱持消極的態度，根本無濟於事。「專注於優勢」與「否認你或孩子所面對的難題和感受」，是不同的；事實上，正如你即將在以下各章讀到的，「專注於優勢」能幫助你和孩子以有益的方式，克服負面的情緒和難題。

我們無法控制生活中所發生的一切，但我們可以掌握處理事情的方式；身為單親父母，你有機會向孩子傳授這個寶貴的原則。如果你一直選擇以負面的方式面對你的處境，請對孩子坦承這一點，並尋求他們的幫助。重新開始永遠不嫌晚。

牢記在心的重點

教養——尤其是單親教養——通常都不容易。再說，無論你吸收了多少有用的資訊，並非全部的資訊都適用於所有的孩子或父母！有時閱讀教養書籍反而會令你感到沮喪，因為它讓你以為「我做錯了一切」，使你在開始運用之前就放棄了，或是認為「這聽起來很棒」，然後想立刻改變所有的做法。在你閱讀本書時，牢記以下幾個重點，將能幫助你好好吸收在這裡所學到的內容。值得一提的是，許多已經運用正向教養觀點和技巧，將孩子撫養長大，或正在撫養孩子的父母（不論是單親或雙親家庭的父母），都親身體驗過本書中許多觀點的有效性。

牢記在心的重點

- 重要的是，維持良好的關係
- 不要試圖一次改變所有的做法
- 相信你的心、智慧和常識

重要的是，維持良好的關係。學習教養的訣竅與技巧是一件很好的事，而且很有幫助，但最重要的是，父母與孩子之間的關係，必須建立在無條件的愛、尊重和信任的基礎上。如果這種關係很牢固——孩子深信，無論如何你都會愛他——你也許會犯很多錯誤，但仍可以將孩子教養得很好。

當所有的教養都建立在愛的基礎上時，效果會是最好的；沒有愛的技巧就只是技巧。透過花時間陪孩子說話、大笑、遊戲，或彼此陪伴，來建立親子關係的良好基礎，就是對孩子最好的投資。

不要試圖一次改變所有的做法。你會在本書中找到許多想嘗試的做法，但是，一次改變太多——尤其單親家庭已經經歷了很大的改變——反而會導致生活複雜化，而不會使生活更輕鬆。

一次選擇一種或兩種做法，然後嘗試一段時間。在嘗試任何其他做法前，先看看孩子的感受及全家人的反應；逐步且周全地進行改變，比突如其來的改變更加有效，因為「突如其來卻很快放棄」的改變，反而會打亂家庭的生活節奏。

相信你的心、智慧和常識。沒有人比你更了解你的孩子；你的內在智慧會告訴你，何時該是進行改變的時候。請記住，在一開始使用新技能時，你也許會感到不自在；學會相信自己的判斷，依隨己心，需要花一點時間，而你還需要努力培養自信來做到這一點，尤其是當你對自己的信心有所動搖時。在你閱讀和思考本書內容時，讓你對孩子的愛作為你的引導；它將幫助你決定你的家需要什麼、何時該進行改變，以及如何進行改變。

Point

＊請記住，在一開始使用新技能時，你也許會感到不自在。

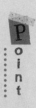

Chapter 3

處理你與孩子的感受

積極傾聽並理解，一起解決惱人的情緒問題

處理孩子強烈的情緒是一個絕佳的機會，幫助你進入孩子的世界，並與其建立親密、理解和信任的關係。

憤怒的吼叫、討人厭的囉唆、歇斯底里的抽泣、死寂的沉默，這些我們選擇來表達感受的方式，通常無濟於事。許多事情都會在我們心裡引發強烈的感受——變化（例如離婚或死亡）、壓力、困難的人際關係，或者有時僅僅就是生活本身。許多父母無法了解的一點是，孩子其實也擁有同樣的情緒，但他們可能不懂得如何處理。

父母有時會忘記情緒對行為的影響有多深。我們通常只想處理行為，並專注於「修正」行為，就像你想修補壞掉的洋娃娃，或找到你最愛的遊戲中不見的一個小物件。你發現自己有時只想要和諧與平靜，而無視問題以及由問題所引發的感受。

當孩子表達自己的感受，尤其是強烈的感受時，父母有時會忘了去理解，而只想為孩子承擔這些感受。為了保護孩子，我們通常很難誠實地分享自己的真實感受，或是完全迴避棘手的話題。「年輕人，別用這種口氣跟我說話！」或是「沒有什麼好怕的。」由於你的這些反應，孩子會認為「有感受是危險的事，不應該被討論。」但是感受（無論是好或壞）總是生活的一部分，如果你能教導孩子（並自我學習）不必害怕感受，面對它、處理它，甚至從中學習，不是更好嗎？

對於單親父母來說，「感受」是個特別令人困擾的話題。根據你自己的經驗，你也許很熟悉焦慮、孤獨、內疚、恐懼、憤怒、苦澀、困惑，或其他許多種不同的感受；一旦你陷入任何一種強烈的情緒中，便很難將孩子的行為視為一種「表達相同強烈感受」的密碼。你很難分辨孩子只是愛吵鬧、愛抱怨，或是因為失落感，而用他唯一知道的方式來表達憤怒和受傷的感受。對於所有父母（尤其是單親父母）而言，學會分辨並面對孩子的感受，是處理孩子行為最重要的第一步。

Point

＊許多父母無法了解的一點是，孩子其實也擁有同樣的情緒，但他們可能不懂得如何處理。

什麼是感受？

「感受」這個詞給人不好的印象，是因為許多人把它和「鬧情緒」混為一談。發脾氣是一種鬧情緒，表現低潮也經常是一種鬧情緒；但是，感受就是「感受」。

事實是，「感受」本身不會引起問題，引起問題的是「行動」（或根本不採取行動）。

「感受」為我們提供寶貴的訊息。事實上，其中有一些感受——例如恐懼——主要目的在於保護我們的安全，幫助我們分辨聰明和愚蠢的舉動；其他的感受則可充當晴雨表，告訴我們「生活過得如何」。無論是孩子或大人，都會因為新的經歷或突如其來的變化感到恐懼；當某些事物改變或威脅孩子的世界時，他們有權利生氣，他們也會悲傷、受傷和沮喪。當我們能不帶評判或審查地傾聽自己的感受，便能聆聽到自己的內在智慧，找到引發這些感受的問題及解決方法。事實上，有大量的研究證明，《星艦迷航記》中的史巴克[5]錯了，「情緒」並非令人困擾的煩惱——妨礙人們過理性、邏輯的生活；相反地，「情緒」對於做出正確的決定、對周遭世界做出回應，至關重要。

孩子們會觀察父母來學習如何處理自己的感受。不幸的是，大多數的父母會透過鬧情緒來處理困難的感受，他們要不是將更強烈的情緒發洩在親近的人身上，就是完全壓抑；然而，沒有表達出來的感受不會消失，它們只是潛藏起來。當最終爆發時，由於情緒已經惡化，結果可能更具破壞性。

幫助孩子處理他們的感受很重要，像是對單親的失望，或是因為父母離婚所感到的憤怒和困惑等等。父母可以幫助孩子，以不傷害自己或他人的方式來表達感受。孩子（和大人）必須知道，「感受」與「行為」不同——「感受」本身永遠不是問題，它們沒有對錯；但我們的「行為」，則有適當或不適當的表現。例如，生氣沒問題，但不能以生氣作為藉口來打人。

許多大人不想承認自己的感受，畏懼這些感受所代表的意義。譬如說，他們不願承認他們的不開心是因為「害怕自己還沒做好改變的準備」。在潛意識的層面，他們壓抑自己的情緒，即便這些情緒也許會以憤怒或沮喪的形式發洩出去。否認感受是種有害的習慣，會傳染給孩子。

你聽過幾次這樣的對話？一個孩子說：「我討厭妹妹！」一個大人告誡他：「不，你不討厭妹妹，你知道你愛妹妹。」

其實，對孩子這樣說會更健康：「我可以看出你現在有多生氣、多受傷。我不能讓你打妹妹，但是我們可以一起想想，是否能找到一種方法，既能表達你的感受，又不會傷害他人。」

5史巴克（Spock），電影《星艦迷航記》（*Star Trek*）裡的一個角色，個性冷靜、喜歡邏輯分析，認為所有的情緒都對「判斷」沒有幫助，也因此，常與個性衝動、喜愛冒險的寇克艦長起衝突。

Point

＊「感受」本身永遠不是問題，它們沒有對錯；但我們的「行為」，則有適當或不適當的表現。

如何處理憤怒？

憤怒是我們最棘手的情緒之一，也是公認最無法被社會接受的一種情緒。當我們感到無能為力或受到傷害，憤怒通常是一種試圖照顧自己的方式，但它容易掩蓋我們內心更深的痛苦。有時孩子生氣，是因為對父母的要求感到挫折，或對自己無法完成任務或滿足好奇心感到沮喪。憤怒通常是其他感受的一種掩飾，例如痛苦或恐懼（失去父母，或感受不到無條件的愛，都令人痛苦）。反抗大人也是孩子個性化的一種方式（尤其是青少年）——發現自己是誰，而不是父母希望自己成為誰。

很多大人認為，處理孩子憤怒時表現的行為很困難；孩子會以各式各樣錯誤行

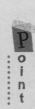

為來表達憤怒的情緒，這經常讓他們惹上麻煩。以適當的方式表達憤怒，不但可以放鬆心情，也能為討論棘手問題奠定一個良好的基礎。不過，憤怒的情緒經常容易失控，導致我們關上溝通的大門，有時甚至還會危及我們所愛的人。

以適當的方式處理憤怒情緒

父親離開家時，亞歷克斯只有六歲，而他的母親黛安則擔心家庭破裂會對兒子造成影響。亞歷克斯是個聰明且敏感的男孩，總是開朗且樂於助人；他從來都不是一個有攻擊性的孩子，所以當有一晚，亞歷克斯在就寢時間的搔癢比賽中，突然開始打黛安的肚子時，黛安感到很震驚和困惑。

黛安和亞歷克斯坦誠地談過父母離婚的原因，但顯然地，在小男孩心中有些甚至連他都不清楚的感受。第二天，在黛安開車接兒子放學回家的途中，她問亞歷克斯對前晚發生的事有何感受。亞歷克斯沉默了一會，終於說：「媽媽，有時我會對一些事情感到非常生氣，讓我只想打人！」

黛安不是心理學家，但是她的智慧和對兒子的愛告訴她：必須幫助亞歷克斯克服這些強烈的情緒。「亞歷克斯，」她說，「你知道當你有這種感受時，你不能打我，我們不會那樣對待對方；但是我了解你的心情，並且，我們需要找到一種讓你可以生氣，但又不會傷害到任何人的方式。」

黛安去了一家玩具店，帶回一個充氣的「防撞袋」；她告訴亞歷克斯，每當他感到生氣或受傷時，都可以打防撞袋。黛安把防撞袋放在廚房裡，這樣她可以在亞歷克斯使用時與他交談。

亞歷克斯和黛安都對他打防撞袋的力道感到驚訝，但隨著時間流逝，防撞袋的訓練對他們都起了療癒的作用。黛安和亞歷克斯有時會相互來回地打袋子。「你也生爸爸的氣嗎？」亞歷克斯有一天這麼問，「如果妳願意，可以假裝這是爸爸。」打防撞袋的活動常常以笑聲和擁抱結束。

亞歷克斯打過三個防撞袋，第四個則在廚房的角落慢慢地消氣了。他了解，儘管有時很難應付自己的感受，但這些情緒是合理、切實的存在，他可以透過一些理解和協助，進而管理這些情緒；他也發現，他可以生父親的氣，但還是可以非常愛他。這個認知為亞歷克斯和爸爸媽媽分別奠定了牢固、健康關係的基礎。

黛安沒有忽略亞歷克斯的感受，也沒有試圖說服他。她不僅沒有陷入沮喪、絕望或自責的情緒中，還幫助亞歷克斯找到一種以「不傷害自己或他人」的方式，理解並處理他的感受。防撞袋幫助亞歷克斯表達憤怒的情緒，直到他可以控制，並把注意力轉移到其他事情為止。

當你能夠進入孩子的世界，瞭解他們的視角、探索他們的感受，你和孩子都能從中獲得寶貴的經驗。生活在單親家庭中的孩子，會體驗各式各樣的情緒，特別是當他們必須面對死亡、父母離異，或感受自己有別於其他同齡孩子的壓力時，他們會感受到憤怒、內疚、困惑、擔憂、悲傷和恐懼這些強烈的情緒。

處理孩子的情緒

處理孩子強烈的情緒是一個絕佳的機會，幫助你進入孩子的世界，並與其建立親密、理解和信任的關係。你可以嘗試使用以下這幾種方法：

- 請孩子畫一張有關情緒、感受的圖。它有顏色嗎？有聲音嗎？
- 請孩子談談這些感受，而不是發洩出來。孩子通常對自己的感受沒有自覺（或對它們毫無頭緒），所以用幽默的語調，問孩子一些關於感受的簡單問題（「聽起來，你感覺受傷，並想要討回公道」或「你現在是不是真的很氣？」）會有所幫助。

- 以更適當的方式重新導正孩子的行為。對著枕頭尖叫、在後院賽跑、玩水、畫畫或捏黏土，也有助於發洩情緒並恢復平靜。
- 邀請孩子在發洩強烈的情緒前，先冷靜一下。
- 邀請孩子在生氣時，注意身體裡的變化。因為憤怒是一種生理反應（腎上腺素被釋放、心率和呼吸增加、血管擴張等），大多數人都能在生理層面感受到憤怒。你和孩子可以學習識別身體的預警（握緊拳頭、咬牙切齒、心跳加速或胃打結，都是常見的反應），並練習在憤怒失控前冷靜的方法。

接受孩子的感受

一位媽媽分享：「自從他們的爸爸搬出去後，我的孩子開始做惡夢，而且難以入睡。我以為他們只是不想上床睡覺，但原來是因為家裡沒有男人了，他們害怕會有小偷闖空門。我甚至沒從這個角度想過。」

很多時候，孩子的感受會造成日常生活中的衝突，讓親子關係變得緊張。學會從孩子的角度，而不只是自己的角度去理解這些感受，可以幫助我們解決問題，而非使之惡化；有時候，只要理解並接受孩子的感受，就能解決問題。孩子和大人一樣，需要被理解、被接受——認真傾聽是建設性溝通的第一步。

六歲的希瑟計畫在聖誕節期間去爸爸家住十天。儘管希瑟每隔一個週末就會去爸爸家，但這次的拜訪卻有點不一樣——她的奶奶和姑姑會從城裡過來，與希瑟和爸爸一起過聖誕節。這已經計畫好幾個月了，希瑟很高興再次見到奶奶，並期待與姑姑第一次見面——不過，她已經習慣與爸爸獨處了。她和爸爸度過許多美好的週末，一起做過很多事，例如溜直排輪、散步和玩遊戲。希瑟珍惜與父親一起度過的特殊時光。

假期的第二天，希瑟哭著打電話回家給母親克里斯蒂，因為爸爸告訴她，要穿上漂亮的衣服去看芭蕾舞劇《胡桃鉗》。「我不想穿那件衣服，」希瑟哭了，「我想穿妳給我的運動衫。」

克里斯蒂接到女兒電話時正在忙。「穿爸爸要妳穿的衣服，」她迅速地對希瑟說，「聖誕老人也許會去芭蕾舞劇現場，如果妳不乖，他會知道的。」當克里斯蒂掛斷電話時，她意識到，用聖誕老人來威脅希瑟，既不公平也不是解決問題的辦法。羞辱和內疚不是很好的激勵手段，它們無法賦能孩子在行為上做出更好的選擇。克里斯蒂期待在下一次希瑟來電時，自己能以更友善、更尊重的方式來對待她；第二天，希瑟再次打電話來，她的機會來了。

她抽泣道：「爸爸叫我離開廚房，他說我很礙事。」

克里斯蒂試圖進入希瑟的世界，並了解孩子行為背後的感受。「聽起來妳覺得自己被排除在外，妳很難跟奶奶和姑姑分享爸爸嗎？」

希瑟悶悶不樂地低語：「是啊。」她習慣獨占爸爸，但現在爸爸卻不再花時間陪她。希瑟難過地說：「自從我來到這裡以後，他再也沒有和我玩過，而且我也覺得很無聊。」

克里斯蒂問希瑟，是否想過把她的感受告訴父親。

希瑟沉默了片刻。她說，「也許我會。」

隔天，當克里斯蒂的電話響起時，另一端是一個開心多了的孩子。「媽媽，我把我們的談話告訴爸爸，」她說，「他同意每天至少和我玩一次。今天早上，我們一起去散步——只有我們兩個人。」希瑟與母親愉快地閒聊了幾分鐘，克里斯蒂帶著微笑掛了電話。

當希瑟感到被理解時，她可以從不同的角度來面對自己的問題。克里斯蒂抵擋拯救或責備的衝動，透過擔任女兒的幫手，協助希瑟對自己的感受負責，以尊重的態度向父親表達感受，並為問題找到解決方案。

Point

*很多時候，孩子的感受會造成日常生活中的衝突，讓親子關係變得緊張。學會從孩子的角度，而不只是自己的角度去理解這些感受，可以幫助我們解決問題，而非使之惡化。

積極傾聽：溝通的關鍵

問：我十四歲的女兒有個習慣——每次一不高興就跑回房間，用力地把門關上。她的父親從未出現過，也沒有給我任何撫養費；我盡力而為，但即使我做兩份工作，仍然難以負擔家計。我女兒最近的行為讓我很頭疼，於是我會站在她的房門外，對著她大吼，要她打開門。上次發生這種情況時，我開始敲門，將門把轉得嘎嘎作響，這只會刺激她更大聲地對我怒吼。鄰居說，我應該把她的房門拆掉，讓她無法避開我。我該怎麼辦？

答：妳的問題反映出妳的疲憊和沮喪。靠著有限的資源獨自撫養孩子，是一項艱鉅的任務，有時孩子的行為會使這項任務變得更加困難。妳的女兒正在經歷青春期，這意味著，她正試著在「獨立」和「與妳保持某種聯繫」之間尋找平衡；不幸的是，青少年有時會選擇以爭吵作為保持聯繫的方式，而憤怒有時確實像是一種強大的連結。畢竟，在妳們之間有那麼多的能量存在！

採取懲罰手段或試圖控制妳的女兒（例如強迫她打開門，或完全把房門拆掉），只會使情況更糟。一個好的開始是，承認妳們兩人都在經歷強烈的感受；試著給她一點時間，讓她一個人在房間裡發洩情緒，妳自己則做幾次深呼吸來冷靜。

當妳們都冷靜下來後，妳可以嘗試站在她的房門外，以平靜的語氣（她必須安靜才能聽到妳的聲音）告訴她，妳聽得出她憤怒、受傷或害怕的感受（妳的內在聲音會告訴妳，孩子的感受為何）。讓她知道，妳了解她需要一段時間獨處，但妳想提供幫助；然後告訴她，當她想談話時可以來找妳。

多點耐心。孩子通常很難信任大人所做的改變；但是，如果妳真誠地想傾聽她的感受（請記住，傾聽並不一定意味著妳同意），並能抗拒逼迫她開門的衝動，她最終會自己決定與妳面對面交談，而不是隔著關上的房門對妳大吼大叫。積極傾聽而不試圖控制情況，可以讓妳的女兒知道「她的感受對妳很重要，妳們可以一起聊聊」。

「積極傾聽」是一門藝術，它能傾聽並反映孩子的感受。它提供機會讓孩子感到被理解，並增加其理解能力，學會為這些經常困擾他們的感受命名；它同時也提供父母機會去探索孩子行為背後的感受。積極傾聽並不意味著父母一定要同意孩子，但它會讓孩子感到被理解——這是每個人不時都需要的東西——並有機會釐清自己的感受，著手解決問題。

羅恩十歲的兒子在與母親見面後回到家，臉上的表情酸楚。「嗨，米奇，」羅恩喊道，「我很想你。在你把房間整理好後，我們可以一起去玩之前說過的那個球類運動。」

米奇剛好度過一個不怎麼愉快的週末，媽媽的新男友帶了兩個年幼的兒子前來，米奇不得不和男孩們分享他的房間和東西，這令他感到生氣和委屈；而父親要求他打掃房間這件事，就像壓垮駱駝的最後一根稻草。他對困惑的父親說：「我不在乎打球，而且我不會打掃房間！」他跺著腳走到後院，留下不知如何是好的羅恩。

羅恩有幾種選擇。他可以堅持叫米奇打掃房間，也可以生氣地問米奇：「現在是怎麼了？別那樣對我說話！」（這聽起來不是很熟悉嗎？父母經常告訴孩子要如何表現，而不是傾聽和接受孩子所表達的感受。）

羅恩選擇的是——給米奇一點冷靜的時間，並反映米奇的感受。「你聽起來很生氣。」當米奇終於走進室內時，羅恩輕輕地說，而米奇低聲地咕噥著。「你聽起來似乎也很受傷，」他的父親繼續說道，「有什麼想談一談的嗎？」

過了一會兒，米奇開始向父親訴說，他和媽媽一起度過的週末，以及他的感受。一旦米奇意識到父親理解並接受自己的感受，他們就能一起尋找解決方案——解決米奇針對父親的行為，以及打掃房間的問題，而他們後來仍然有時間打球。

理解並接受我們以及孩子的感受，是建立開放與信任關係的第一步；學會「傾聽」非語言訊息，尊重並準確地表達自己、共同解決問題，是建立一個能發揮實質作用且充滿愛的單親家庭的下一步驟。

Chapter 4

溝通的藝術：讀懂能量的線索

誠實以對，增進親子間的信任關係

孩子對大人的非語言訊息特別敏感；他們在讀懂單字前，就已經學會「讀懂能量」！當大人說的話和非語言訊息不符合時，孩子會本能地相信非語言訊息。

溝通有許多種形式。大人喜歡用說的，而且說很多（然後不懂為什麼孩子變成「父母聾」）。其實有很多「溝通」，是在沒有語言的情況下發生的；我們的肢體語言及其所散發的能量中也包含著訊息。

「情緒」在我們周圍創造出一種獨特的能量。你是否曾進入有人正在冷戰的房間？房間裡可能一點聲音都沒有，但你卻可以感受到空氣中瀰漫著尖銳交鋒的怒火。與語言相比，我們通常以「非語言」的方式傳達更多的訊息（我們的面部表情、語調和姿勢）。孩子對大人的非語言訊息特別敏感；他們在讀懂單字前，就已經學會「讀懂能量」！當大人說的話和非語言訊息不符合時，孩子會本能地相信非語言訊息。

凱蒂告訴媽媽，她與爸爸和爸爸的新女友史蒂芬妮共度的美好時光；但她說到他們買給她的新娃娃時，突然停下來問媽媽：「妳生氣了嗎？」

她的母親說：「不，凱蒂，當然沒有。」（聲音中有些許不耐煩）「怎麼啦？」

凱蒂回答：「呃，妳一直在嘆氣，眉頭都皺起來了。」

凱蒂的媽媽現在有個機會讓女兒知道，有時她會感到受傷或孤獨，但是她對凱蒂並不生氣，而且她很高興凱蒂可以和父親在一起。

父母也必須學會注意孩子的非語言線索。一個平常很開朗的孩子，在放學回家後，安靜地走回房間，就是一個「他需要有人跟他談一談」的線索。用力關上門、顫抖的下巴，或晚上無法入睡，都意味著孩子需要你跟他一起釐清某些情緒。

當你學習反思、理解孩子的語言和非語言訊息時，就能幫助他們思考發生的事，探究真正的感受。當你質疑他們說的話（說教，或在他們準備好之前，提供解決方案），只是在挑戰他們，導致孩子更堅持自己的立場，或是拒絕對話；而你也許就會因此錯過療癒孩子的心、表達關愛，並建立信任的重要機會。

如何積極傾聽

孩子也許會說：「沒人想跟我一起玩。」父母無效的回應方式是：「哦，沒有吧，你有很多朋友啊。」儘管父母的說法也許是正確的，卻沒有接受孩子當時的感受，也切斷了你與孩子針對發生的事可以進一步溝通的機會。

有個積極的回應是：「你似乎認為你沒有任何朋友。我看得出來，這讓你很難過。」當孩子有機會做出回應時，父母可以跟進：「還有嗎？」這個問題常常會帶出更深層的內在感受；重要的是，你要表現真誠的興趣與好奇心，而不是評判。（畢竟，沒有人喜歡被審問！）有時候，孩子真正需要的是有人傾聽和理解；體貼且積極的傾聽會增進大人和孩子的共鳴，並為父母提供理解的機會，使他們能夠處理真正重要的事情。

積極傾聽的例子

想像一下，這些話是從孩子口中說出。你會如何回應？

- 沒有人想邀請我參加聚會。
- 我看牙醫會很痛。
- 我不喜歡學校的老師。
- 你不公平！

積極傾聽可以引導你提供以下的回應方式：

- 聽起來你感覺很失望和被排斥，你想談談嗎？
- 看牙醫確實很痛，有時我也不喜歡！
- 你似乎對老師感到灰心，你還能再多告訴我一些嗎？

● 聽起來你認為我做錯了，你能告訴我為什麼會這樣嗎？

這些回應讓孩子感覺被傾聽，並知道自己有這些感受是沒問題的。透過愛與理解，對孩子的感受表達重視，是製造真誠溝通的機會，並建立信任關係的絕佳方式。

處理失落：時間和耐心的奇蹟

父母最難接受的一件事情是——我們既不能改變孩子的感受，也無法為他避掉不愉快的感受。孩子和大人一樣會感到悲傷和失落，我們想保護孩子遠離痛苦，並不是因為我們不了解，而是因為我們不希望他們受苦。不過，在大多數的情況下，慈愛的父母能幫助孩子的，就是簡單地傾聽、接受，並耐心地等待。

賈桂琳一直都很謹慎地與孩子計畫「遇到緊急情況時該如何處理」。孩子知道媽媽的電話號碼、該打電話給誰，以及如果媽媽晚到學校接他們時，該怎麼辦。因此，當一場漫長的會議和幾個紅燈，使賈桂琳在某個下午晚了十分鐘左右到校時，她並不過度擔心。七歲的查爾斯知道，如果他擔心的話，可以和學校的祕書說話，而且他應該在校門口等媽媽來。

賈桂琳到學校停好車後，發現校長和一個歇斯底里的小男孩，一起坐在學校低矮的圍牆上時，感到既驚訝又慌張。

「怎麼了？」她叫了起來，急著跳下車。她跪在查爾斯旁邊，焦急地注視著他滿是淚水的臉。「親愛的，怎麼了？」

校長給了她一個溫柔、和藹的微笑。她說：「妳的小男孩擔心妳不會來，他有些驚慌。」

開車回家時，查爾斯的抽泣聲漸漸平息。「查爾斯，」媽媽開始說，「我看得出你真的很難過，但我不明白為什麼。你以前不會那麼依賴。我們已經討論過，如果我遲到了該怎麼辦，你為什麼不等我來呢？」

在一段長時間的沉默後，查爾斯小聲地回答：「媽媽，我以為妳出事了，也許來不了。」

「但是親愛的，」賈桂琳開始說，「你知道我永遠不會離開……」然後她突然頓悟，了解查爾斯的感受。幾個月前，他的父親意外去世了，現在賈桂琳意識到，「生活」在她兒子眼中看來有多麼地脆弱。如果媽媽也走了，他該怎麼辦？

賈桂琳把車停在她第一時間能找到的安全地方，然後將查爾斯擁在懷裡。「我也想念你的爸爸，有時候我和你一樣害怕。我想我無法控制所有發生的事情，但我永遠不會主動選擇離開你，查爾斯，你和妹妹是我一生中最重要的人，而我會一直盡全力陪在你們身邊。」

查爾斯感到的痛苦和恐懼幾乎使賈桂琳心碎。對她來說更困難的是，她意識到，自己無法像從前治療查爾斯的小傷口那樣修復這些感受。孩子確實會因為失去父母、失去寵物，或破碎的夢想而感到悲傷。所有父母對自己和孩子能抱持的希望是——時間確實能治癒一切。

對於因某種原因失去父母的孩子來說，依賴留下來的父母、在父母離開時哭泣，甚至在他們遲到時擔心，都很正常。儘管這種依賴令人困擾，但正常生活的簡單節奏和慣例卻可以緩解這些情況——與孩子討論你的行程安排、一起制定應急計畫，並向他們保證，在你必須出現時，會盡量準時出現（而且如果計畫有變動，你會打電話通知），這些方法對孩子有所幫助。「積極傾聽」還可以讓他們知道，你了解他們的感受，也能幫助你找到方法，和孩子一起度過療癒的過程。

專家告訴我們，失去親人也許需要二到三年的時間才能療癒。不管孩子失去父母的原因為何，你都無法把他們從痛苦中解救出來，只有時間和理解才能緩解痛苦。你可以傾聽、理解，並在適當的時候分享自己的感受；即使這看起來似乎不可能，但只要保持耐性，情況會好轉的。

Point

*孩子確實會因為失去父母、失去寵物，或破碎的夢想而感到悲傷。所有父母對自己和孩子能抱持的希望是——時間確實能治癒一切。

那我自己的感受呢？

感受——悲傷和快樂的情緒——是人類的一部分，這不太可能一下子煙消雲散。父母常常會為了自己混亂的情緒而苦苦掙扎，例如被拒絕、擔憂、壓力。就像孩子一樣，感受會影響行為。父母在感到疲倦、受傷或不知所措時，無法盡力而為；而有時首當其衝的，就是不知情的孩子。

你可能會想：「但我很氣我的前妻。」或是：「有時候，我感到非常恐慌，擔心自己無法勝任。」你也可能會說：「孩子讓我很生氣，我控制不了自己。」

父母應該表現出多少感受？讓孩子看到我們生氣、難過或恐懼的樣子，是否明智？掩蓋或否認我們的感受幾乎沒有用，那些了解我們的人，通常能感受到我們的情緒。事實上，在觀察情緒和情感方面，孩子具有令人難以置信的敏銳觸角；如果缺乏更好的解釋，孩子就會認為，無論父母的感受是什麼，他們都是造成這種情況的原因。還有一個更糟糕的情況——我們先否認自己的感受，然後將它們發洩在孩子身上。（對一個凌亂的廚房大吼大叫，而不是說：「我現在感到害怕、不知所措。我需要給自己一些時間，直到我感受好點為止。」）

即使這有時很難做到，但最好的辦法是誠實地表達你的感受，尤其是在家庭正在經歷變化或壓力的時刻。父母誠實地表達感受，不僅可以幫助孩子理解真實情況，還可以鼓勵他們也誠實地表達自己的感受。你可以簡單地分享自己的感覺（「我現在真的很生你爸爸的氣」），但不必把孩子不需要知道的細節或指控說出來。

父母甚至可以透過非批判的方式，表達自己不滿孩子行為的情緒；我們對孩子所謂「建設性的批評」，常常伴隨著很多指責和令人不快的語氣。

一種有效表達感受的方法，是使用「我字句」。一個「我字句」幫助我們知道，什麼可以（或不可以）說，特別是當我們太沮喪而無法保持冷靜時。例如，你可以冷靜地說：「如果你答應過要回家卻不回家，會讓我感到害怕和生氣，因為我愛你，我擔心你是不是發生了什麼事。如果你會晚回家，請打個電話給我，我會很感激。」

或是：「我真的很沮喪，因為洗衣機壞了，但我們都需要乾淨的衣服。如果你現在可以上床睡覺，對我是很大的幫忙，我會非常感謝。」當你可以誠實且尊重地表達情緒，孩子將更容易了解真實的情況，而父母失控的可能性也會小得多。

勞拉是一名單親媽媽，經過一天的工作後，才剛回到家。她比平常還晚煮飯，而且很累；此外，她第二天早上有個會議，需要時間做準備。她渴望和平與安靜，但兩個女兒卻在爭論誰可以先使用浴室；當爭執愈演愈烈時，她們大聲呼喚勞拉來決定誰對誰錯。

勞拉感到自己的情緒更加緊繃。最後，她再也受不了了，她也開始大吼大叫，訓誡女孩們相處的方式。當她停下來吸氣時才意識到，正在發生的事情不僅僅是孩子的問題，也是她自己的問題——她太累了，無法理性地回應孩子的爭論。

勞拉深吸一口氣，面對著女兒們。她平靜地說：「女孩們，今晚我太累了，無法耐心地處理妳們的爭論。」她解釋說，她度過了漫長的一天，明天也會很忙，需要照顧好自己。她問女孩們，今晚是否願意自己解決問題，然後上床睡覺。勞拉對她們說晚安，給她們一個擁抱和親吻，然後回到自己的房間。

因為勞拉很少提出獨處的要求，並以真誠的方式分享她的感受，而不是說教和責怪，女兒們能夠給她獨處的時間，並自己解決有關浴室的爭執。

父母常常在沮喪或失望時反應過度，或在低落、疲倦時，堅持不合理的管教方法。你真正需要做的是：透過讓孩子知道你的感受，幫助他們了解正在發生的事情，以及教導孩子如何支持並照顧自己；你不應該要求孩子承受沉重的負擔，或取代缺席的另一個大人。你可以試著簡單地解釋自己的感受，將憤怒和內疚轉變為愛與合作的氛圍。

做得過分了：如果我失去控制怎麼辦？

學習誠實且建設性地表達情感，不僅可以使家裡平靜，還可以防止我們傷害所愛的人。沒有父母想傷害孩子，但是壓力、沮喪和憤怒，會讓我們表現出以後會後悔的態度。

到托育中心接兒子比利和艾力克，是喬一天中最高興的時刻。喬是一名努力工作的單親爸爸，經常感到疲倦，但他喜歡把男孩抱起，看看他們做的藝術作品，並和他們聊聊今天過得如何。回到家時，喬會準備晚餐，然後喝點酒放鬆一下；但當喬越「放鬆」，就對比利和艾力克的行為越沒耐心。

有一天吃完晚餐後，喬坐在椅子上，看著兒子們試著幫忙清理桌子。那裡有許多要付的帳單、汽車無法正常發動、喬與兒子的母親針對探視問題發生了爭執，他的怒氣使他又「放鬆」了一些。就在喬喝完第三杯酒時，比利砸碎一個砂鍋，於是喬的脾氣爆發了，他將哭泣的孩子拖回房間，在那裡教訓他的笨拙。他想：「我需要一點新鮮空氣。」接著鎖上比利的房門，請艾力克去看電視，自己則到附近的酒吧去。

幾個小時後，警察攔住了喬，開了張罰單，因為他酒醉駕車；當警察發現男孩們被獨自留在家裡後，喬又被多加了一條疏忽孩子的指控。在法律的介入下，喬每週接受諮商面對酗酒問題，並參加了家長課程，學習一些新技能。

儘管喬對兒子的愛是毫無疑問的，但喬做得過分了；就像許多其他的父母一樣，他採取對孩子體罰，或在情緒和言語上加以施虐的方式。壓力重重的父母，特別是在困難的情況下獨自撫養孩子的單親父母，該如何自我控制？

擁有一個可以傾聽你的支持網絡（參閱第六章）會很有幫助。最重要的是，學會識別自己的某些危險信號——緊繃的下巴、緊握的拳頭、加快的心跳，或上揚的聲音，都在警告你應該謹慎。請記得，毒品和酒精永遠無法解決問題。

是我們在控制情緒？還是它們在控制我們？

我們有時很想任由情緒控制我們，或用它們作為不當教養的藉口。但當我們能意識到自己的真實感受，傾聽、接受並從中學習，即使在最困難的情況下，我們也能夠採取周全的行動，並做出最佳選擇。

安德里亞週末到郊區參加一個工作坊，當活動結束，她很期待到前夫家中接她八歲的女兒，艾米。艾米通常在她們分開時會很想媽媽，開著車的安德里亞高興地哼著歌，期待得到一個大大的擁抱。安德里亞接到艾米後，帶她去吃披薩；到家後，她們打開行李，並且去散步，聊聊彼此在分開時所做的事情，接著她們窩著一塊讀書，然後艾米上床睡覺。

安德里亞坐在廚房的餐桌旁，整理週末收到的信件，她看到女兒猶豫地從客廳朝她走來。「怎麼了，寶貝？」她問，「妳睡不著嗎？」

「我想打電話給爸爸。」艾米回答。

當艾米與父親講電話時，安德里亞靜靜地等待著，試著避免不耐煩地看時鐘。這是一段簡短的談話；安德里亞可以察覺她的前夫約翰，正在忙著處理某些事。艾米慢慢掛了電話，當她轉身面對母親時，淚水順著臉頰流下。

安德里亞向女兒伸出雙臂。她說：「小寶貝，妳看起來很難過，想告訴我妳怎麼了嗎？」

艾米遲疑了一下，安德里亞看得出她猶豫著該不該說。終於，她開口了。「媽媽，我無法入睡，因為我想念爸爸；這個週末我們過得很開心，我現在只想和他在一起。」

安德里亞的心刺痛了一下。她和約翰離婚已經三年多了，而這個調適過程非常困難；但是，安德里亞已下定決心，要做對女兒最好的事情，甚至在艾米傷心和感到幻滅時，幫助她保持與父親的關係。這是一個痛苦的過程，但近幾個月來，創傷和劇變的感受已經消退，安德里亞開始對自己和女兒的生活感到穩定且樂觀。約翰很快就要再婚了，而艾米對所有的婚禮計畫感到興奮；安德里亞設法面對這個情況，但是現在，她看得出艾米顯然被夾在中間。

「好吧，艾米，妳想怎麼做？怎樣會讓妳感覺好一點？」安德里亞問。

艾米回答得很快：「我想回去爸爸那裡。我想睡在那裡，他早上可以帶我去學校。」

安德里亞的臉一定反映出了她的受傷。「但是親愛的，我剛到家。」她說，「妳不想和我在一起嗎？」她看著女兒掙扎，意識到艾米在「自己的希望」和「避免傷害母親」之間掙扎；最後，取悅母親的念頭贏了。

「哦，沒關係，媽媽，」艾米突然說，「我沒事的，我現在就回去睡覺。」她轉身走回房間，但母親很快就注意到艾米顫抖的下巴。

安德里亞深吸一口氣。「艾米，」她說，「我不確定妳爸爸會說什麼，但我們可以打電話給他，問他是否願意來接妳。那是妳真正想要的嗎？」

「哦，是的！」艾米回答，然後她們打了電話。這次談話時間較長，當艾米掛斷電話時，她在微笑，她說：「媽媽，他馬上就要來了。」然後跑去整理早上要穿的衣服。

約翰到達時，他給了安德里亞一個充滿同情的微笑。「妳確定妳對這樣的安排沒問題嗎？」他說，「我不想干擾妳和艾米在一起的時間。」

「呃，」在艾米走進客廳時，安德里亞回答，「這似乎是她現在所需要的。是的，是有點心痛，但我會沒事的。」

安德里亞設法給女兒一個微笑並擁抱她，然後在她走出去後關上了門。「哦，好吧！」當安德里亞回到廚房餐桌旁時，這樣告訴自己，「這沒關係。我很高興她能夠告訴我她需要什麼……」安德里亞悵然若失，突然哭了起來。

「這很傷人。」她陷進沙發裡，感受自己的心痛，感受現實帶給她的打擊。

「怎麼會這麼疼呢？」

第二天早上，艾米在上學前打電話來。「媽媽，我真的很抱歉。」艾米輕聲地說：「有時候，我想同時跟妳和爸爸在一起，但我不知道該怎麼辦。」

安德里亞笑著回答：「艾米，妳很勇敢地把妳真實的感受告訴我，我很高興妳這麼做。」她們聊了幾分鐘後，艾米放心地去上學了。

「我有時仍會感到非常地不安和恐懼。」當天稍晚，安德里亞告訴她最好的朋友。「我想我還是認為，我會以某種方式失去她；我真的不喜歡分享我的女兒，即使是和她的父親分享也一樣。我想，我做的事是對的，但艾米想離開這件事，讓我感到受傷。從昨晚開始，我的胸口一直像打了個結一樣。」

她的朋友同情地微笑。「妳做了妳認為對艾米最好的事情。艾米知道她可以信任妳，因為妳重視她的感受，而且她可以同時享受與爸爸或媽媽在一起的時光，也能同時愛著你們。安德里亞，妳要對女兒以及妳們的關係有信心。妳們兩個都會沒事的。」

滿足孩子的需求並非總是必要（或明智）的。當你介入並嘗試解決所有導致孩子情緒不佳的問題時，反而會因此鼓勵孩子對你進行操控。但是在上述情況裡，安德里亞相信自己的直覺，認為艾米陷入了情感的衝突，有必要以誠實面對情緒的方式來解決問題。儘管很痛苦，安德里亞還是願意傾聽並接受女兒的感受，並相信這最終會讓彼此之間的關係更緊密。如果艾米重複這種行為，安德里亞則必須多考慮該如何回應，讓艾米學會「她可以相信母親會尊重自己的感受」，但同時也要明白，無論她的感受多麼真實，都不能拿來作為情緒勒索的藉口。

我們很想相信，做「正確的」事情總是感覺比較好，但正如安德里亞則所了解的那樣，為孩子做最好的選擇可能很困難，甚至很痛苦；儘管有痛苦的感受，你還是可以採取行動，而不是讓自己「受到痛苦的控制」。

隔天下午，艾米回到家後，她給了媽媽一個大大的擁抱，然後才出去玩。那天稍晚，安德里亞與艾米談話，並向她訴說了一點自己的感受。母女倆都知道可以對彼此誠實，並且能在不生氣或不指責的情況下處理困難的事情，這是建立信任和親密關係的機會。

Point

＊為孩子做最好的選擇可能很困難，甚至很痛苦；儘管有痛苦的感受，你還是可以採取行動，而不是讓自己「受到痛苦的控制」。

感受就只是感受

請記住，即使是最困難的感受，仍然只是感受；我們處理的方法，可以具有建設性，也可以具有破壞性。當憤怒和壓力變得不堪重負時，孩子和大人都可以學著「暫停」——這不是一種懲罰性的暫停，而是一種讓自己冷靜下來，並恢復良好感受的方式，以便從容應對情況。另外，我們也可以找到其他表達沮喪的方式，例如，對著枕頭而不是對著人大叫，也很有效。

孩子和大人都可以學著數到十，深吸一口氣，從容地討論問題。一位父親分享：當憤怒的情緒快將他沖昏頭時，他會把家裡的垃圾拿出去，用力地把它丟進垃圾桶裡。當他回到家時，已經能自我控制，並準備針對眼前的問題尋找建設性的解決方案。

改變我們處理強烈情緒的方式需要時間和精力，而我們不一定都會成功。但是，教導孩子（以及自己）以積極的態度來面對情緒，不僅能讓我們保持誠實，也為我們節省原本用來壓抑或擺脫情緒所花費的精力，並將它做更好的利用。花時間練習積極傾聽、了解孩子的感受，並幫助孩子了解我們的感受，是建立親子間信任與親密關係的一種既有效又實用的方法；在共同經歷成長及變化的歲月時，緊密的親子關係能幫助你們應付困難時刻。

Point

*當憤怒和壓力變得不堪重負時，孩子和大人都可以學著「暫停」——這不是一種懲罰性的暫停，而是一種讓自己冷靜下來，並恢復良好感受的方式，以便從容應對情況。

Chapter 5

尋找生活的平衡，以及單親教養的技能

掌握簡單的技巧，解決現實面的問題

生活中有些事情是無法避免的，例如工作或上學，但我們可以透過「決定一件事上要花多少時間」，來確認事情的重要性。

琳恩今天的工作不順利，癱在沙發上的她身心俱疲，她試著思考，在今天結束前，還要處理哪些事情。

桌上放著一堆帳單；地毯上到處是三個孩子透過鞋子挾帶回來的小石頭，他們顯然在學校的沙坑裡玩得很開心；在廚房地板上殘留著幾塊「酷愛飲料」（Kool-Aid）滴落所形成的污漬。這讓琳恩突然想到：浴室或許也該打掃，而且汽車需要換機油。

琳恩開始感到頭暈。快到晚餐時間了，冰箱裡還有吃的東西嗎？她疲倦地注視著庭院，但這只是在提醒她：草坪需要澆水、施肥、除草和修剪。就在那一刻，琳恩的孩子們拿著一堆故事書過來，在她身邊坐下來，「媽媽，妳能讀給我們聽嗎？」他們問道。

琳恩在這時終於恍然大悟，這就是單親教養必須面對的現實。

無論你是離婚還是喪偶，是男性還是女性，是監護人還是非監護人，都不重要，要取得單親教養生活中的「平衡」，是人生最困難的任務之一，有太多的事情要做，而時間通常都不夠用。

在「傳統」家庭中，會由一對夫婦分擔家庭管理和照顧孩子的任務；在單親家庭中，雖然有相同的任務，卻只有一雙大人的手可以完成，因此更顯得壓力重重。

單親父母經常分享，他們會為了小事抓狂。在你洗個澡或趕到店裡買東西時，沒有人可以稍微照顧孩子幾分鐘；沒有人能處理貓咪咬來的那隻半死不活的老鼠；沒有人可以幫忙修補破掉的衣服、解釋為什麼汽車無法發動，或是幫忙洗衣、修剪草坪或鏟雪。

最糟糕的是，在一天結束、孩子們睡著後，他們沒有其他人可以交談，沒有人可以分享自己的擔憂和小小的勝利。原本應該一起撫養孩子的伴侶——孩子的另一位父母——也許從未出現或是毫不同情，難怪單親父母經常抱怨自己感到孤立！好似永遠有做不完的事情，讓單親父母經常陷在沮喪、內疚、憂慮和疲憊的感受中，而這並不是一種可以促進父母與孩子建立良好關係的氛圍。

你該如何應對？當你度過悲傷期、回復好情緒，生活也開始正常運作後（儘管壓力很大），那接著呢？單親父母如何在完成所有該做的事情上找到平衡？如何有效地撫養子女，同時還能找到時間自我學習、成長並享受生活？這有可能嗎？

我們將告訴你，這確實有可能，但你需要有周詳的計畫、耐性和踏實的努力。

排出優先順序：最重要的是什麼？

單親家庭可以如同雙親家庭一樣有效地運作（並享受同樣多的樂趣），也能養育、鼓勵孩子成為一名有能力且健康的大人；最重要的是，你要學會善用有限的時間和精力。

正如俗諺所說：時間就是金錢。我們經常很仔細地規畫金錢方面的預算，但在花費時間上，卻沒有經過任何事先的思考或計畫，並在結束忙亂的一天後，發現自己怎麼沒完成多少事情。認真思考生活事項的優先順序，是任何父母（尤其是單親父母）所能做的最有用的事情之一。

生活中有些事情是無法避免的，例如工作或上學，但我們可以透過「決定一件事上要花多少時間」，來確認事情的重要性。其中有一些是困難的選擇——你應該把時間多花在工作和事業上，還是優先考慮陪伴孩子？你應該追求晉升之途，希望工作上的升遷能為家庭帶來好處？還是不要花太多時間工作，儘管賺的錢比較少，卻有更多時間參與孩子的日常生活？每個決定對你和孩子的長期影響是什麼？

每名父母對這些基本問題的答案都有所不同，這些問題都需要花時間好好地思考；相對而言，決定每天生活時間的安排就比較容易。

你可以進行這個實驗：列出你在生活中最看重的事物，然後對這份清單進行優先順序的排列——孩子通常會被排在前面；接下來，利用大概一週的時間，追蹤你在每項活動上實際花費的時間，結果通常會令你感到訝異。在你了解自己實際運用時間的方式後，確認每週可利用的時間，並決定哪些是真正重要的事項，就會變得非常容易。

在理想的情況下，我們安排時間的方式會反映出我們的優先順序，以及在建立家庭生活上最重視的事情。許多父母常常驚訝地發現，他們將大部分的時間花在排序低的活動上（例如看電視），而對排序高的人事物，卻投入很少的時間和精力；這個結果將有助於你安排每週的家庭活動（如果你不計畫，有些事根本不會發生）。檢視你如何處理無法避免的瑣事也很有幫助，例如：只要提前計畫，就能使原本每天都要去超市採買的頻率，變成每週一次。

有許多創意方法可以幫助你調整事情和責任的優先順序，並善用有限的時間。以下是一些讓生活更流暢、簡化的建議。

Point

＊認真思考生活事項的優先順序，是任何父母（尤其是單親父母）所能做的最有用的事情之一。

簡化單親教養生活的訣竅

- 消除不切實際的期望
- 嘗試擬定清單
- 事先準備飯菜
- 分擔清理房子的責任
- 花時間教導
- 安排時間享樂

消除不切實際的期望。你的母親也許總能將地板打掃得一塵不染，把枕頭套燙好，並且在每晚六點半準時將精心準備的飯菜端到晚餐桌上，但這並不表示「你也

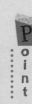

必須這樣做」，或「應該做得到」。你要看看自己能做到哪些事，並務實地看待。

列出你所有的「應該」和「必須」，花一些時間思考，並觀察你對清單上各個事項的感受。

你將多少時間花在「你認為應該做的事情」上──因為你「總是那樣做」，或因為在生活中的某個時刻被告知「你必須這麼做」，但它們其實沒有為你帶來更好的生活品質？你需要花點時間，以務實的態度檢視：哪些是你希望做到的事，哪些是你認為值得做的事，而哪些又是你實際上做得好的事。

嘗試擬定清單。排列每天工作的優先順序，率先執行最重要的任務。列清單不僅可以幫助你完成工作，而且劃掉完成的事項，將是你一天中最滿足的時候！在小事一冒出來時，就隨手解決（例如，付帳單或縫好一顆鬆開的鈕扣），而不是等到它們堆積如山後再處理。

事先準備飯菜。在忙完一天的工作後還要準備晚餐，一直是最困擾單親父母的事情之一。你可以試著在有空時，事先準備好可以吃上幾頓的飯菜，例如砂鍋菜或烤火雞；在櫥櫃裡常備一些能將剩菜變成美味佳餚的調味料；購買教導如何在短時間內就能準備好營養餐點的食譜；或是在週末時做好兩倍的餐點份量，然後將吃剩的冰在冰箱裡，供忙碌的日子食用；你也可以讓年長的孩子幫忙擬菜單和做飯，這對所有人來說，都會是一個很好的學習經驗。

一位母親列出孩子們最愛的十道餐點。這些餐點的料理方式都很簡單，例如炸玉米餅、義大利麵、焗烤鮪魚麵、肉餅、湯、烤奶酪三明治、漢堡和千層麵；然後，她為每道餐點製作了索引卡，一面是食譜（以及配菜，例如沙拉和蔬菜），另一面是食材採購清單。在每週的家庭會議中，孩子們和媽媽會輪流從帽子裡抽出五張索引卡，並將每天的餐點寫在日曆上。每個孩子都要負責檢查食物櫥櫃和冰箱，確認是否有足夠的食材製作自己挑選的餐點，然後把還需要添購的物品寫在每週的購物清單上（幼童可以請年長的哥哥姊姊或媽媽幫忙列清單）。

他們每週會一起進行一次採買，每個孩子都會幫忙尋找食材（他們也會幫忙做飯）。這位母親說：「我們的計畫解決了許多麻煩。與做飯相比，想菜單的壓力更大，原本這是一項家事，現在卻變成了一項有趣的家庭活動。」

分擔清理房子的責任。對許多單親父母來說，房子的整潔是家庭生活中最不容易維持的部分；如果全家能一起參與，打掃會變得更有趣。令人意想不到的是，原來只要每個人每天投入十分鐘，或是每週兩小時，就能做好很多家事；嘗試每天做一點，而不要一次做很多。你可以給家中的每名成員一人兩個洗衣籃，即便是年幼的孩子也能學會「將白色衣服放在一個籃子裡、深色衣服放在另一個籃子裡」；你可以和孩子在收拾玩具、衣服上制定規則，或約定每天打掃一個房間，然後，貫徹執行你們達成的協議（將在後文中有更多討論）。

同樣地，如果孩子能參與此一過程，生活將會更加愉快。在舉行家庭會議時，讓孩子幫忙列出必須做的家事，然後創造有趣的方式，讓孩子選擇要做的家事——一種方法是將每種家事寫在卡片上，然後讓孩子從帽子裡抽出幾張卡片；另一種方法是製作「選擇輪」（可以為每個房間都製作一個），在「選擇輪」的外緣貼上家事的圖片，並在中間安裝一個指針，接著讓孩子轉動輪盤，看看他們在打掃時要負責哪些家事。

花時間教導。儘管一時看不到成效，但教導孩子做家事的技巧，長期來說，可以為你節省時間，同時也提供孩子追求獨立和成功生活所需具備的基本技能。與他們一起做家事，並示範最好的做法；接著，在他們單獨進行時，以溫和的態度加以督導；不久後，他們將能在你不參與的情況下，做出令你滿意的成果。請注意，不要將標準設得太高！（將在第八章和第十三章，更深入地探討「如何教導、鼓勵和培養孩子的自尊」。）

安排時間享樂。如果在忙完家事和雜務後，可以安排一段享樂的時間，會讓人做起事來更起勁。你可以選擇在週六早上，全家人一起做家事、打掃庭院，並在這一天剩餘的時間裡，從事一項事先計畫好的活動。請務必在一週裡安排時間與家人相聚、娛樂——這些時光會凝聚家人的情感。在你們的行事曆上安排娛樂活動很重要；否則，它們頂多只是個很好的「想法」而已。

你需要把一些事情的優先順序往下移——傍晚，當你必須在「擁抱一個需要交談的孩子」和「刷洗浴室」之間做選擇時，「擁抱孩子」會是更好的選擇。你的房子也許不會像你想要的那樣一直一塵不染，但家事可以等，而錯過陪伴孩子的片刻卻永遠不會再現。

Point

*在理想的情況下，我們安排時間的方式會反映出我們的優先順序，以及在建立家庭生活上最重視的事情。

*傍晚，當你必須在「擁抱一個需要交談的孩子」和「刷洗浴室」之間做選擇時，「擁抱孩子」會是更好的選擇。

客觀看待問題

客觀地看待問題，可以幫助你克服在平衡生活時產生的挫折感。

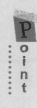

麗莎是一名單親媽媽，她三歲的女兒艾比，每次從幼兒園回家後，總是髒兮兮的，而且是非常髒！每天晚上都要清理艾比、幫她洗衣服這件事，一直讓麗莎感到不耐煩。

麗莎對著一群單親父母抱怨：「我真的快受不了了。今天下午，我去接艾比時，她在噴水池裡玩得渾身濕透，搞得全身是泥巴。」麗莎嘆了口氣，「我本來就快忙不過來了，現在還加上這個麻煩，我很氣艾比，我也很氣幼兒園。」

這個小組了解麗莎在說的事——生活的忙碌使得單親父母無力以寬容和耐心的態度，來應付孩子不小心發生的意外。但是他們提醒麗莎，活潑的三歲孩子本來就容易把自己弄髒；他們鼓勵麗莎去了解幼兒園在組織和管理孩子上是否過於鬆懈，以消除她的疑慮。一位經歷過類似情況的父親建議她，在幼兒園裡花點時間了解上課情況，有助於她決定要採取什麼做法（如果有辦法的話）來改變這種情況。他說，現在參觀幼兒園看起來似乎很花時間，但它最終可為麗莎節省為髒兮兮的女兒擔心、生氣的時間，這也會令她對艾比正在接受的托育品質感到放心。在意識到其他父母也面臨過類似的問題，並將思考的焦點放在尋找解決方案後，麗莎能夠重新以客觀的角度看待問題。

如何照顧自己？

當你在生活中擁有除了孩子以外的興趣，將更容易心平氣和；無論你有多忙，都應該將自己作為優先事項之一。這不會自然而然地發生，你必須找時間照顧自己，因為無論你付出多少努力，都不可能滿足他人對你所有的要求，一旦你精疲力盡，就無法繼續付出。你必須意識到自己的侷限性，在必要時，對新的要求說不。

如果你能花點時間定期從事自己喜歡的活動，不論是哪一種類型的活動，都會對你和你身邊的人有很大的幫助——看書、泡熱水澡、聽音樂、修理機器、和朋友聚會（是的，孩子偶爾沒有你在一旁也不會有事的）。你可以透過對自己好，向孩子示範什麼是自尊，孩子將由此學會「照顧好自己很重要」，並懂得尊重他人的需求。你將成為一名更健康、更冷靜的父母，以及一個更快樂的人（將在第十三章以更多篇幅討論如何照顧自己）。

Point

＊當你在生活中擁有除了孩子以外的興趣，將更容易心平氣和；無論你有多忙，都應該將自己作為優先事項之一。

如何暫時離開孩子？

對許多單親父母來說，離開孩子——不管是為了上班，還是為了留時間給自己——都是一件困難的事。我們渴望暫時擺脫孩子，不過一旦我們真的離開孩子，卻又會開始瞎擔心。優質的托育服務不但所費不貲，而且很難找到；如果幸運的話，你可以在住家附近找到一個值得信賴的青少年，幫你暫時看一下孩子，或與鄰居互相照顧孩子、組織育兒互助會。你還有另一個選擇，就是將孩子單獨留在家裡，這對疲憊不堪的單親父母來說，確實是個吸引人的選項，但你在嘗試前，必須先經過審慎的安排。

很遺憾地，並非所有的孩子都像電影《小鬼當家》（*Home Alone*）裡的年輕英雄那麼靈巧聰明。對父母來說，將孩子單獨留在家可能是個方便的選擇——有時似乎也是唯一的選擇——但這對孩子來說，卻可能是場災難的開始。我們可以讓孩子單獨在家嗎？如果可以，什麼時候可以？

判斷孩子何時可以單獨在家，取決於許多因素，而年齡並不一定是最好的判斷標準。千萬不要將學齡前兒童或學步兒童單獨留在家，如果可以，先聯絡地方社服機構，確認在你所居住的地區，是否有關於「幼童年紀」的法律界定；此外，在將孩子單獨留在家之前，先仔細考慮孩子具備的成熟度、自信心和做出正確判斷的能力。如果你有「任何」懷疑，不要離開；要離開的話，也請勿超過一個小時。即使你認為孩子的成熟度足夠，可以掌握情況和遵守自身安全的規則，也要仔細規畫孩子獨自在家可能面臨到的各種情況。

請事先確認你的孩子對「單獨在家」感到自在。樹枝搔刮窗戶的聲音、貓在外頭的嚎叫聲，都可能讓獨自待在一間空房子裡的孩子感到恐懼；當然，如果牽涉到不止一個孩子，情況會更加複雜。除非你家有個可靠的青少年，或是負責任的前青春期孩子，否則不要把年幼的弟妹交給他們照顧；這責任太重大了，有太多事情可能會出錯。

如果你確信孩子可以在短時間內獨自一人，你可以採取以下一些步驟，盡可能地確保情況安全。

留孩子單獨在家的安全守則

- 與孩子討論你離開時可能發生的情況
- 與孩子討論若有人敲門，或來電找不在家的父母時該怎麼辦
- 確認孩子可以進行的活動

確保孩子理解

與孩子討論你離開時可能發生的情況。把門鎖的鑰匙留給孩子，並說明發生火災或緊急情況時的逃生路線。為他們列出緊急聯絡電話號碼，確認孩子知道在什麼情況下及什麼時候要打電話；你也可以把在家的朋友或鄰居的電話號碼留給孩子。

與孩子討論若有人敲門，或來電找不在家的父母時該怎麼辦。你需要考慮你不在家時，什麼樣的人可以進家門，並與孩子一起設想回答電話的方式。（一名十二歲的女孩告訴來電的人，她媽媽正在洗手間，並寫下對方的留言）。在某次《歐普拉．溫芙蕾秀》（*Oprah Winfrey Show*）的節目上，探討了獨自在家的孩子有多麼容易讓陌生人進門的問題——一個穿著體面的陌生人說他的汽車拋錨了，想進來借個電話，孩子就會讓對方進門，儘管父母後來說，他們已經告訴過孩子，千萬不能讓陌生人進門。歐普拉透過這集節目指出，孩子也許還不具備那種智慧或能力，去做「他知道該做的事情」，因此父母也不該對孩子抱持這樣的期待。

確認孩子可以進行的活動。例如，孩子可以看電視和玩電動遊戲，但在沒有大人從旁監督的情況下，他們不能做飯或進行化學實驗。你們還可以針對是否能夠進行戶外運動達成協議。

確保孩子理解。不要只是簡單地問孩子「知不知道規則」；他幾乎總會告訴你，他知道了。你可以寫下你們同意的規則，把它張貼在家裡顯眼的地方，然後請孩子複述，確認他的理解程度。如果孩子不滿意你們所同意的規則，不要離開！

一下子要平衡太多生活責任的單親父母，有時很想把孩子一個人留在家「一下下」。如果孩子有責任感並且很成熟，你可以這樣做；但是，在你關上門離開前，先把所有在你離開時可能發生的一切考慮清楚。我們的孩子是寶貴且無可取代的，絕對不能為了一時的便利，讓他們置身於危險之中。

Point

＊對父母來說，將孩子單獨留在家可能是個方便的選擇——有時似乎也是唯一的選擇——但這對孩子來說，卻可能是場災難的開始。

平衡工作與家庭

問：我是一名單親媽媽，育有三名年幼的孩子。我很幸運，孩子們的爸爸願意支付撫養費，並且真的會花時間陪伴他們；但是，這份撫養費無法支應我們所有的人，我還是必須工作。我在廣播和電視上聽到很多關於好父母會留在家陪孩子的報導；我沒辦法不工作，但我一直擔心自己會不會因為陪孩子的時間過少，而對他們造成什麼傷害。單親父母可以工作嗎？去托育中心會對孩子有害嗎？

答：專家們多年來一直在爭論這個問題，也許還會繼續爭論下去。我們的看法是，不管父母是選擇待在家陪孩子，或是將孩子送到托育中心，都無法絕對保證孩

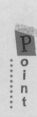

子的身心健康；你需要細心、精力、良好的教養和溝通技巧，才能做到這一點。無論你的情況為何（必須工作，或是可以待在家裡），你的態度都是影響孩子身心健康的重要因素。如果你認為自己正盡力而為，並對自己的選擇滿懷信心，孩子就會適應得很好；如果你對自己的選擇感到內疚不安，孩子也會感受到你的態度，並透過行為反映出來。單親父母（或任何父母）所能做的，就是盡力做出最好的決定，學習需要的技能，並接受自己「會犯錯」的事實。正如我們時常在本書中說明的，錯誤是學習的絕佳機會。運用像是鼓勵和積極傾聽的正向教養技巧，並對你的選擇有信心，都能幫助你和孩子展開良好的適應。

對於絕大多數的單親父母來說，工作根本不是選擇，而是必須做的事；要在工作要求與養育子女之間取得平衡，確實是一項艱鉅的任務。許多單親父母都曾經因為工作的緣故，無法參加孩子學校的會議、音樂會、足球比賽或其他的活動；而對他們來說最痛苦的事，是必須在「工作」和「待在家陪生病的孩子」之間做選擇。有些雇主提供職場互助式教保服務、彈性的工作時間和家庭照顧假；其他雇主則沒有。單親父母經常對工作或家庭生活都不滿意——因為他們實在沒有足夠的時間（或精力），將事情做到自己滿意的程度。

不幸的是，單親父母必須平衡「教養」和「謀生」這兩者需求的困境，卻沒有任何簡單的解決辦法。每個大人和家庭的狀況都不一樣；不過，你可以嘗試以下一些做法來減輕負擔。

平衡工作與家庭

- 確認你的「需要」
- 了解社區資源
- 探索你有的選擇
- 與其他的家庭成員同步行事曆
- 保持聯繫
- 盡力而為，然後放鬆

確認你的「需要」。確認事情的優先順序，可以幫助你決定想在工作和事業上投入多少精力。正如我們將在第六章探討的：學會聰明地管理金錢，將有助於減輕單親父母的財務負擔，而不需要超時或從事雙班制的工作。你可以客觀地評估工作所帶來的收益（薪資、保險等），並與你將孩子留給他人照顧所須付出的成本（托育費、擔心等）進行比較；你說不定會發現，工作少一點，事實上為家庭提供了更好的生活。

了解社區資源。當前社會有越來越多的單親家庭，因此，有更多社區願意提供單親父母偶爾所需的支持，也有許多醫院和家庭診所提供病童照護的服務——生病的孩子在這些場所由專業醫療人士進行照顧，使上班的父母無須過度擔心。各個地方的收費標準有所不同，但為了讓自己心安，這個付出是值得的。

探索你有的選擇。有些單親父母發現，「經營自己的事業」可以讓照顧孩子的時間更具彈性，例如家庭托育服務，或其他允許在家工作的事業。儘管並非所有的父母都有可能或做得到，但發展自己的事業，一方面可以讓你有更多時間陪孩子，另一方面還能維持家庭生計。

與其他的家庭成員同步行事曆。孩子喜歡父母參加對他們來說重要的活動，而當父母是全職上班族時，這通常意味著「不可能參加孩子所有的活動」。與其期望自己參加孩子的每一場體育活動和獨奏會（並在無法參加時自責），不如邀請其他的家人和朋友，一起分享孩子的這些特殊時刻。

如果孩子的另一名父母有空參與，務必讓對方知道行事曆。你們可以一起參加（如果不想坐在一起的話，可以分開坐），或是把時間安排好，讓至少一名父母到場參與孩子生活中的特殊時刻。家庭成員和其他朋友說不定也喜歡分擔這項責任；當你知道孩子有一群關愛他的人支持他時，就會對自己必須工作不再感到那麼內疚和遺憾。

保持聯繫。單親父母經常發現自己在工作、足球場、托育中心、會議、學校之間辛苦地來回奔波。不過，我們並非唯一忙碌的人，孩子也有各式各樣的活動和必須做的事情，你要盡力確保孩子在需要時能夠找到你，而你也可以找到他們。單親父母可以利用手機與孩子保持聯繫，尤其是當孩子越來越大、變得更加獨立時。你們可以一起商量行程的安排、交通方式和其他計畫；大多數家庭會使用大型的掛曆，在上面列出全家所有的活動及接送孩子的時間。讓孩子知道你會出現的時間，並盡力保持一致性和可靠性。

確定工作場所允許孩子在必要時與你聯繫，並告訴孩子什麼時候可以（或不可以）打電話給你。一位單親爸爸在辦公室裡安裝了一條私人的電話線（自費），方便孩子在需要時打電話給他；你也可以請同事和辦公室人員，在第一時間讓你收到孩子的訊息。

盡力而為，然後放鬆。焦慮、責備和內疚都無濟於事；當你知道自己盡力做出最佳選擇，並盡了最大的努力撫養孩子時，記得放鬆，並將精力放在協助其他家庭成員盡好他們的責任上。即使你必須工作的時間比你希望的還要長，但透過日常慣例、一致性、鼓勵和良好的溝通技巧，你將能與孩子建立親密關係。如此一來，孩子不僅能學會生存，還有機會學習合作和其他生活技能，並為你和你們的家庭做出真正的貢獻。

Point

＊單親父母經常對工作或家庭生活都不滿意——因為他們實在沒有足夠的時間（或精力），將事情做到自己滿意的程度。

＊你可以客觀地評估工作所帶來的收益（薪資、保險等），並與你將孩子留給他人照顧所需付出的成本（托育費、擔心等）進行比較。

＊當你知道自己盡力做出最佳選擇，並盡了最大的努力撫養孩子時，記得放鬆，並將精力放在協助其他家庭成員盡好他們的責任上。

選擇優質的托育服務

如同工作對大多數的單親父母而言，是無法避免的，接受托育對他們的孩子來說，也是無法避免的。大多數有關「托育對孩子的影響」研究，都得出令人安心的結論——孩子在優質的托育環境中會有良好的發展。許多研究也發現，「家庭因素」（父母的教養技能和回應孩子的方式）比起托育，似乎更能有效預測孩子的發展；當然前提是，你能為孩子找到優質的托育服務。

為孩子尋找托育服務時不要急，因為你需要考慮許多因素，你也可以向朋友和專業人士尋求建議。如果你選擇僱用保姆，首先必須跟對方好好地進行面談，確認推薦資料，並留時間讓保姆和孩子彼此適應；如果你選擇托育中心，可以多參觀幾所托育中心，並記下觀察心得：孩子們過得充實、快樂嗎？他們能在托育中心內自在地四處活動嗎？托育中心的空間乾淨嗎？托育人員顯得疲累或生氣嗎？托育人員是否鼓勵孩子主動學習和探索，還是叫他們「乖乖」安靜坐好？

選擇優質托育服務的過程令人費神，但如果做出正確選擇的話，當你必須離開孩子時，就沒有後顧之憂。以下列表是你在選擇托育服務時必須注意的重點。如果你在參觀時有任何疑慮，記得提問，為了安心，你有權利獲得所需要的任何資訊。

如果某個托育中心不願意回答問題，或不讓你參觀他們上課的情況，你最好考慮其他的托育中心。

選擇托育是你身為單親父母所必須做的最重要的決定之一。是的，優質的托育服務也許很昂貴，但是為了孩子的幸福和你自己心安，這是值得付出的代價。有些社區已經撥出補助經費，為在職父母提供托育津貼；你可以打電話給當地的家庭資源中心，請他們推薦托育服務，並申請經費補助。

如何選擇托育服務？

你可以使用以下標準，來尋找優質的托育服務，並記得隨身攜帶這份清單。

1托育中心或家庭具有：

□有效的執照

□員工流動率低

□經過當地縣市政府或國家認證

□環境以孩子為中心，並充滿溫馨的氣氛

2工作人員：

□在兒童發展和托育領域訓練有素
□能進行團隊合作
□定期培訓，吸收最新資訊
□薪資合理（減少流動率和不滿）

3管教方式：
□正向而非懲罰性
□溫和且堅定
□目的在於幫助孩子學習重要的生活技能

4是否具備一致性：
□課程和日常活動
□處理問題的方式
□日常的行政管理

5是否具備安全性：
□外部環境
□健康計畫與政策
□緊急應變能力的培訓與計畫

更多有關托育服務的詳細資訊，請參考簡・尼爾森、艾爾文、安・達菲所著的《跟阿德勒學正向教養：學齡前兒童篇》。

保持平衡

你安排事情的優先順序、忙碌的程度，以及生活本身，都會隨著時間而有所變化；有時上個月有效的方法，到了下個月就必須進行調整。花時間思考，釐清所有必須做的事，將為你減輕壓力和挫敗感，讓孩子更健康地成長，並讓你們擁有更恬靜的家庭生活。

Chapter 6

不懼困難：創造平衡的技巧

學習在需要時求助，別怕失敗或犯錯

有時多個人幫忙總是比一個人好，你需要一面可以依靠的安全網，而且你可以透過很多方法為自己建立這個支持網絡。

大多數單親父母在生活中，總有某些時刻會感到一切難以應付。你發現自己開始夢見大溪地、阿拉斯加，或某個無名的荒島，可以到那裡享受寧靜與和平的時光，讓「他們」（無論「他們」是誰）找不到你。比起大多數的父母，單親父母更容易感到不知所措、精疲力盡，並且在缺乏他人協助或資源的情況下，變得格外孤單、沉重，就像獨自一人走在鋼索上，底下卻沒有安全網。

但是你「應該」擁有安全網。單親父母最重要的任務之一，就是透過建立支持網絡，來創建這面安全網。當生活中的焦慮、壓力大到讓你喘不過氣時，你可以依靠這面安全網所提供的資源。學會時間管理以應付生活中的各種要求並不容易，但卻是你做到有效的單親教養，同時還能保持心情平靜的關鍵。

Point

＊單親父母最重要的任務之一，就是透過建立支持網絡，來創建這面安全網。當生活中的焦慮、壓力大到讓你喘不過氣時，你可以依靠這面安全網所提供的資源。

應付財務壓力

單親教養最具壓力的面向之一（特別是頭幾個月），是經濟壓力所帶來的不安和焦慮；正如許多研究顯示，單親父母及其子女所面對的最大風險因子，就是缺乏財務資源。

每名單親父母都有各自深陷的困境：「我賺的錢不夠養活家庭。」「除了做服務生外，我沒有其他技能。」「我的前任根本不付撫養費，我一個人有辦法養孩子嗎？」「我的家人讓我們與他們同住，但是他們在財務上也很拮据，因此無論是在經濟上還是情感上，我和我的孩子都對他們造成了負擔。此外，更別提我們在『如何管教孩子』上經常起的爭執了。」「我可以繼續上學，找到更好的工作嗎？」「我如何負擔孩子的大學學費？」

我們很難不對財務問題感到恐慌，但是，恐慌和恐懼的情緒會阻礙我們以建設性的方法來解決問題。如果財務壓力讓你喘不過氣，你可以開始採取一些你做得到的小步驟來解決財務問題。先檢視你對自身處境所抱持的態度和看法；改變態度通常是改變生活的第一步。

如果你需要幫助，不要覺得羞恥，尋求社區服務或福利機構的幫助，然後接受技能培訓，盡快做到自力更生。許多教堂和社福機構都提供免費的食物和衣服，可以幫助你度過難關；而你所在的地區說不定還提供社會住宅。如果你的自尊心阻礙你尋求幫助，你只須向自己保證，有一天你肯定有能力幫助他人。

應付財務壓力

- 找到其他與你處境相同的單親父母
- 考慮組織育兒互助會
- 不要自憐和憤怒
- 對新的經驗和看法保持開放的態度
- 繼續學習
- 學習財務管理

找到其他與你處境相同的單親父母。你可以考慮與其他的單親父母一起分擔住房和托育的責任；也可以舉行家庭會議，讓與會的父母和孩子一起擬定慣例，解決任何出現的問題，並制定方法預防問題發生（參閱第九章）。

考慮組織育兒互助會。如果你沒有大家庭，或願意花時間陪孩子的前任配偶，你可以考慮組織一個育兒互助會。首先，尋找二到四名願意在週末輪流照顧孩子的單親父母；如果有四名父母願意參加，每個人每個月就只需要花一個週末照顧孩子，而每位家長都能享受到三個自由的週末。你可以好好規畫這個育兒互助會，帶孩子從事藝術活動、遊戲、說故事和簡單的烹飪體驗。即使只有兩名父母進行互助，每個人每個月也還能享受到兩個空閒的週末。而由於活動經過周全的計畫，你們將更能享受與孩子共度的時光。

不要自憐和憤怒。苦澀感會使你陷入消極的思想中，阻礙你以正向的態度面對問題。這也許需要花一些時間，但你要努力放棄「受害者心態」和憤怒的情緒，將精力集中在尋找解決方案上，花時間照顧自己，並切記「態度確實可以帶來根本的改變」。

對新的經驗和看法保持開放的態度。你可以前往社區圖書館，閱讀描述類似情況的勵志書籍、影片，或是他人具啟發意義的成功故事。敞開心胸接受新的想法，並從別人的經驗中汲取教訓。

繼續學習。如果你學歷不足，就繼續進修。你可以先在附近的大學、社區大學或技術學院，從每學期上一門課開始；你可以申請學校的獎助學金來支付學費，而在地的扶輪社和同濟會等組織也會提供獎學金。本書的作者之一花了十一年的時間（同時撫養五個孩子）取得文學士的大學文憑；她之所以開始，就是因為有人建議她一次上一門課。提高學歷不僅能減輕你的經濟負擔，還能為孩子樹立勇氣和決心的榜樣，並提高你的自尊心。

在孩子分別是六歲和九歲時，瑪西婭下定決心，重返校園攻讀碩士學位。這是個好主意，但她不知道，這會如何影響她與孩子的關係，也不確定自己能承受的壓力範圍。她在一次的家庭會議上，向兒子凱文和布萊德利提出這個想法。

「孩子們，我有件事想跟你們商量。」瑪西婭在和男孩們分享了感謝、讚美和幾個有趣的故事後說道。「我考慮以半工半讀的方式攻讀碩士學位。我認為這會幫助我找到一份更好的工作，這樣我們可以搬到一個更好的社區，但這也表示，我會經常出門，在家時也需要花時間學習，我到時真的很需要你們的幫忙。」

男孩們保持沉默，思索著媽媽提出的這個新計畫。布萊德利是第一個發言的人：「我們待在托育中心的時間會變長嗎？我希望不會這樣。」

「布萊德利，這也許是需要的。」瑪西婭說，「不如這樣，我們一起來針對這個計畫進行腦力激盪，尋找問題的解決方案。」瑪西婭和兒子們一起討論媽媽重返校園意味著什麼。凱文和布萊德利表達了他們對托育的擔憂，像是：得花更多時間待在爸爸家，沒有足夠的時間和媽媽在一起。此外，他們擔心媽媽的安全，以及她完成所有必須做的事情的能力。一家人針對一些潛在問題集思廣益，其他問題則留到下次再談。但在家庭會議結束前，三個人都認同這是個好主意，他們將共同努力實現這個目標。

當瑪西婭起身去做爆米花時，凱文問：「嘿，媽媽，如果妳是學生，是不是就能用學生票價買橄欖球賽的門票？」當瑪西婭笑著說有可能時，兩個男孩都雀躍地歡呼著。

重返校園是一項重責大任，許多大人認為這是值得付出努力的——而這也是許多學校發現「年長」的學生人數大幅增加的原因之一。你可以邀請孩子共同努力，一起描繪家庭美好的願景。請記住：這確實需要勇氣，但有時你需要的只是縱身一躍，就能在下降的路上展翅高飛！

學習財務管理。我們生活在一個富裕和物質至上的時代，有些財務問題與「身為單親父母」無關，而與「態度」和「不會規畫預算」有關。的確，你可能暫時沒有精美的衣櫃、汽車、高級的傢俱，也不能經常外出用餐，但是，許多成功人士都曾分享他們早期縮衣節食和「拮据生活」的故事。

許多單親父母認為，如果孩子沒過上物質富裕的生活，就是有所匱乏。試圖給孩子物質享受，以彌補他們單親的事實，乍看似乎是個不錯的做法，但請你仔細思考，這種態度是否會灌輸孩子「物質至上」的觀念。你如果能積極地看待規畫預算和延遲滿足的長期好處，將能教導孩子比物質主義更有益的技能。儘管目前看來似乎不是這樣，但孩子能夠從「拮据生活」中學到的知識，會遠比從「富裕生活」中學到的更多。

Point

＊如果財務壓力讓你喘不過氣，你可以開始採取一些你做得到的小步驟來解決財務問題。

＊將精力集中在尋找解決方案上，花時間照顧自己，並切記「態度確實可以帶來根本的改變」。

＊你如果能積極地看待規畫預算和延遲滿足的長期好處，將能教導孩子比物質主義更有益的技能。

另一個尊重孩子並讓他參與的機會

如果你以物質方式彌補孩子，過多的物質享受容易讓他們被寵壞，養成不健康的心態。讓孩子參與預算的規畫，則可教導重要的價值觀和生活技能。

透過讓孩子參與這個過程，教孩子如何做預算。你們可以在家庭會議中，討論一週可以運用的預算，說明金錢的來源，以及必須支付的帳單，並討論為了未雨綢繆養成儲蓄習慣的必要性。邀請孩子一起腦力激盪，找出免費或價格實惠的娛樂方式，共同決定省錢的方法，例如家庭遊戲之夜、逛公園、看二輪電影；當孩子被邀請一起參與時，會展現十足的創意，提供許多的好點子。他們也可以學著做低成本的營養餐點；讓每個孩子每週至少負責做一頓飯，讓他們自己決定要煮什麼，並協助採買，然後做飯（或幫忙做飯）。

當「期望」遇上「現實」：學習在現實世界中茁壯成長

這聽起來很簡單，但現實生活往往不是那麼簡單。

珍妮是一名單親媽媽，擔任律師助理，她有兩個孩子，分別是八歲和十一歲。孩子們的父親已經半年多沒給她任何撫養費，她每週領取的微薄工資，還不夠全家開銷。她在生活中總是深感壓力和焦慮。

珍妮去找過地方檢察官，想強制孩子的父親支付撫養費，但沒辦法得到任何保證。在走頭無路的情況下，她只好轉而向老闆抱怨，說他給的薪資太少，讓她連帳單都付不起，並揚言要另謀工作。但老闆認為以珍妮的能力來說，她拿到的薪資是合理的，不打算也不願意為她加薪。珍妮越是抱怨，老闆就越是考慮聘請新的律師助理。

由於珍妮不當的表達方式，幾乎快使她失去工作，更讓她不知所措；比起一份薪資微薄的工作，失業的壓力肯定更大。

珍妮有哪些選擇？她可以找薪水更高的工作，然而，她是否有能力找到薪水更高的工作這點令人懷疑。她也可以選擇仔細檢視情況，看看規畫預算會不會有幫助。事實上，原來珍妮將自己大部分的收入花在買衣服和保養一輛新車上；她就是一個陷入物質主義陷阱的例子。珍妮的期望和她的現實情況落差很大。

你在財務上所感受的焦慮，通常源於你認為自己「有所缺乏」的意念（或現實），這會造成一種「匱乏感」；儘管改變感受並非易事，但若能對這種心態「有所察覺」，便是「改變心態」的第一步。匱乏感常常導致自憐和自責，會阻礙你採取積極的方法來解決問題。

珍妮感到匱乏和恐懼，這阻礙了她的工作效率和尋找解決財務問題的能力；不過，一旦她察覺到自己的心態，就能開始往前邁進。珍妮開始規畫預算，寫下所有的生活必需品：食物、住房、基本的衣物、托育和交通，然後檢視每項生活必需品的花費，並衡量哪裡可以進行刪減。她決定將房子分租，也開始和孩子們一起擬定每天的菜單，將每週兩次的外食減少到每個月兩次。珍妮買的車「很酷」，但維修保養費很高，於是她決定把它賣掉，換了一輛以維修成本低聞名的二手車。

珍妮還發誓不再使用信用卡。她制定了清償卡債的計畫，只在現金足夠時才買東西，並以生活必需品的購買為優先。在珍妮擬定的新方向中，還有一個重要的項目——專注於加強律師助理的技能。她開始在社區大學每學期上一堂課，以確保哪天老闆願意時，可以證明自己值得加薪。

透過統計數據顯示，擁有監護權的單親父母絕大多數都是單親媽媽，而拮据的經濟和缺乏理財技能，是許多單親家庭苦苦掙扎的重要原因。如果你負債累累，或無法有效管理自己的財務，可以考慮尋求他人協助；大多數的社區裡都有專業的信貸顧問，他們可以協助你制定預算、整合債務，並提供改善財務狀況的計畫。

單親父母還須考慮許多經常被忽略的問題；這其中包括訂立遺囑、為孩子準備大學學費、獲得適當的保險範圍、聰明投資以及安排退休計畫。如果這些想法使你感到暈頭轉向，你可以一次解決一個問題，並在需要時尋求幫助；大多數的社區裡都有心理師、收費低廉的律師事務所和理財顧問，他們可以幫助你走出法律和財務問題的迷宮。

可以考慮的做法：建立自己和家人的安全網

- 學習如何聰明規畫預算
- 注意信用卡的使用
- 訂立遺囑
- 與值得信賴、經過認證的理財顧問，一起擬定投資、退休和財務計畫
- 如果有需要，諮詢信貸顧問

你的態度是關鍵

你是否曾經注意過，那些看似擁有很少的人，卻以喜悅和感激的心態在過生活；還有一些人，無論擁有多少，卻總是想要更多。真正的幸福是基於態度，而不是環境，你可以選擇對自己擁有的東西抱持感恩的態度。在家庭會議或用餐時，邀請家中的每個成員，花一些時間至少分享一件感激的事（總會有的）；你不僅會因此

更快樂，還會擁有一種正能量，幫你在自己和周遭的生活中，創造出更多的豐盛。

要將困境看作轉機、將問題視為挑戰並不容易，但別忘了，孩子很快會效仿你的態度。如果你表現「有所匱乏」和「唉，我好可憐哦」的態度，孩子也會表現同樣的態度；但是，如果你能保持正向的態度，並樂於學習有用的技能，孩子也會感染到你的精神。

當然，你和孩子的態度勢必會受到考驗。隨處可見的廣告文宣和招牌，目的都在將你洗腦成物質至上的人；孩子則會碰到同儕灌輸的名牌迷思。你可以和孩子討論獨立思考的重要性，而不是一味地接受他人的價值觀。

學會聰明地規畫預算和處理工作，將有助於單親父母應對單親教養中最有壓力的一個面向；那教養本身呢？我們是否能兼顧生活中不同領域的要求呢？

Point

*對自己擁有的東西抱持感恩的態度。

學習求助：建立支持網絡

單親父母經常看起來像個「獨行俠」，只是少了「湯頭」和「銀牌」[6]。你有很多事情要做，但能得到的幫助卻很少，或至少看起來是如此。

卡拉是一位很有才幹的職業女性，前途似錦，她同時也是單親媽媽，有一個六歲的女兒。阿什利是個可愛的孩子，聰明、善良、忙個不停，但有時也很難搞。有一天下午，當卡拉走進她朋友愛麗絲的廚房時，她沒來由地開始掉淚。

「全世界沒有人比我更愛我的女兒，」卡拉平靜下來後說道，「但我有時很討厭養育孩子，因為這好像一個陷阱；我真不知道如何一邊當個好媽媽，一邊還可以過自己的生活。」

「妳聽起來壓力很大，」愛麗絲輕聲地問，「發生什麼事了嗎？」

卡拉嘆了口氣，「我覺得沒辦法把時間留給自己，或留給我該做的事情。我總

6《獨行俠》（*The Lone Ranger*）是一部於二〇一三年上映的美國西部動作片，敘述約翰·里德（John Reid）這位守法的檢察官，如何變成象徵「正義的傳奇人物」的故事。而電影裡，同伴湯頭（Tonto）及白馬銀牌（Silver）是獨行俠的好夥伴。

是必須接送阿什利上下學，或開車載她到某個地方。找托育服務很麻煩，而且就算找到了，我又會擔心沒人能像我一樣把女兒照顧好，還是我應該乾脆多花點時間陪她；而當我越沮喪，就越想控制阿什利，越是對她沒耐心。我感覺自己越來越封閉，我猜這是事實；有這些感受讓我覺得很慚愧。我想當一名好父母，但很多時候我卻不是。」

愛麗絲對她的朋友微笑。「妳知道，」她說，「我敢打賭，妳不是唯一有這種感覺的人。我聽說有一個給單親父母的家長課程，也許值得妳試試看。」卡拉心存懷疑，但她認為任何事情都值得一試。某晚，她坐在一個全是單親父母的屋子裡，他們在說著她自己曾經說過、想過和感覺過的許多事情；於是她意識到，自己並不孤單，也不是一個糟糕的母親，也許所有她正在經歷的感受都會過去。

因為生孩子需要兩個人，所以我們很自然地認為，教養也是兩個人的工作；當其中一個伴侶缺席時，單親父母會認為自己必須同時擔任孩子的爸爸和媽媽。因此，在經營家庭、提供生活所需和照顧孩子的壓力外，疲憊的單親父母還經常試圖扮演雙重角色：打棒球和玩芭比娃娃，踢足球和玩電動遊戲；烹飪、縫紉、當教練、幫忙做木工作業；當孩子的麻吉、父母和老師。如果你能不費吹灰之力地做好所有事情，那麼恭喜你；但是，真的有必要這樣做嗎？

有時多個人幫忙總是比一個人好，你需要一面可以依靠的安全網，而且你可以透過很多方法為自己建立這個支持網絡。

商人很早就知道社交人脈的價值，醫生也會建議病人多方聽取意見；單親父母特別需要支持網絡——一群可以提供建議、幫助、不同技能和觀點的人。當你知道你不必什麼都擅長時，感覺會很美妙；你只要知道碰上什麼問題該去找誰就好。但是，你如何找到可以幫忙解決問題的人？單親家長如何建立支持網絡？我們在這裡提供一些建議。

學習求助：建立支持網絡

- 了解你所在社區提供的家長課程
- 在需要時尋求幫助
- 與親戚們保持良好的關係
- 為友誼騰出時間
- 尋找機構或其他支持團體
- 不要拒絕另一位父母

了解你所在社區提供的家長課程。家長課程不僅是學習新技能的好地方，還是個可以結識其他父母的場所，其中有些父母可能與你的處境相似，有些父母或許可以提供過來人的方法，以解決你所面臨的問題。家長課程能讓你意識到自己並不孤單，而這有時就能讓一切變得不同。

在需要時尋求幫助。美國文化在傳統上讚揚「強烈的個人主義」，認為成功應該完全靠個人能力來獲得；然而，在單親教養中若過度強調「個人主義」，卻可能是件危險的事。單親父母應該把眼睛和耳朵打開，在需要時不害怕尋求幫助。你的鄰居也許很樂於跟孩子進行擊球練習；教堂裡的某個朋友會很願意教孩子編織或縫紉；與你有同齡孩子的同事，可以在教養觀念、照顧或接送孩子方面提供幫助；你的朋友也許在你不擅長的領域擁有專業知識（房屋修繕、園藝、運動）。總之，勇於詢問，並順其自然。

與親戚們保持良好的關係。即使你們不再是姻親，祖父母、姑姑、叔叔和其他的家庭成員，仍然可以是為你提供建議和協力撫養的絕佳人選，孩子也能從與其他家庭成員的健康關係中受益；在過渡時期，這通常能為孩子提供一種穩定感和連結感，孩子也會感謝自己仍屬於大家庭的一部分。如果你無法維持原有的家庭關係，可以嘗試與朋友和支持團體創造一個屬於自己的「大家庭」。

為友誼騰出時間。朋友不僅可以是一名好的傾聽者，也可以是你汲取智慧的來源，更會是你在解決問題上的絕佳幫手。不要害怕與關心你遭遇和感受的人交談。

尋找機構或其他支持團體。確認你所在的地區是否有針對單親父母的輔導機構，例如「單親教養父母」[7]。如果沒有，可以考慮從自己開始。你只需要找到一位有意願的單親父母，很快地，隨著其他單親父母意識到這個團體的價值及其所創造的機會，這個團體將會突飛猛進地發展。當地的家庭服務機構可以為你引介其他的單親父母。

網路世界也為單親父母帶來令人興奮的新機遇；現在，你可以透過網路學習教養技能、分享經驗，並與其他的單親父母「聊天」。這些網站裡有單親媽媽、單親

7「單親教養父母」（Parents Without Partners）是一個成立於美國的國際性非營利組織，由寡婦、離婚和從未結過婚的單身父母組成。

爸爸、監護父母、非監護父母、目前還單身的父母，這份清單幾乎無窮盡，而你不須托育孩子，就能加入這些團體！你可以透過任何搜尋引擎，搜尋各種關於單親教養的主題；同樣地，當你在網上瀏覽時，務必保持謹慎（你自己和孩子都是）。儘管如此，你仍然可以透過鍵盤，找到一個提供資訊和支持的世界。

不要拒絕另一位父母。若想減輕單親教養所帶來的巨大壓力，其中很重要的一部分是：如果孩子的另一位父母願意的話，讓對方參與孩子的生活。儘管這在情感層面對你來說可能是件困難的事（參閱第十五章和第十六章），但從長遠來看，這對孩子卻是最好的事，而且還能減輕你的負擔。如果孩子的另一位父母不願意參與孩子的生活，那麼，只要你盡力做到最好，一個父母就足夠了。

你與孩子另一位父母的關係，也許很複雜且帶有情緒，但有時另一位父母會在某個情況中發現你沒注意到的面向，或找到更有效的解決方法。學會傾聽（並認知自己並非一直都是對的），會為你帶來謙卑和自由的感受。

「媽媽，」七歲的科迪和父親共度週末後，一進家門就大喊，「妳出來，我有個驚喜要給妳！」

當珍娜跟隨興奮的兒子走進車庫時，她好奇會發生什麼；當科迪坐上他的腳踏車，搖晃了一下，然後驕傲地騎到街上時，她感到非常驚訝。即使在夜色中，她仍能看到他燦爛的笑容。

騎腳踏車一直是珍娜和科迪的難題。左鄰右舍的每個小朋友都騎了幾個月了，但科迪就是學不會；珍娜盡了最大的努力協助，但幾次跌倒的經驗，動搖了科迪的信心，每當他意識到自己一個人在騎時，就會開始搖搖晃晃。珍娜做什麼都沒有用——練習沒用、在他旁邊奔跑沒用、鼓勵沒用，連忽略它都沒用。騎腳踏車這件事變成他們生活中的一大問題。

但是現在，與父親度過一個週末後，科迪自豪地在附近騎車。珍娜看著他，想知道究竟是什麼造成了改變。

原來爸爸給科迪買了一輛腳踏車，一直放在爸爸的房子裡，當他們去試騎時，奇蹟發生了。「爸爸做了什麼我沒做的事嗎？」珍娜問兒子。科迪想了一下，「嗯，」他說，「當爸爸放手時，他沒有告訴我，而且他教我如何跌倒。」

珍娜感覺自己被擊敗了。她從來沒有想過這些，但這卻對整件事起了關鍵的變化。科迪一直以來都擁有騎腳踏車所需的技能，他缺乏的是信心，他需要知道「跌倒不會有事」，而這給了他再次嘗試的勇氣。珍娜的感受五味雜陳，一方面為兒子感到高興，一方面對自己不是那個可以幫助他的人感到失望；但是當珍娜看著科迪和他的朋友一起騎車時，她決定謝謝科迪的父親做到她無法做到的事情。

珍娜和科迪都學到了寶貴的經驗——「學習如何跌倒」是生活很重要的一部分。單親父母有時會感到戒慎恐懼，因為我們必須獨自負責孩子的快樂和幸福，所以覺得必須「永遠都知道該怎麼做」；但通常的情況是，我們根本不知道該怎麼辦。我們可以秉持一個重要的價值觀，那就是「勇於跌倒」，事情即便失敗了、夢想即便破碎了，我們仍然可以生存下去；有時，我們還會因此變得更堅強。

不必完美

作為父母，我們總會有不足和失敗的時候。父母無論如何努力，都不會完美；但是孩子也不需要完美的父母。他們需要的是關愛、接納、願意學習並盡力而為的父母。

身為單親父母的壓力沉重，但這也是一個令人興奮的機會，可以讓你和孩子建立特殊的親子關係。學習規畫時間和財務，學會在需要時求助，將使你的單親生活不再那麼沉重，而是過得一天比一天快樂。

Chapter 7

與單親媽媽或單親爸爸的生活

進入孩子的世界，與他建立親密且信任的關係

就像父母一樣，孩子對自己的處境也會產生各種感受，這些感受對他們的行為，以及他們與父母的關係，都會造成很大的影響。

馬修已經九歲了。「我愛媽媽，她工作真的很辛苦。」他說，「但最讓我討厭的一件事是，自從爸爸離開後，我變成家裡唯一的男生；遇到事情時，媽媽和姊姊妹妹們很快就會站在同一陣線，她們不了解有時候我跟她們的感受不同。另外，她們從來不想做我想做的事，例如打棒球或曲棍球。我真的很想念爸爸在的時候。」

十三歲的香農說：「媽媽不跟我談爸爸，他在我還很小的時候就離開了；外婆說我爸爸是毒蟲，我不需要了解他，但這真的很難。我大多數的朋友都有爸爸，即使有些人沒有跟爸爸住在一起，但我卻連我的爸爸是誰都不知道。我媽媽很酷，我很喜歡和她一起生活；但是我想知道爸爸在哪裡，想知道他會不會想我。」

「我有時想念媽媽會想念到沒心情做功課。」七歲的詹姆斯說，「她兩年前過世了，令我難過的是，我越來越記不得她的長相。爸爸交了一個新的女朋友，她很善良，但她不是我媽媽。爸爸告訴我，媽媽去了天堂，但我有點氣上帝為什麼要把她從我身邊帶走，當我看到其他孩子有媽媽陪在身旁時，我也想對他們生氣。我幾乎總是在生氣或難過，不過我不會告訴爸爸，我不想讓他擔心。」

十歲的丹尼爾則有一個不同的故事。「我很高興我的父母終於離婚了，」他說得很肯定，「他們無時無刻不在吵架，媽媽常常哭，我和哥哥大部分的時間都待在自己的房間裡，我們全家從來沒有一起去過任何地方。現在他們離婚了，情況變得比較好；我們可以分別和他們在一起，而且因為沒有人心情不好，我們做了更多有趣的事情。我知道有些孩子在父母離婚後很難過，但對我來說，這樣更好。」

嘉里娜今年十六歲。「從我有記憶以來，我的父母就一直在吵架；他們在一起時吵，現在離婚了還繼續吵。他們在電話裡對彼此叫嚣，在我的學校對彼此怒吼，媽媽不得不申請保護令，禁止爸爸進入我們家。每次我去爸爸家，都只是在幫忙照顧小弟弟；我從來沒有足夠的零用錢可以和朋友出去玩。媽媽說，這是因為爸爸沒給撫養費，爸爸說，這是因為媽媽把他所有的財產都拿光了。有時我恨透了我的父母，我永遠不要結婚！」

進入孩子的世界

單親父母有時會想知道，他們的選擇對孩子的影響。就像父母一樣，孩子對自己的處境也會產生各種的感受，這些感受對他們的行為，以及他們與父母的關係，都會造成很大的影響。孩子因為年輕，經常會感覺自己無力改變環境，加上他們對父母懷有強烈的忠誠感和保護本能，因此不容易坦誠地與父母分享內心世界。此外，每個單親孩子適應單親環境的方式都不一樣。

在孩子十歲以前，他們大部分的時間都以自我為中心；也就是說，他們將自己視為世界的中心，認為周圍發生的事大多與他們有關。孩子會懷疑，父母不在是不是因為自己不乖或不可愛；有些孩子還會認為父母離婚是他們的錯。有許多大人花上幾小時對孩子解釋原因和歸咎責任，但孩子通常最關心「他的生活會有什麼改變」。所有孩子都同意一件事——他們不想被夾在兩個生氣吵架的大人中間！

應付混亂

問：大約六個月前，我兒子的父親搬出去了。傑瑞米現在五歲，一開始他好像還好，但最近卻越來越不聽我的話。他父親說，傑瑞米在他那邊時很開朗、很體貼。不過傑瑞米卻會對我尖叫，或突然過來踢我一腳；過了五分鐘後，他又會跑過來擁抱我，告訴我他愛我。我試著忽視他的行為，或是叫他罰站，威脅如果他繼續不乖的話，要罰他一個人待在車庫裡，但是我知道這都無濟於事。我覺得既困惑又害怕，我該怎麼辦？

答：五歲的傑瑞米對妳和對父親的表現不一樣，可能有很多原因。孩子經常會把怒氣發洩在讓他們「最有安全感」的父母身上，這可以解釋為什麼傑瑞米在父親（「離開」的父母）家時不這樣表現。無論他的行為有多討厭，妳兒子覺得「妳永遠都不會離開他」。在為孩子設定界線時，盡力做到溫和且堅定，保持耐心，時間是最好的解藥。

保持溫和且堅定的教養態度可以幫助你度過這些難關。你可以透過「積極傾聽」來接納傑瑞米的感受（並幫助他理解自己強烈的情緒）；在制止孩子出現傷害人或不尊重人的行為時，則要有堅定的態度。罰站或其他懲罰都無濟於事；事實上，這也許還會加劇兒子對妳的反抗。

雖然這在妳氣頭上時很難記住，但盡可能不要將孩子的行為視為針對自己。孩子有時為了自己的處境會責怪自己，有時則會責怪父母；孩子會責怪，通常與他們憤怒和恐懼的情緒有關。這時對孩子不帶評判地傾聽，提供支持，並努力贏得他們的信任，將能幫助你們度過難關。

歸屬感的重要性

大多數的父母相信，若想教養出健康的孩子，最重要的因素是「愛」。我們當然相信「愛」在家庭生活中創造的奇蹟，但我們卻質疑某些父母所說的「愛」：有些父母以「愛」的名義溺愛孩子，有些父母則以「愛」的名義強迫、保護或懲罰孩子。我們必須問：「是什麼讓孩子感覺被愛？」研究人類及人際關係的專家發現，孩子（以及大人）唯有在感受到歸屬感和價值感時，才會感覺被愛。

每個人都需要相信自己能融入群體，並在世界上擁有一個特殊的位置，可以對周遭的人有所貢獻；我們需要覺得自己有價值，而且「做自己」本身就很值得。如果我們無法擁有歸屬感（我們都經歷過類似的時刻），就會透過其他方式（通常是錯誤或打擊自我的行為），為自己創造這種感受。

我們將在後文中，仔細說明行為不當的錯誤目的（以及如何應對），但你必須意識到「歸屬感始於家庭」；基於許多原因，單親家庭的孩子不容易產生歸屬感，也較難和父母建立親密與信任的親子關係。

請你花一點時間從孩子的立場思考，透過他們的眼睛看世界——他經歷了什麼樣的變化？他感受到哪些失落？他看到自己與周圍的人有哪些相似和不同？他感覺被愛嗎？被需要嗎？特別嗎？此外，不論你成為單親父母的原因為何，想想你的處境如何影響孩子感受「歸屬感」，並找到自己在世界上特殊位置的能力？

我們可以透過許多方式為孩子創造歸屬感。我們可以與他們共度時光、聽他們說話、邀請他們分享想法和幫忙；而幫助他人和做出貢獻，是感受自我價值最好的兩種方法。父母可以學會珍惜孩子獨特的才能和品格，接受他們原本的模樣，而非我們期待的樣子。我們可以提供孩子發展生活技能的機會，使他們感受到自信及自我的能力——這是其他創造歸屬感的關鍵因素。

我們可以努力進入孩子的世界，並了解父母的選擇（無論是多麼必要或合理）如何傷害和降低孩子的歸屬感；我們可以在這個似乎正努力將彼此推開的世界裡，找到保持聯繫的方法。重視歸屬感的重要性，將能幫助你了解孩子的行為，並觸碰到他們的心。

Point

＊孩子（以及大人）唯有在感受到歸屬感和價值感時，才會感覺被愛。

＊重視歸屬感的重要性，將能幫助你了解孩子的行為，並觸碰到他們的心。

建立信任

孩子對自己的家庭與同儕的家庭之間的差異非常敏感；在當前的社會中與眾不同，對孩子來說可能是件痛苦的事。我們知道孩子對悲傷、憤怒、失落和恐懼的感受，和父母一樣地敏銳；愛孩子的父母必須學著接受的一個事實：不管父母擁有多少智慧、優秀的教養技能，或是付出多少關懷，都無法完全抹除孩子在創傷經驗中所遭受的痛苦。

不過，我們可以利用這些經驗，透過「幫助孩子了解，他們能夠應付生活中的挑戰」，來建立其強烈的歸屬感和價值感——良好的溝通技巧在做到這點上很重要。單親父母及其子女需要更多時間和耐心，去適應現在的生活，並在他們曾經視為問題的地方發現轉機。

父母如何與孩子建立親密與信任的關係？無論你成為單親父母的原因為何，以下這些建議都將對你有幫助。

與孩子建立信任與親密關係的方法

- 傾聽、傾聽、傾聽
- 成為「可以被問」的人
- 向孩子確認他的感受，不要假設
- 共度特殊時光
- 練習相互尊重

傾聽、傾聽、傾聽。一位父親告訴單親家長課程的講師，他在這裡學到最重要的技能是「積極傾聽」，因為這鼓勵孩子跟他分享真實感受。他笑著說：「我不一定喜歡我聽到的東西，但我現在更能掌握孩子生活中正在發生的事；即使有些事令我不舒服，但孩子可以放心地跟我分享他們真實的感受和想法。我通常也比過去更知道該怎麼做，他們現在也更信任我，這讓我們可以一起解決問題。」

我們想再次強調「傾聽孩子」的重要性。當你能進入孩子的世界，便能更好地運用自己的內在智慧，以及你對他們的愛，來幫助你做決定，並處理孩子的行為。

成為「可以被問」的人。孩子當然不需要知道你私人生活中所有辛苦的細節，但是，當大人因為自己不自在，而將敏感話題變成禁忌話題時，孩子會認為父母難以溝通，並對發生的事情及其成因，形成錯誤的觀念。

卡爾認為他不跟女兒談她的媽媽，是在保護四歲的瑪拉。瑪拉的媽媽，也就是卡爾之前的女友崔西，不想要這個寶貝女兒，於是在瑪拉出生後不久就離開了。成為單親爸爸對卡爾來說，是一次困難的生活調適，但他設法做到了，現在瑪拉成了他生命中的陽光。他沒有再聽過崔西的任何消息，他認為她永遠不會再出現，因此當瑪拉問起失蹤的母親時，困惑的卡爾猶豫了一下，然後告訴瑪拉，她的媽媽腦子生病了，所以必須離開。在這次談話後，每當瑪拉問到類似的問題，卡爾都會轉移話題。

瑪拉不再詢問母親的事，但她的行為開始改變——她經常做惡夢，而且沒有嬰兒時期的「小棉被」就無法入睡；她在幼兒園裡迴避其他的孩子，在午餐和點心時間獨自一人坐著。瑪拉的老師決定花點時間陪陪這個孤單的孩子，並在某天傍晚卡爾來接女兒時走向他。

「瑪拉生病了嗎？」老師問卡爾。

困惑的卡爾回答：「應該沒有啊！怎麼了？」

「嗯，她最近很消沉，她在我們眼中一直是個很友善的小朋友。當我們問她『為什麼不跟其他孩子一起玩』時，她告訴我，她的腦子生病了，不應該待在任何人的身邊。」

卡爾嘆了口氣，他知道現在應該把事情說清楚了。他得到諮商師的建議，然後在某晚洗完盤子、瑪拉換好睡衣後，將放鬆的瑪拉抱在腿上，開始用簡單的語言，告訴她關於母親的事情。

這是一次漫長的談話。瑪拉意識到自己可以問父親問題後，便提出了許多問題。卡爾告訴瑪拉，她的媽媽是個可愛的女人，但她還沒有準備好照顧小嬰兒；他給她看了媽媽的照片，並告訴她，他有多喜歡當她的爸爸。最重要的是，卡爾承認他害怕告訴瑪拉真相，但這是一個錯誤，瑪拉的媽媽沒有生病，瑪拉也沒有。卡爾說，他不知道瑪拉的媽媽會不會回來，但是也許有一天，他們會知道媽媽的下落，而且卡爾永遠不會選擇離開瑪拉。

他說：「小天使，妳是我一生中最重要的人，」他語帶哽咽地說，「從現在開始，妳可以問我所有妳想知道的事，我也許沒辦法解答所有問題，有時候我會犯錯，但我會盡力而為。」

瑪拉保留著媽媽的照片，有一段時間，她對媽媽有一大堆問題；卡爾偶爾會感到疲累和沮喪，但他竭盡全力傾聽瑪拉的想法和感受，並給她冷靜、誠實的答案。這花了一些時間，但生活最終回歸舒適的步調中，卡爾意識到，自己與女兒比以往任何時候都要來得親近。

我們無法確定孩子需要了解你和他們多少的過往，不論如何，練習真誠表達情感，讓自己容易親近，都有益於建立親子間的信任。如果你不確定要說什麼，或該說多少，請考慮諮詢專門處理孩童問題的諮商師。現在，隨著孩子逐漸地成長和成熟，建立一份親密和信任的親子關係，可以為你在教養路上省掉很多無謂的麻煩。

向孩子確認他的感受，不要假設。我們容易輕信這樣的陳腔濫調：孩子自有韌性，應付得了任何事情；畢竟，他們表面上通常看起來是如此。不過，僅僅因為孩子沒有抱怨或行為不當，就認為你的孩子沒問題，絕對是個錯誤；有些孩子努力地在取悅並保護父母，但自己的需求和恐懼卻說不出口。

父母有時會害怕問孩子過得如何；但是，如果你以真誠的好奇心和興趣（而非作為指責或抱怨的理由）提出問題，孩子會以誠實和自信的態度來回應，並願意讓你更深入到他們獨特的世界中。孩子經常以「我不知道」來回答問題，這通常有三個原因——第一個原因是，迴避他們認為是「審問」或侵犯隱私的問題；第二個原因是，不相信你真的想知道他們的想法，而只是想得到你要的答案；第三個原因是「他們真的不知道」，或至少沒有意識到。孩子需要大人協助他們分辨和表達感受，並在這個過程中感到被重視。

與孩子進行對話的一種方法，是使用「什麼」和「如何」的問句，或是以「我注意到……」的開頭來展開對話。例如，媽媽可以對兒子說（帶著微笑、語氣溫和）：「親愛的，我注意到你今天有點安靜，怎麼了嗎？」爸爸可以問：「我可以做什麼來幫助你感覺好一點？」

如果孩子真的不了解自己的感受，嘗試積極傾聽並猜測原因，讓他們來糾正或確認；根據你的直覺，使用「你好像很『害怕』」，或是「悲傷」、「生氣」、「快樂」。如果你表現出真正的好奇心，孩子通常會讓你知道你猜的對不對；然後，你可以請他「再多告訴我一些」。對孩子表現真正的興趣，通常會引導孩子敞開心房，並讓大人靠近。

共度特殊時光。如果我們不安排時間進行家庭活動，即使是像談話和聚在一起這麼簡單的事，永遠都不會發生。是的，這需要挪出時間；每天留十分鐘，與每個孩子一對一相處，會大大地改善親子關係的品質。你們可以一起散步或讀書，做餅乾或洗碗，將共度特殊時光作為就寢慣例的一部分，邀請孩子分享他們一天中最快樂（和最難過）的時刻，並跟孩子分享自己的經驗。

一名單親媽媽和兒子決定，他們每週四晚上會一起出去吃飯；他們輪流選擇價格實惠的餐廳，而且不會質疑對方的選擇。亞倫總是選擇披薩，媽媽為了擴大亞倫的視野，則會選擇中菜、墨西哥菜或義大利菜；只有兩人共進的晚餐，給了他們不受干擾的時間交談、了解和陪伴彼此。無論你如何安排，定期共度特殊時光都是與孩子建立親密關係的絕佳做法。

練習相互尊重。在一份健康的關係中，最重要的元素是相互尊重，但與尊重對方相比，我們更常要求對方尊重自己（特別是對孩子）。孩子並沒有和大人一樣的權利，也不應該有，但他們具有同樣生而為人的價值，值得受到他人尊重的對待。

在家庭會議上花一些時間，請孩子說出「尊重」對他們的意義；你們可以一起腦力激盪，思考什麼方式可以表達對彼此的尊重。例如，尊重可具體地展現在與對方說話的態度，或在使用對方的東西、進入對方的空間時展現出來。為孩子提供溫和、堅定的教養和尊重，是建立信任關係的有效方法。

Point

* 愛孩子的父母必須學著接受的一個事實：不管父母擁有多少智慧、優秀的教養技能，或是付出多少關懷，都無法完全抹除孩子在創傷經驗中所遭受的痛苦。
* 不論如何，練習真誠表達情感，讓自己容易親近，都有益於建立親子間的信任。
* 孩子並沒有和大人一樣的權利，也不應該有，但他們具有同樣生而為人的價值，值得受到他人尊重的對待。

如何放手的問題

愛、信任和親密關係都是單親家庭運作的重要元素，但有時單親家庭成員之間的關係可能會過於緊密。

南希是一名單親媽媽，單身將近三年，她五歲的女兒史蒂芬妮是她生活的重心。事實上，自從史蒂芬妮的父親離開後，南希就寸步不離地陪在女兒身邊。由於南希是身障人士，不須出外工作，她和史蒂芬妮的生活便由一連串的野餐、逛公園、下午茶和其他兩人共享的活動所組成。

然而，這樣的生活很快就會改變。史蒂芬妮準備上幼兒園，但南希一想到整天看不到女兒就覺得難受。南希也意識到史蒂芬妮會結交新的朋友、發展新的興趣，於是開始擔心自己在女兒的生活中會變得不重要。

她心想，「也許我可以在家教育史蒂芬妮。」她越想就越喜歡這個將史蒂芬妮留在身邊的想法，這樣就不會遭受到外面世界帶來的困難和影響。

南希還是意識到，自己在做這麼重大的決定之前，需要找人談談。她經常去的教堂提供免費的諮詢服務，儘管把史蒂芬妮留給保姆一、兩個小時對她來說已經很困難，但南希還是約了一名諮商師討論她的情況。

諮商師不難理解南希的困境。單親父母經常將大量的時間和精力花在孩子身上；他們在努力從原本婚姻的狀態調適到單身生活；他們會感到孤獨和恐懼，並且擔心孩子在單親家庭中成長可能受到的影響，有時甚至還會試圖彌補。出於對孩子的愛，他們有時會過度地介入孩子的生活，模糊了健康的親子界線，並深陷其中，無法自拔。

當這種情況發生時，單親父母很難放手讓孩子成長，以及在家庭之外發展關係，也很難允許自己擁有自己的生活。孩子最終會感到受牽制或有壓力，當他們試圖掙脫時，父母會覺得受傷和被背叛。

南希的諮商師了解母女之間深厚的愛與連結，但是她向南希建議，一種既健康又愛女兒的做法，是學著對史蒂芬妮一點一點地放手。史蒂芬妮需要有同齡的朋友；她需要學習如何在這個世界中生存，並體驗學校生活提供的所有經驗和冒險。南希可以和女兒分享這部分的生活，而不是加以限制。

諮商師補充說，同樣重要的是，南希需要開始自己的新生活。加入單親父母的團體，將是一個開始；和朋友一起上課、出去吃飯或看電影，也是一個好方法。

南希知道諮商師給她的都是好建議，她和史蒂芬妮如果能學會分開相處將更健康，但要離開媽媽身邊對史蒂芬妮來說也很困難。南希為了和朋友一起去看電影，第一次僱用了保姆，在她準備離開時，史蒂芬妮哭著緊緊抓住母親。南希很想屈服，留在家裡，但是她把史蒂芬妮從自己的身上拉開，說：「親愛的，我三個小時後就會回家了。」然後離開。

南希並沒有跟朋友度過一段愉快的時光，也不記得電影中的任何一個場景，但是當她回到家時，她發現史蒂芬妮正開心地和保姆一起玩遊戲。

保姆說：「妳駕車離開後，她就不哭了，我們度過了一個愉快的夜晚。」南希很快就發現，下次出門對她和女兒來說，都變得比較容易。

南希花了一點時間面對她害怕失去史蒂芬妮的感受，也讓史蒂芬妮面對失去媽媽的恐懼。每個人都需要勇氣，讓彼此擁有獨立性；而南希逐漸發現，她和史蒂芬妮在各自發展出新的友誼和興趣後，都變得更快樂，也更能享受彼此在一起的時光。

父母的任務是教養出一名有能力和成功的大人，這意味著必須讓孩子嘗試自己振翅、探索巢外，最終展翅高飛。讓父母感到欣慰的是，我們與孩子之間的連結可以既彈性又強韌——彈性到足以讓他們有伸展的空間，而強韌到足以讓親子關係持續一生。

性別問題

問：我很擔心前妻教兒子有關男人的事。我知道她在生我的氣，我確實是因為第三者而離開她；但是她一直在跟我們八歲的兒子傑克說，所有的男人都是混蛋

（她有些說法甚至更糟糕），他最好還是小心點，否則長大後就會像我一樣。如果我兒子認為男人都很壞，他怎麼可能有自尊心？

答：憤怒和傷痛有時會導致父母說出和做出不應該的事；但是你是正確的，如果你和前妻可以避免互相攻擊，特別是關於性別方面的事，你們的兒子會更快樂、更健康。認為自己的性別「不好」，可能會對孩子「發展健康的自尊心」帶來不好的影響。你可以試著對孩子以簡單、正面的方式，表達自己真實的感受。你的前妻可以接受諮商師或家事調解員的專業協助（你也可以給她這本書），學習更有效的情感表達方式，而不是讓兒子感到為難。

近年來，研究人員和作家在性別問題上投入了大量精力，將單親家庭中子女與單親媽媽或單親爸爸的關係，進行詳實的研究和描述。與父母性別相同的孩子，會發展得更好嗎？與孩子性別不同的父母，可以撫養出健康的孩子，並了解他們的生活體驗嗎？孩子是否需要有兩性作為榜樣才能健康成長？

關於性別問題的研究結果眾說紛紜，但其中有幾件事可以確認——受人推崇的權威專家，例如威廉．帕列克博士[8]在其所著的《教養新好男孩》（*Real boys : rescuing our sons from the myths of boyhood*），以及瑪莉．派佛博士[9]在其所著的《拯救奧菲莉亞》（*Reviving Ophelia*）中都提出，男孩和女孩（以及媽媽和爸爸）會以不同的方式表達和面對情感，而我們的文化經常向子女傳遞不健康的有害觀點。

女孩更容易接收強調物質至上的文化訊息（尤其進入青春期之後），她們從廣告、媒體和同儕那裡學到「女性要性感、苗條、精緻和成熟」，而「與父母關係親密」會讓她們顯得不酷。女孩比男孩更能自在地表達情緒，但她們經常是以對父母大吼大叫這種憤怒、挑釁的方式來表達情緒。

男孩則會以為，男性要一直表現堅強並展現男子氣概。他可以高興、可以憤怒（畢竟，憤怒是一種「強大」的情緒），但是恐懼、擔憂或孤獨之類的感受，就代表「軟弱」。研究顯示，男孩們經常壓抑這些情緒，戴上了威廉·帕列克博士所說的「面具」，然後退縮到孤獨感和沮喪感之中。

受苦的不只是「小男孩」。在離婚的父親中，有百分之五十的人，每年只見到孩子一次；百分之三十則是從不或很少見到孩子。許多父親分享自己無法與孩子針對困難的話題自在地溝通，這種「情感上的脫節」可能導致探視和撫養的中止；無法與孩子建立情感聯繫的父親，也會試著以金錢和娛樂來彌補，這就是著名的「迪士尼樂園爸爸」症候群（"Disneyland Dad" syndrome）。

然而，母親們也在掙扎。我們的社會讚揚繼續與孩子保持互動的父親，但母親卻必須小心翼翼地保持適當的參與程度——參與太多被說令人窒息，參與太少又被說是冷漠疏離。事實上，「愛媽媽」被認為是展現消極和依賴性這些負面特質，而「離開媽媽」則被視為是一種追求獨立和強勢的行為。我們的文化似乎在變相鼓勵男孩和女孩在成長過程中拒絕母親。

其實，健康的關係是相互依存的，既不會陷入僵持、不令人窒息，也不會讓人感到冷漠。每個人都需要有空間做自己，探索各自的興趣，同時享受愛與信任關係中的溫暖和親密。能夠與母親和父親保持健康的互動，將有助於單親家庭子女的成長。一個健康的父母就夠了嗎？是的。孩子會從他們與父母雙方的健康關係中受益嗎？是的。

父母可以利用正向教養的技巧進入孩子的世界，建立他們的自信心、獨立性，以及親子之間的親密感和信任感。無論你是男性或女性，都必須學會了解兒子和女兒如何以不同的方式表達情感，也必須警覺自己傳達了什麼關於異性的訊息。男性

8 威廉・帕列克（William Pollack）博士，美國臨床心理學家，哈佛醫學院附屬麥克萊恩醫院（McLean Hospital）與男性研究中心的主任。

9 瑪莉・派佛（Mary Pipher）博士，美國知名心理學家和作家，專門研究與心理健康有關的文化影響。她所撰寫的《拯救奧菲莉亞》一書備受矚目，全球已銷售二百多萬冊。

與女性都必須練習尊重、積極傾聽和良好的溝通技巧。

父母必須了解我們的文化傳達給孩子什麼樣的訊息，並學習坦誠地和他們討論這些議題。父母也要注意孩子在學校發生的事情，因為學校裡有許多年長的孩子已經對「性別」（自己或異性）發展出既定的觀念。與孩子相處時間比我們多的老師，也可以協助孩子面對家庭和性別的問題。

教師如何協助「性別教育」和「單親家庭」？

你可以和孩子的老師分享以下的建議：

- 對「可能只牽涉到一位父母」的藝術和節日創作（如母親節、父親節、聖誕節等）要有敏感度。給孩子一些彈性空間，如果他們願意的話，可以為父母各做一個作品。
- 留意自己對男孩、女孩以及對單親子女的態度。有研究顯示，教師較常注意男孩，給他們較長的說話時間，並預期單親孩子會出現較多的錯誤行為。留意學生會「捕捉到」你對同學和自己的態度。
- 不要將孩子鬧脾氣或偶爾出現的錯誤行為視為針對自己。
- 努力了解孩子的生活安排；在適當的時候，針對孩子的音樂和戲劇演出，分別向父母發出邀請。

Point

＊男孩和女孩（以及媽媽和爸爸）會以不同的方式表達和面對情感，而我們的文化經常向子女傳遞不健康的有害觀點。

＊無法與孩子建立情感聯繫的父親，也會試著以金錢和娛樂來彌補，這就是著名的「迪士尼樂園爸爸」症候群（"Disneyland Dad" syndrome）。

＊父母可以利用正向教養的技巧進入孩子的世界，建立他們的自信心、獨立性，和親子之間的親密感和信任感。

危機還是轉機？

在生活中，沒有什麼比建立親子關係更重要的事了，這會形塑孩子和父母的生活，並決定家庭生活的品質。花一些時間仔細思考，你希望孩子在信任感、歸屬感、男性、女性、愛情和生活上，學到什麼知識。我們與孩子度過的每一刻，都是重要的時刻。

Chapter 8

單親家庭不是「破碎」的家庭

練習合作與鼓勵，成為發現優點的人

單親的孩子較難相信自己的價值和意義嗎？絕對不是！教導孩子生活技能，並讓他經歷「接受挑戰並成功」所帶來的滿足感，對其發展自尊心將有很大的幫助。

毫無疑問地，單親教養的生活對每個人來說都具有挑戰性，我們和孩子可能背負著沉重的情感負擔成為單親家庭的一員，但是，隨著我們學習，單親父母及其子女的生活也能擁有一些美好的可能性。你也許會說：「等等，我們什麼時候才能進入本書關於『管教』的部分？我什麼時候會學到如何處理孩子的行為？」你會發現，最好的管教方法是「預防」，與孩子建立一種能鼓勵他們合作、培養其良好的判斷力，以及彼此信任的關係。當你們的關係深厚且健康時，孩子就不會經常出現錯誤行為。（請注意，我們說的是「不會經常」。請記得，我們和孩子不會永遠完美！）

單親父母可以透過許多方法來實踐正向教養，在問題發生前就加以預防。有一種重要的方法是：認識孩子並了解他的氣質、個性和特殊的品格（更多這些重要主題的資訊，請參見《跟阿德勒學正向教養：學齡前兒童篇》）；而教導、鼓勵和舉行家庭會議，也是其他預防錯誤行為的工具。

Point

＊最好的管教方法是「預防」，與孩子建立一種能鼓勵他們合作、培養其良好的判斷力，以及彼此信任的關係。

讓孩子參與

若人類真正需要的是「擁有歸屬感、感覺自己有重要性、有價值和被需要」，那麼，單親家庭絕對是可以提供孩子滿足這些需求的大好機會。單親父母幾乎不必找事情給孩子做；你絕對可以誠實地對孩子說：「當你能幫忙時，我的生活確實會變得更輕鬆，而我會非常感謝你。謝謝！」這會使孩子感覺自己真的很重要。

有時你會把孩子看得太重要，讓他們取代離開的配偶——兒子成為新的「家裡的男人」；女兒成為媽媽最好的朋友、知己，或「爸爸的小情人」。單親父母自然想要有人可以依靠，並希望有人一起分擔「凝聚新家庭」的責任；但孩子終究是孩

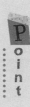

子，成為「小男人」或「小女人」的壓力，對年輕的肩膀來說也許太重了。

有時候，單親父母會走向另一個極端，獨自承擔家事、學業和決策上全部的責任；他們也許會認為，孩子失去一位父母的積極參與，已經遭受夠多的苦難，不應該期望他們做家事或負責任。另外，疲憊不堪的父母也會認為，「簡單地為孩子做事」比起「找孩子一起合作」的方法容易許多。

從長遠來看，對於大人或孩子而言，過度承擔或承擔得不夠都沒有用。正如我們已經提過的，過度負責的孩子會成為父母的照顧者，承受不必要的壓力和情緒負擔；而根本不參與家庭事務的孩子，則會糊糊塗塗地過一生，期望他人為自己做決定，並為他們收拾殘局。無論是哪一種情況，孩子對於自己和他人的想法、感受和決定，都無法幫助他們成為一名有能力並快樂的大人；不過，父母能夠提供孩子經驗，鼓勵他們建立自信、培養能力和做出貢獻。

Point

＊疲憊不堪的父母也會認為，「簡單地為孩子做事」比起「找孩子一起合作」的方法容易許多。

合作的價值

一種有效的方法，是認知到「單親家庭的生活必須一起努力合作」。父母可以對孩子說：「我們是一個團隊，這個家庭需要我們每個人努力合作。」孩子想有所貢獻（即使他們並沒有察覺，且似乎抗拒它）；父母必須知道孩子正在學著過成功、幸福的生活。家庭生活是一種合作，當每個人都承擔著相當的責任時，就會順暢地運作。

做家事：機會還是壓迫？

做家事——為了使家庭平穩、和諧地運作，所必須完成的一些工作——可以是家人彼此達成共識的生活內容，也可以是無止境的麻煩。最好不要讓孩子將家事視為「雜務」或「必須做的事」，不做就會被責備和懲罰；做家事可以意味著「合作」，是孩子做出有益於全家貢獻的機會。

信不信由你，大多數的孩子在有機會對家庭做出重要貢獻時，反應都很熱情，尤其是年幼的孩子，他們喜歡模仿並學習大人做的任何事情，無論是幫忙吸地、換汽車機油，或搗碎馬鈴薯（你的孩子曾大叫過幾次「媽媽，讓我做！」）。但是，孩子們「想幫忙」所做的努力，有時也可能會為父母帶來更多的工作（畢竟，他們很少按照我們的方法做事）。我們也許會告訴他們「去玩」，方便我們自己把工作完成；但是，讓他們參與（並教導他們所需的技能），是鼓勵合作的有效方法。對於父母和孩子來說，能夠成為家庭團隊的一員，尤其是在充滿著愛、幽默和尊重的情況下，將能帶來一種奇妙的賦能和鼓勵的經驗。

家庭裡的每位成員，從最年幼到最年長，都可以做有價值的事。一個三歲的孩子可以幫忙把餐巾紙放在桌子上，年長一點的孩子可以協助清理餐桌、洗碗，把垃圾拿出去，或是為植物澆水。青少年可以透過許多方式幫忙，但是，父母很多時候只會注意到（或開始責備）孩子「沒有完成」的事；要不然就是父母將標準和期望設得過高，卻幾乎很少提供或不提供任何訓練。另一方面，父母也可能不讓孩子參與「需要做什麼」的決策，以及擬定家事計畫的過程，於是做家事對孩子來說，成了一種令人沮喪的經歷，父母也認為讓孩子參與，反倒帶來更多的麻煩。事實上，當父母能夠花時間注意孩子「做好什麼」，並懂得教導、鼓勵、欣賞和給予積極的回饋，這整個過程將會成為家庭生活中令人愉快的一部分。〔（有關如何邀請孩子一起合作做家事，更多資訊請參閱琳．洛特、瑞奇．因特爾合著的《沒有戰爭的家務》（*Chores Without Wars*）〕

Point

＊對於父母和孩子來說，能夠成為家庭團隊的一員，尤其是在充滿著愛、幽默和尊重的情況下，將能帶來一種奇妙的賦能和鼓勵的經驗。

如果孩子不合作怎麼辦？

問：我的大兒子今年十五歲，無論我怎麼做，都請不動他幫忙做家事。我必須對他嘮叨、說教，但即便如此，他也只會勉強做一點；我通常會放棄，自己做完所有的工作，然後對他怒吼，怪他不幫忙，但我討厭聽到自己大吼大叫。當他不做事時，我試過取消他的特權——上週末，我告訴他，因為他不幫忙，所以不能跟父親一起吃晚餐。但那感覺不對，我該怎麼辦？

答：妳要記住，孩子會做他認為有用的事，而妳兒子的做法很有用，他知道如果他抗拒得夠久，妳就會屈服並替他做事。改變這個模式需要一點耐心和思考。

妳可以從一些小步驟和鼓勵開始。他在家裡、在學校裡做得好的事情是什麼？確保讓孩子得知妳知道他做好的事，以及讓妳不滿意的事。舉行一次家庭會議，詢問他最想做哪些工作，並確實為工作設定完成期限。如果妳的要求合理、尊重並具有相關性，妳可以請他在出門前把工作完成（取消孩子與父親的見面時間無濟於事；他也許還會因為妳介入對他而言一段重要的關係，而對妳產生更多的不滿，這與他要做的家事，以及與妳的關係，是兩回事）。妳如果決定施加後果，請確保孩子事先知情「妳可以溫和且堅定地加以執行」；避免大吼大叫，也不要替孩子做事。當孩子看到妳說到做到時，他的行為將會有所改變。

重要的是，你要知道，沒有任何做法會一直有效。由於孩子個性化的過程，無論你做了什麼，一般來說，他們都不會一直與你合作。「個性化」代表孩子在探索自己與父母的不同；除非孩子測試自己的能力，否則他們如何發現自己和父母不同？如果父母知道這個過程是正常的（並創造溫和且堅定的限制和慣例），而不是為此感到不安，將能減輕很多壓力。

孩子不合作的另一個原因，僅僅是因為「他們是孩子」，有其他要做的優先事項。家事不是他們最優先考慮的事情，事實上，家事通常不在孩子的待辦事項清單上；這並不表示，孩子不須做任何不在其優先事項清單上的事。不過，父母在接受這個事實後，可以減少很多挫敗感和憤怒的情緒，然後尋找方法，讓孩子合作，並讓他們做「必須完成的事」。我們所建議的方法通常要重複很多次，但比起父母經常反覆地對孩子嘮叨和說教，正向教養的方法相對較有效且令人愉快。

艾蜜莉期待與她兩個最好的朋友（跟她一樣是單親媽媽）每週的聚餐，但今晚她坐在座位上直嘆氣。她說：「對不起，我來晚了，但我又得打掃廚房。我發誓，我真是叫不動喬安娜做事！妳們都點了嗎？」

「不，我們也剛到，」瑪莎說，「喬安娜怎麼了？妳跟她的關係似乎很棘手。她現在幾歲了？」

「她十一歲。」三位女士看完菜單並點好餐後，艾蜜莉繼續講她的故事。她說：「事實上，喬安娜是個好孩子，她的成績很好，體貼又有愛心，她只是討厭做家事。我要求她放學後打掃廚房，但是當我回家時，所有的東西都堆在水槽裡，流理臺上滿是麵包屑。我聽到自己嘮叨、說教，覺得很討厭，因為這聽起來像我的媽媽，但我不知道該怎麼辦。」

「妳知道，」凱倫笑著說，「我和科里也經歷過同樣的事；我一再嘮叨，但事情從來不會按照我想要的方式完成。有一天，我問他，他認為做家事意味著什麼，他看著我說：『我不知道。』我意識到他確實不知道，我只是假設他知道我希望他做的事，他卻因為一直做不好而感到挫折。我想知道喬安娜是否有同樣的問題？」

艾蜜莉很有反省能力。「妳知道，我甚至從沒這麼想過。我想，我要坐下來和她談一談。」

下一週，看起來放鬆多了的艾蜜莉抵達聚餐的地方。「妳看起來很開心，」瑪莎逗她，「妳一定是有了一個乾淨的廚房。」

艾蜜莉笑了。「是的，我還是自己清理了。我與喬安娜談話後才發現，她以為把碗盤放進水槽裡就夠了，畢竟，在她看來，這樣已經夠整潔了。但是當我停止嘮叨、批評，並單純傾聽時，我才發現她其實討厭清理廚房。我告訴她，我確實需要她的幫忙。我問她是否願意做其他的家事，她說她不介意洗衣服，因此，我花時間教她如何使用洗衣機。現在我負責打掃廚房，她則負責洗衣服，我們倆都變得更愉快！」

大人通常認為孩子會以某種神奇的方式，理解我們需要他們幫忙做的事，並假設他們知道該如何做，但這種假設通常會導致雙方的沮喪感：大人會沮喪，因為孩子不幫忙，孩子會沮喪，因為他們沒把事情做好。沮喪經常導致誤會和錯誤的行為。

Point

＊我們所建議的方法通常要重複很多次，但比起父母經常反覆地對孩子嘮叨和說教，正向教養的方法相對較有效且令人愉快。

花時間教導

「教養」在拉丁語裡的一個含義是「教導」。你可能不知道，與身邊的人溝通

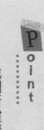

「必須完成的事」，並針對「如何做事」進行教導，是最有效的教養方法之一。請注意，教導與說教或批評不同；教導是一種真正的鼓勵和關愛的行為，它為年輕人提供發展健康的自尊心所需的技能。

如果艾蜜莉認可喬安娜，並對她所做的努力（無論多少）表示讚美，甚至能與她分享有效完成工作所需的基本技能，那麼，艾蜜莉和喬安娜就能避免在廚房的問題上爭吵。教導孩子確實要事先投入時間和精力，但這份付出是值得的。

如何教導孩子？

- **讓孩子觀察你。**邀請孩子在你準備晚餐、修剪草坪或鋪床時，一邊觀察。簡單說明你在做什麼，以及為什麼這麼做。
- **在孩子的幫助下完成事情。**下次做家事時，鼓勵孩子提供協助，並說明你在做什麼；確實讓他知道你很感謝他的幫助。
- **在你的協助下，讓孩子自己完成工作。**在你的大力支持和鼓勵下，現在是讓孩子自己嘗試完成任務的時候了。
- **從旁觀察。到目前為止，孩子應該有足夠的自信獨力完成工作。**記住要保持務實的標準（期望完美會讓你們雙方都感到挫敗），並表達感謝。慢慢地，當「幫忙」變成一場愉快的冒險時，做家事的許多麻煩也會逐漸消失。

將孩子與他的行為分開來看

我們都聽過「自尊」一詞；我們都知道，孩子有健康的自尊心很重要。但到底該怎麼做？單親的孩子較難相信自己的價值和重要性？

絕對不是的！教導孩子生活技能，並讓他經歷「接受挑戰並成功」所帶來的滿足感，對其發展自尊心（我們稱為「勝任經驗」）將有很大的幫助。

你是否曾注意到，健康的自尊心一會一直都有？它似乎會高高低低，有時孩子對自己感覺非常好，然後發生了一些事情，讓他們開始覺得自己很糟糕。當孩子「勝任經驗」變多了，並知道自己能夠解決生活中的問題時，自尊心低落的時間就不會持續太久。

學會注意，並認可孩子「做得好的事」也很重要。孩子對自己的感覺，大多建立在父母和其他大人的回饋上。父母有時將孩子所表現的行為視為孩子的本質，換句話說，行為不佳或垂頭喪氣的孩子是「壞孩子」，而表現良好（或成功取悅大人）的孩子則是「好孩子」。擁有自尊心可以使孩子從錯誤中學習，而不是認為自己沒價值，甚至覺得只有在自己完美時才有歸屬感。父母可以透過學習，將孩子與他們的行為區分開來，並予以協助。

孩子不會永遠「壞」，但是，他們偶爾會表現不好，有時會感到沮喪、生氣並激怒周圍的大人。睿智的父母會學著傳達一個訊息給孩子，那就是：表現自我沒問題，但要注意有問題的行為表現。

Point

＊教導孩子生活技能，並讓他經歷「接受挑戰並成功」所帶來的滿足感，對發展其自尊心將有很大的幫助。

鼓勵獨特性

幫助孩子發揮潛能，是所有慈愛父母的頭等大事，而當日常生活的雜事太多時，這一點很容易被忽視。你是否曾經站在幼兒的房門外傾聽過？

「假裝你的玩偶正在騎他的馬。」一個孩子會說。「好，然後假裝我的玩偶在城堡裡。」另一個孩子插話說道，「然後發生了地震！」另一個孩子喊道，房間裡迴盪著樂高積木倒下的聲音和歡笑聲。

想像力和創造力是很棒的禮物。有創造力的孩子會看到很多的可能性，他們能夠相信自己，並有面對、解決問題的能力。但是，專家還告訴我們，富有創造力、體貼人的孩子，也會不斷提出令人心煩的問題，他們喜歡為遊戲和新的做事方法發明新的規則，常常令疲憊焦躁的父母感到煩惱不已。

不幸的是，通常最具有創造力的孩子會被貼上「麻煩製造者」的標籤，因為他們提出太多的問題，也因為他們似乎無法安靜下來，做其他人正在做的事情。也許每個孩子都有創造的潛力，但由於富有創造力，精力充沛的孩子會使忙碌的老師和父母的生活變得更辛苦。因此，孩子們經常在小時候被教導「要壓抑自己的熱情並學會合群」；我們永遠不知道這麼做會讓孩子的哪些才華和點子消失。

作為一名忙碌的單親父母，你在生活中也許很少有時間去做平常不會做的事。光是要傾聽孩子所說的一切，以及應付日常生活中無止境的危機，就已經非常困難了；然而，要做到「鼓勵獨特性」，還必須付出你覺得自己沒有的時間和精力。

有創造力的孩子，並非全是那種「在三歲時會拉小提琴」、「在五歲時會彈鋼琴」、「從小就會閱讀、繪畫或研究古代歷史」的孩子。我們如何看待才華不那麼顯耀的孩子？對解決問題很有一套的孩子？擁有生動的想像力和說故事才華的孩子？或是樂於對問題進行深刻且真誠思考的孩子？

我們必須學習認識並鼓勵孩子的獨特性。關掉電視，和一起孩子閱讀或談論他們覺得有趣的事會很有幫助；對孩子的提問、不同的做法保持耐心；或者，讓他們偶爾嘗試新事物或新想法，並問問自己，孩子們挑戰現狀是為了反對，還是因為他們確實有更好的主意。

最重要的是，你要讓孩子知道：你喜歡且愛他們原本的模樣，包括他們所擁有的獨特性和特殊的品格，因為孩子要順應主流社會的壓力已經夠大了；儘管這需要你付出耐心和毅力，但教導孩子重視自己的獨特性，會增強孩子的自尊心，也讓他們踏上有創造性和充實豐收的生活的道路。

Point

＊想像力和創造力是很棒的禮物。有創造力的孩子會看到很多的可能性，他們能夠相信自己，並有面對、解決問題的能力。

鼓勵的魔法

「鼓勵」這個詞意味著「使人喜悅」。鼓勵並不表示我們要告訴孩子「他們所做的一切都是可以的」，但是有許多用意良善的父母，在孩子變「乖」或完成某項任務之前，拒絕接納孩子並給予歸屬感。請記住，孩子和大人只有在感覺良好、感受到自己的歸屬感和價值感時，才會做得更好。鼓勵並不代表你要接受錯誤行為；鼓勵意味著要注意孩子的努力、認可他的進步，並適時表示讚賞和感謝。

當孩子認為，錯誤是學習的絕佳機會，而不表示自己有問題時，他們也會感到被鼓舞。透過幫助孩子探索「發生的事情」、「導致事情發生的原因」、「對事情的感受」、「能夠從中學到的東西」，以及「如何做才能解決問題」，來幫助孩子從錯誤行為中學習，是非常具有鼓勵性的。透過這種方式，我們可以幫助孩子學習成為一名「優點發現者」。

Point

＊鼓勵並不代表你要接受錯誤行為；鼓勵意味著要注意孩子的努力、認可他的進步，並適時表示讚賞和感謝。

成為優點發現者

生活與人際關係成功的人，往往是優點發現者，這表示，他們能夠在其他人身上或處境中發現優點，並能夠很快地向別人指出這些優點。沒有什麼比營造樂觀和自信的家庭氛圍更重要的；但是不幸地，我們大多數人較容易注意到消極而非積極的事。我們如何成為優點發現者呢？該如何與孩子分享這份奇妙的禮物？

如何成為優點發現者？

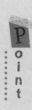

- 尋找積極的面向
- 提供讚美和感謝
- 專注於優勢，並面對弱點
- 教導孩子「錯誤是學習的絕佳機會」

尋找積極的面向。丹妮絲剛要掛電話時，老闆把頭伸進門來。他說：「丹妮絲，妳有空來我辦公室一下。」

丹妮絲的肚子開始絞痛。她做錯了什麼？她忘記了什麼嗎？她犯了錯嗎？當她走進老闆的辦公室時，她預期自己將面對最糟糕的情況。

丹妮絲的老闆肯，朝著空椅子揮了揮手，「請坐，丹妮絲，別那麼擔心！」他笑了。「事實上，我一直想找時間跟妳聊聊，我注意到妳的工作表現很優秀。我知道妳在家裡承受很大的壓力，但是妳在工作上的態度還是非常好；我們的客戶都很喜歡妳，因為妳的工作效率很好，而且妳有時表現的幽默感，給了大家繼續前進的動力。我只是想讓妳知道，我們很感謝妳所做的一切。」

丹妮絲感覺到自己的下巴快掉了下來，肯笑了。「我們這些主管不經常做這種事情，對嗎？」他問，「妳以為我會開除妳嗎？」丹妮絲不好意思地笑了，肯繼續說道：「我想我不怪妳。不知為何，找機會讚美比批評要來得難，無論如何，繼續保持好的工作表現。」

那天晚上，當丹妮絲打開家門環顧四周時，她突然有了靈感。她看到有些家事還沒做，但是孩子們正在安靜地玩耍，顯然他們都完成了功課——書本和紙張整齊地堆放著，準備讓她檢查。

「嘿，孩子們。」她對孩子們喊道。三張臉帶著憂慮的表情轉向她，她意識到，他們的感覺也許和她跟肯說話時的感覺一樣——她盡量溫柔地微笑著。「我只是想讓你們知道，我有多喜歡回家。你們看起來很舒適，我看到你們已經做完功課了；我非常感激你們能自己把事做好，不必我嘮叨。我們今晚租個電影，準備爆米花來吃，你們覺得如何？」

後來，當丹妮絲準備晚餐時，她注意到大兒子悄悄地在做著他先前忽略的工作。那天晚上的氣氛明顯是溫暖的；她對自己微笑，她學會些許的鼓勵可以使每個人感覺良好，而且比說教更有效。

現在花點時間列出一份清單：你喜歡每個孩子的哪些面向？他們有什麼特質、怪癖和與生俱來的天賦會使你微笑？當你有了一份寫好的清單後（如果你和孩子的相處有困難，這可能需要花一些時間才寫得出來），把它放在顯眼的地方。然後，每天至少一次，告訴每個孩子你對他或她的欣賞。你不必滔滔不絕；事實上，孩子遠遠地就能感受到虛假，所以只要說你真正相信的話即可。每個人和每種情況都有其優點，學習發現優點並多加分享，可以給你和你周圍的人帶來鼓勵和希望。

詢問孩子喜歡家人（還有你和孩子之間）的哪些面向；鼓勵他們分享這些意見。成為一個好的優點發現者需要一些練習（畢竟，與稱讚相比，我們通常更喜歡抱怨），但這並不意味著你應該忽略錯誤的行為；而這將為正向教養奠定好基礎，這些教養技巧可以管理行為並建立良好的關係。

提供讚美和感謝。許多父母從不同的生活經驗中學到「驕兵必敗」，因此有時我們會擔心，稱讚孩子會不會使他們變得自滿或自大。但是請你想一想：我們不都喜歡自己的努力和能力被肯定嗎？

家庭會議是你和孩子發現彼此優點的理想場合。就像我們即將看到的那樣，在每次會議開始時，對大家的貢獻和成就表示讚賞，可以為每個人營造出一種歸屬感。「稱讚」也很適合用在日常生活中，你們可以微笑、說「謝謝」，並且每天擁抱！

專注於優勢，並面對弱點。唐納・柯里頓[10]和寶拉・納爾森[11]在《飛向成功（*Soar With Your Strengths*）》一書中，以寓言的方式，生動地講述了鴨子、老鷹、貓頭鷹、松鼠和兔子在學校上課的故事，其中包括跑步、游泳、跳躍和飛行；當然，每種動物在特定的領域都有優勢，但在其他領域則無法成功。當父母和老師堅持要求他們「在每個領域都要做得好才能畢業」時，這些動物所遭受的挫折和懲罰是發人深省的。這本書的主要觀點是：唯有專注於優勢和面對弱點，而不是消除弱點，才能達到卓越。

父母通常會因為孩子在學校沒有獲得好成績，而禁止他們從事喜歡且擅長的領域，例如體育和藝術。幫助孩子學會面對困難的課程，並鼓勵他們把時間花在可發揮的活動和能力上，會給他們帶來很大的鼓勵。

幫助孩子發現自己的優點，他們無法單靠直覺來察覺它們。你可以讀故事給孩子聽，鼓勵孩子發展好奇心和探索的精神；是的，課外活動需要單親父母投入他們認為自己沒有的時間和精力，但是有多少孩子因為被鼓勵、支持，而發現自己擅長的事？請記住，孩子需要有歸屬感。如果我們不能幫助他們以積極的方式擁有歸屬感，他們就會尋求消極的方式來獲得。

教導孩子「錯誤是學習的絕佳機會」。我們要勇於接受「每個人都不完美，而且不可避免地會犯錯」的事實，但是，每天早上起床後，我們仍要決心盡力成為最好的父母。我們的孩子也是，他們將在不可避免的失誤和錯誤中掙扎；錯誤不是致命的災難或不可原諒的罪過，它們只是錯誤而已。

當你所愛的孩子犯錯時，你就有機會教導他們寶貴的經驗，並讓彼此變得更親近。但如果是你犯錯，請主動承認，並尋求孩子的原諒，然後，你可以示範進行任何必要的彌補的重要性。當孩子犯錯時，可以讓他從中學習的一種做法是：透過「什麼」和「如何」來發問，幫助他探究行為的後果。你可以問這些問題：「你對發生的事情有何看法？」「你從這次的經歷中學到了什麼？」「你將來如何使用這次所學到的知識？」「你對如何修正或解決問題有何想法？」

請在孩子有時間冷靜下來後，再進行「什麼」和「如何」的發問，而且只有在他感覺到「你對他的看法真正感興趣」時，這樣的做法才會有效；有時，一個友善的討論就能解決問題。

10 唐納・柯里頓（Donald O. Clifton）博士，為全美頂尖顧問公司之一「SRI蓋洛普公司」的創始人與董事長。

11 寶拉・納爾森（Paula Nelson），為暢銷書作者及企業創始人。

Point

＊每個人和每種情況都有其優點；學習發現優點並多加分享，可以給你和你周圍的人帶來鼓勵和希望。

Chapter 9

家庭會議

讓孩子一起參與並做出貢獻，使全家成為一個團隊

家庭會議是一項值得的投資，不但可以幫助你預防問題，還可以讓你從這寶貴的過程中取得孩子的合作。

我們很容易將孩子視為沉重的責任，或阻礙我們完成事情的麻煩。事實上，孩子是寶貴的資源；如果給他們機會，他們會（或可以做到）非常有創意、充滿活力及靈活性。單親父母如何才能充分利用這種能量和創造力？如何才能使家庭生活達到平衡，接納、擁抱所有的人，並順利地運作？

家庭會議

家庭會議是促進「團隊合作」與建立「合作精神」的一個重要途徑。無論你的家庭是由一個父母和一個孩子組成，還是由一個父母和幾個孩子組成，你們都是一個家庭，家庭會議將強化你的家庭團隊。

家庭會議對你來說也許是個新的嘗試，你會想知道這個作法的好處是什麼，以及如何舉行家庭會議；你會懷疑自己怎麼有辦法再多做一件事。不舉行家庭會議的藉口有很多：「我已經忙得焦頭爛額了，怎麼還找得到時間？」「我們家只有兩個人，我們會在開車時解決問題。」「我的孩子很乖，我們不需要開會。」這些藉口都忽略了你可以從家庭會議中獲得的長期好處。

一旦父母真正了解家庭會議的許多好處後，他們會意識到自己必須騰出時間，因為這是一項值得的投資，不但可以幫助你預防問題，還可以讓你從這寶貴的過程中取得孩子的合作。

你如何舉行家庭會議？

就像家庭的組合方式、規模大小和屬性各有不同一樣，家庭會議舉行的優先性和細節，也會有所不同。不過，請你牢記幾點。

關於家庭會議

- 家庭會議應該是一個優先事項
- 以讚美和感謝開始每次的會議
- 將「議程表」放在顯而易見的地方
- 以腦力激盪來解決問題並計畫活動
- 應該以協商的方式達成決議，而不是以多數來表決
- 選擇主持人和會議記錄者，寫下解決方案，並由全家人輪流擔

任這些職位

● 以正向的方式結束會議

家庭會議應該是一個優先事項。大多數的家庭發現，每週留出一定的時間舉行家庭會議是最有效的。可以是一個晚上，沒人須出外參加活動時，也可以是飯後每個人都在時；那時不要嘗試制定其他計畫，也不要受到電話或其他因素的干擾。讓孩子知道，這段與他們在一起的時間，是你一週中非常重要的部分。

以讚美和感謝開始每次的會議。尋找並評論家庭中每個成員所做的正面事情，並教導孩子一起這麼做。一開始也許會很尷尬，尤其是習慣互相諷刺、爭吵和騷擾的兄弟姊妹們；但隨著時間過去，他們將學會讚賞的技巧，並能掌握這種精神。孩子藉此產生的自我價值和意義，將證明這份努力是值得的，而整個會議也將以鼓舞人心的方式開始。

將「議程表」放在顯而易見的地方（冰箱門上一直是個好地方）。鼓勵家庭成員在一週內寫下想法和問題，以便在下次的家庭會議能確實討論到每個項目。你會發現，當你可以將自己關心的事寫在議程上時，通常就能抵擋嘮叨的念頭。孩子有時真正需要的，是一個可以解決自己問題的地方，而在解決問題的會議展開時，這個問題也許已經被解決或被遺忘了；有時，全家人也必須進行腦力激盪，尋求方法來解決問題。

以腦力激盪來解決問題並計畫活動。邀請每個家庭成員提供意見很重要！在腦力激盪時，不管聽起來多麼不可行，「任何想法」都應該得到尊重；你如果說「哎喲，那是個愚蠢的主意！」就會讓孩子在家庭會議上感到挫折。一旦每個人都有機會提出想法，你們就可以繼續討論哪些想法有用、為什麼有用，每個人都能以最好的計畫達成共識。這麼做，能讓腦力激盪成為一種學習經驗，也是傳授孩子解決問題技能的寶貴機會。

應該以協商的方式達成決議，而不是以多數來表決。投票只會使那些「輸掉」的家庭成員產生怨恨。如果你的家人不同意某件事，請推遲到下一次會議再討論，到時每個人都冷靜下來了，就可能有時間想出新的解決方案。

選擇主持人和會議記錄者，寫下解決方案，並由全家人輪流擔任這些職位。孩子們喜歡有主控權，一旦了解程序，就能把工作做好。如果能讓孩子也擔任這些職位，表示父母願意傾聽，並尊重每個孩子的想法和能力。

以正向方式結束會議。以制定接下來一週的家庭活動計畫、進行遊戲，或吃喜歡的甜點，來結束每一次的家庭會議。

Point

*家庭會議的習慣可以成為家人共度特殊時光的基礎，以創造未來足以珍藏的回憶。

但這真的有用嗎？

像往常一樣，泰勒家的早晨很忙碌。瑪琳正在準備當天的工作，並試圖讓三個女兒在上學前吃完早餐；當客廳傳來一陣吼叫聲時，她正喝著咖啡。

十四歲的曼迪抓著一件皺皺的襯衫衝出她的房間，「媽！」她大吼著，「我今天想穿我最喜歡的襯衫去上學，但是金偷穿它，把它弄髒了，她甚至沒有先問過我。」

十三歲的金緊隨其後，「那曼迪拿我最喜歡的牛仔褲去穿怎麼說？」她悶悶不樂，「而且凱特琳一直偷拿我的髮飾。」

「我才沒有呢！」洗手間傳來八歲凱特琳的聲音。

瑪琳閉上眼睛片刻，深吸了一口氣，她說：「聽起來，妳們對交換衣服來穿這件事感到不開心，妳們把這個問題寫在下次家庭會議的議程上了嗎？」

女孩們彼此看著對方，搖了搖頭。瑪琳嘆了口氣，然後笑了，「嗯，妳們何不去寫下來？」她說，「我們下一次會議是星期四晚上，到時可以解決這個問題。現在該上學了，妳們最好快把衣服穿好。」

週四傍晚很快地到來，瑪琳將女兒們聚集在乾淨的廚房桌子旁。她說：「金，輪到妳當主持人了；還有曼迪，妳是會議記錄。」

「好，」金開始說，「我希望曼迪不要再拿我的東西。」

「哇，」她媽媽說，「家庭會議一開始應該做什麼？」

現場的氣氛突然變得很僵。女孩們仍然很生氣，發現要互相讚美很困難；最後，金雖然有點不高興，但還是說：「我很感激曼迪那天晚上幫助我完成了數學作業。」她這麼說，打破了僵局，其他人隨後分享了其他讚美和有趣的事，不久之後，這個家庭開始準備解決問題。

金帶頭說：「議程上說，我們必須談談如何借用彼此的東西。誰有想法？」

她們很快地進行腦力激盪。女孩們決定，共用一個房間的曼迪和金，應該為各自的物品單獨準備抽屜和架子；物品的擁有者可以用水性筆，把自己的名字寫在標籤上，並貼在每個物品上；在借東西前，要先問過對方，並確實在歸還時，把它們洗乾淨、折好，讓下一個人拿起來就可以穿。

女孩們認為，浴室櫃上的籃子可以幫她們區分髮飾。曼迪和金的身材幾乎相同，最有可能借用彼此的衣服，不過，她們同意，如果未經許可擅自拿彼此的東西，或歸還骯髒的衣服（甚至根本不還），將主動給另一個人一天自由借用和選擇穿戴自己衣物的權利，而且在歸還時不必清洗。

瑪琳查看了曼迪寫下解決方案的清單，「妳們願意試行一週嗎？」她問。

女孩們點點頭，瑪琳說：「我們可以在下次會議上確認情況，但是如果妳們對這個辦法感到滿意，我也同意，現在可以來談談，我們這個週末要做什麼？」

「去買更多的衣服！」凱特琳大叫，大家都笑了。

在舉行家庭會議前，瑪琳曾向女孩說教，告訴她們在借東西之前要詢問；但說教從未達到任何成效。不過，當女孩們自己選擇同樣的方式時，她們更願意按照「自己」的決定去做。

家庭會議不能解決所有的問題，但是，它們確實為家庭成員提供一段時間和一個場合，傾聽彼此的想法、點子、不滿和成果，並學會合作，以找到彼此可以接受的方式，處理日常生活的困境和爭議。

家庭會議的長期好處

定期的家庭會議可以實現許多正向的目標：

- 留出時間與全家人聚會，表現出一種對家庭的承諾。我們經常與同事、朋友甚至是陌生人約會，而不是與我們的孩子約會。

- 家庭會議是一個機會，可以教導孩子重要的生活技能，透過腦力激盪來建立彼此之間的尊重，共同解決問題，並騰出時間進行對話、相互理解和相互配合。
- 家庭會議可以使孩子們了解父母的思考、感受和想法，並感覺自己被傾聽和認真對待（父母則會獲得他們從未有過的想法和見解）。還有什麼比家庭會議這個能夠建立孩子健康的自尊心、自信及勝任感更好的方法呢？
- 在忙碌且壓力重重的生活中，我們也許很難找到和家人輕鬆聚餐的時間，以及餐後長談的機會。家庭會議可以成為家人共度特殊時光的基礎，以創造未來足以珍藏的回憶。

會議可以包括任何人

請你記得，你的「家庭」可以包括任何人；當家庭會議包括所有直接牽涉家庭生活的人，例如保姆、摯友，甚至是老師時，會議效果通常是最好的。

菲利絲是一名單親媽媽，有一個六歲的兒子馬修。馬修是個聰明的孩子，可能有點聰明過頭了，他富有創造力，加上有著流利的口語表達能力，在與人相處上通常沒有困難。菲利絲最近展開了一份新的事業，必須長時間工作，但她擔心托育的品質，最後決定聘請一位居家保姆。在保姆搬進來的第一天早上，菲利絲吹著口哨開車離開，但在當天深夜回到家後，她發現等待她的卻是一場災難。

因為馬修知道媽媽不會在身邊執行規則，所以他傾盡聰明才智來操控新的保姆；當菲利絲回家時，馬修還沒上床睡覺（而且隔天是上學日），他一直在家附近玩到晚上七點半，保姆想辦法叫他進屋，他卻發脾氣——儘管知道媽媽希望他五點就能回家。菲利絲責罵並懲罰他，不過情況還是很糟糕；在與馬修進行了一週的拉鋸戰後，保姆絕望地放棄離開，菲利絲必須縮短工作時間，回到安排鄰居保姆的麻煩事務中。

幾個月後，菲利絲發現自己的生意蒸蒸日上，需要她投入更多的時間，她決定再次嘗試聘僱居家保姆；但是這次，菲利絲打算讓保姆一起參加家庭會議。保姆阿吉對這個想法很感興趣，她們邀請馬修一起討論所有可能出現的問題，並制定了所有相對應的規則；她們發現馬修喜歡將創造力用在有建設性的地方上。由於馬修一起參與制定規則，於是他更能遵守這些規則。

儘管生活運轉得較順利，但並非總是完美；不過，每當出現問題時，菲利絲、阿吉或馬修都會將問題寫在議程表上，並在下一次會議上討論解決方案。菲利絲很高興、阿吉能保持理智，而馬修也發現「成為解決方案的一部分」比「成為問題的一部分」更好——至少大多數時候是如此。五週後，菲利絲在與家長課程裡的小組分享這個過程時，表示自己無法相信事情可以如此順利地進展，並希望自己能早點認識到家庭會議的好處。

一家人一起改變

將家庭會議用來「解決問題」很有效；不過，它也是一種絕佳的辦法，讓全家人以一種舒適且可預期的方式聚在一起、分享資訊、了解每個人的感受、保持聯繫，以及應付變化。

當布萊恩．哈洛和他的兩個孩子坐下來舉行每週一次的家庭會議時，他有點擔心——他有個消息要分享，但完全不確定孩子會如何反應。布萊恩在桌子中央放了一大碗爆米花（自己也抓了一大把），他請十四歲的女兒凱特先從讚美開始。

凱特和九歲的羅比熱烈地談論著他們一週的生活。羅比在小聯盟棒球比賽中，被選為「最有價值的球員」，他分享的時候笑得非常燦爛；凱特在學校與一位朋友大吵了一架之後成功和好了，並感謝她的弟弟幫忙餵小狗「瑪芬」，讓她可以去看電影。隨著談話進行，兩個孩子都轉向了父親。

凱特說：「爸爸，你沒說太多話。你還好嗎？」

「嗯，」布萊恩緩緩地說，「我在工作上得到很大的升遷。」

「太棒了！」羅比喊道，「你會賺更多的錢嗎？今年夏天，我們可以去迪士尼樂園嗎？」

「太酷了，爸爸。」凱特笑著說。

「是的，這很酷，」布萊恩說，「羅比，我會賺更多的錢，這應該會使生活變得更輕鬆一些。雖然我還不確定是不是要帶你們去迪士尼樂園，但是這裡有個你們必須了解的狀況——我的新工作地點在佛羅里達。」

凱特和羅比消化著這些訊息，沉默了片刻，「我們會買新的房子嗎？」羅比滿懷希望地問：「也許是附帶游泳池的？」

布萊恩笑了。「凱蒂，妳很安靜。妳有什麼事想說嗎？」

凱特抬頭看著父親時，下唇明顯地顫動了一下。「但是爸爸，我必須離開我的學校和我的朋友，而且我才剛被選進一個啦啦隊裡，那要怎麼辦？還有我們的小狗『瑪芬』呢？」接著是一個大問題：「媽媽呢？她知道嗎？」

布萊恩向孩子們解釋說，他們的母親知道並同意搬家，凱特和羅比會像往常一樣地去看她，但他們會從佛羅里達飛過來，而不是坐他們現在的短途客運。每當布萊恩回答完一個問題，似乎還有十個新問題冒出來，「等等，」布萊恩終於說，「讓我們把所有的問題都寫下來。」

布萊恩在一張大大的紙上列出了全家人的擔憂——他的孩子擔心如何結交新朋友，如何選擇新的社區、收拾所有的物品、尋找新的教堂、成為學校裡新來的孩子，還有如何帶小狗一起去。

當全家人列出他們能想到的所有問題時，布萊恩在每個問題旁，寫下可能的解決方案。布萊恩將在幾週內前往佛羅里達，他答應為未來的房子和學校拍照，讓孩子們可以協助挑選；全家人都認為，他們要舉行一次狂歡派對；凱特和羅比可以將一個裝有最重要物品的盒子放到車上，這樣他們不必等搬家公司抵達佛羅里達後才能看到它們；而布萊恩也同意，他們可以在聖誕節回來，拜訪他們的老房子和朋友。

「那麼，你們真正的感覺是什麼呢？」布萊恩終於問。

「很難過，」凱特回答，「爸爸，我為你感到高興，但我因為要離開而感到難過。」

「我知道，寶貝。羅比，你呢？」

「我有點激動，」羅比若有所思地說，「我的意思是，迪士尼樂園不是在佛羅里達嗎？」

連凱特也忍不住咯咯地笑了。「孩子們，」布萊恩說，「你們知道，無論我們走到哪裡，我們永遠都是一家人，而且我知道有你們兩人的幫忙，我們將能把這個新家變成一個真正的家庭。這也許會花一些時間，但你們會結識到好朋友，畢竟誰能拒絕這麼棒的孩子呢？」布萊恩給每個孩子一個緊緊的擁抱。

家庭會議不會神奇地解決問題，而且確實需要花點時間和精力，但是對於單親父母和孩子來說，它真的是一種奇妙而強大的方式，可以建立對新家庭的認同、學會彼此欣賞，並發現單親家庭並非破碎的家庭。家庭會議真的很有效！

Point

＊家庭會議讓全家人以一種舒適且可預期的方式聚在一起、分享資訊、了解每個人的感受、保持聯繫，以及應付變化。

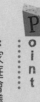

Chapter 10

理解錯誤行為

並非因為你是單親父母，孩子才會出現錯誤行為

父母必須意識到，每種行為背後都潛藏著一種信念，孩子的感受可以提供你找到訊息密碼的線索。

適應單親父母的角色需要一點時間。當你應付這些變化，並盡可能地安排好自己的生活，仍然會碰到一些撫養孩子的基本問題——亦即「處理錯誤行為」。你也許會說：「我可以處理好自己大部分的感受，而且大多時候，生活似乎都過得很順利。我現在要如何處理孩子？當他們行為不當時，我該怎麼辦？」

重要的是，你要記住，你在教養孩子時遇到的任何問題都是正常的。沒有完美的孩子，也沒有完美的父母，你的煩惱和困擾並非源於單親教養。許多剛離婚的父母認為，孩子的錯誤行為都與「父母離婚」直接相關，但事實並非如此，所有父母都會時不時與子女爭吵，所有子女也都有行為不當的時候。對每一名父母來說，學習理解孩子的感受和行為也許很困難，但孩子做的每件事（以及我們的回應方式）裡都有線索；一旦你知道如何察覺線索，處理該行為就會變得容易許多。

桑迪是一名單親媽媽，她在家中提供托育服務，其中有兩個是她自己的孩子，分別是四歲的凱爾和六歲的喬伊。有一天，桑迪向她家長課程上的小組求救，她淚流滿面說，喬伊在她設法進行托兒服務時，快把她逼瘋了。「他嘲笑年幼的孩子、打他們、拿走他們的玩具，並說出令人討厭的話；在使用器材時，還與年齡較大的男孩打架。喬伊在學校或其他朋友家中，都沒有出現這種問題，他只會在我面前出現錯誤行為；他表現得實在太糟糕了，讓我想停止接收其他孩子，專心給予他所需的關注。我想，我的托育服務對他來說還太難，因為我是單親媽媽，他不想和其他孩子分享我；他一直說，我對他不公平。」

桑迪繼續分享：她告訴喬伊，她將在六月停止照顧其他孩子；她之所以不能早點停下來，是因為她對依靠托育服務的家庭負有義務，而且她也必須賺錢維持生計。她還沒想到放棄托育服務後該如何賺錢，但喬伊是她最關心的對象。

家長課程小組的講師問：「妳想放棄妳的托育服務嗎？」

桑迪回答：「不，我喜歡它，但是喬伊更重要。我希望我們之間的相處能夠和平、和諧，我擔心他自尊心的問題。」

講師笑了，「妳願意考慮其他辦法，讓妳既能夠繼續在家進行托育服務，也能在讓妳和喬伊之間的相處和平且和諧，同時還可以提高他的自尊心？」

桑迪毫不猶豫：「我當然願意！」

「好吧，」講師說，「讓我們先回顧這件事情的根本，然後提出建議。妳因為喬伊無法應付，必須停止托育服務，這對妳是否公平？妳能這麼做沒錯，但心裡難道完全沒有不滿嗎？」

桑迪想了一下，「不，我不是完全沒有不滿，但我真的不知道該怎麼辦。」

「如果妳不想放棄，卻被迫必須放棄托育服務，這表示誰有主控權？」講師問。

「嗯，顯然是喬伊。」桑迪聳了聳肩，「我知道那不健康，但我不知道該怎麼辦，他顯然需要我的關注。」

講師繼續說：「妳透過『允許喬伊用情緒來操控妳』，這向喬伊傳達了什麼樣的訊息？」

此刻桑迪疲倦地笑了笑，「他也許會成為一名暴君，這是我的直覺。我很困惑，我愛他，想當個好媽媽，但如果我屈服於他，放棄一份我喜愛，並且可以在家做的工作，我會感到不滿。在家中進行托育服務，似乎是無須離開孩子就能賺錢的完美方式，但當夢想變成一場惡夢，我不知道該怎麼辦。」

講師轉向小組，「是進行腦力激盪的時候了。讓我們看看可以提供多少個想法，來幫助桑迪和喬伊。」

該小組提出許多桑迪可以嘗試的想法。他們讓她選擇最喜歡的一種；桑迪聽到了許多好主意，選擇了其中幾種建議：

1在彼此冷靜時，與喬伊相處，並使用將在下文中詳述的「贏得合作的四個步驟」。

2 讓喬伊擁有一些他不必與任何人分享的東西。
3 與喬伊（和凱爾）一起度過特殊時光。
4 給喬伊一些任務，讓他感覺自己正在做出重要的貢獻，也可以藉此賺到一些額外的零用錢。
5 讓喬伊一起尋找問題的解決方案，讓他感受歸屬感，以及自己的價值。
6 跟處於類似情況並可分享經驗的人交談，以尋求支持。

桑迪從最後一項建議開始，她打電話給當地兒童托育協會的貝蒂，提出她的問題。貝蒂笑了，說：「我真高興我解決了這個問題！在我的孩子還小的時候，也遇過同樣的問題；我認為這很正常，有些不是由單親媽媽獨自撫養的孩子，也很難跟別人分享母親。有兩件事幫助了我——我不會玩『不公平』的遊戲，所以我的孩子們知道這對我沒用，但我確實允許他們擁有自己的玩具，不必與任何人共享；另一件事是，讓他們知道，我多享受一方面能維持家庭生計，一方面還能和他們在一起的生活。這幫助他們看到了這個處境的好處與問題。」

桑迪得知她的問題很正常，而且不僅僅因為她是一名單親媽媽才會發生，這讓她感到鼓舞和欣慰。所有的孩子都需要被關注，但桑迪正在以「引起孩子不健康操控」的方式給予關注；她意識到，因為自己認為孩子沒有父親，而陷入「試圖彌補孩子」的陷阱中，能拋棄這種想法，以及隨之而來的所有罪惡感，對她來說是一種解脫。

透過與貝蒂交談，桑迪感覺到自己「想謀生，也想與兒子相處」的想法得到了肯定；她相信自己的努力是值得的，這讓她感到鼓舞。貝蒂不但能賺到足夠的錢，還能在家陪孩子——她賺的錢甚至足夠幫助他們上大學。貝蒂說：「當然會有一些問題和麻煩，但什麼工作『沒有問題』？這麼做的好處遠遠超過了壞處。」

透過尋求支持，桑迪意識到，在滿足喬伊和解決問題之前，要先滿足自己——獲得力量和鼓勵——的重要性。桑迪之所以能與喬伊合作，採取積極的解決方案，是因為她能拋棄自己錯置的罪惡感；現在她已經準備好了，桑迪決定從「贏得合作的四個步驟」開始。

贏得合作的四個步驟

- 進入孩子的世界，猜測他可能的感受（若猜錯了，再猜一次）。
- 表示理解（有時描述你曾有過類似感受會有幫助）。
- 詢問孩子是否願意聽聽你的感受（孩子同意後會更願意傾

聽）。

- 一起想出解決辦法（前兩個步驟會營造出親密感和信任感，讓孩子願意以合作的方式傾聽，並共同努力尋求解決方案）。

從家長課程小組的聚會回到家後，桑迪很高興看到喬伊仍然醒著，而凱爾已經睡著了，這是一個嘗試「贏得合作的四個步驟」完美且平靜的時機。桑迪先問喬伊：「親愛的，在我送你上床睡覺時，我們之間可以進行一次特別的談話嗎？」

「好啊！」喬伊回答。

桑迪繼續說道：「我想知道當我照顧其他孩子時，你是不是感覺你對我不重要了？」

桑迪談到了重點，喬伊的回答有點生氣：「我必須分享我所有的東西，這是不公平的！」

現在，桑迪反映並認可喬伊的感受，她提出自己的理解，以及自己的故事——

「我了解你為什麼會有這種感受。我記得小時候，媽媽要我和妹妹分享我所有的衣服，甚至是我最愛的衣服時，那種感覺我很討厭。我現在可以了解，嘗試對其他孩子公平，對你來說其實非常不公平；即使你試圖告訴我，你認為這不公平，但我卻連晚餐時間坐的椅子，都要你跟別人分享。我對自己沒有考慮你的感受感到非常抱歉，從現在開始，我會努力做得更好，喬伊。」

喬伊感到被理解，母親的坦誠和道歉使他感動，他開始哭：「對不起，我表現得很糟糕。」（孩子們在感到被理解時，常會因為情緒緩解而大哭；當父母為自己不尊重孩子的行為負責時，孩子也會效仿。）

桑迪安慰喬伊：「親愛的，你做得很好。我們兩人都犯了一些錯誤，我相信，我們可以一起討論出一些解決方案。首先，你願意聽聽我的感受嗎？」

喬伊輕輕地笑了，「好的。」他說。

桑迪把喬伊拉近自己，「對我來說，你比任何工作都重要；不過我真的很想繼續進行托育服務，這樣我就不必出門工作，我喜歡能夠同時工作並與你在一起，你願意幫我找到一些方法來達成嗎？我知道你有一些我從未聽過的好主意，我現在真的很想聽聽看。」

喬伊笑了，「沒問題！」

桑迪和喬伊共同想出了以下的計畫：喬伊和桑迪每天會共度十五分鐘的特殊時光，不把手機打開，沒有弟弟，也沒有其他孩子在場；喬伊贊同凱爾也應該享有類似的時間，並一起努力協調出一個方便的時間。在一次家庭會議中，他們腦力激盪，提出各自在和母親共度特殊時光時，可以做什麼的建議。

喬伊對「能夠幫忙並賺取一些額外的零用錢」很感興趣。他們同意，當喬伊每天為其他孩子們準備午餐，就能賺到一塊美元；他還自願從事其他工作，例如收拾玩具和掃地；他們還決定，除非得到喬伊的允許，否則沒人可以坐在他的餐椅上。他們結束談話時，同意「將來如果有什麼事困擾他們，會一起談論這個問題，並共同制定尊重每個人的解決方案」。

桑迪在下一次家長課程小組的聚會時興奮異常，「我不敢相信這些方法會這麼有用。喬伊現在會幫忙，似乎對自己感覺好極了，也不再出現錯誤的行為。在我們的家庭會議上，喬伊告訴凱爾，擁有一個可以在家工作的媽媽是多麼地幸運。當我讓喬伊一起想辦法解決問題時，他提出了很多好意見。我很高興能告訴他，我有多愛他，而且他真的可以把我的話聽進去，非常感謝大家！」

桑迪找到了擺脫拉鋸戰的方法。喬伊以犧牲桑迪所獲得的「勝利」，或桑迪以犧牲喬伊所獲得的「勝利」，都是不健康的；當我們學會「贏得」孩子的合作時，就不會有「操控」的問題。

桑迪和喬伊自己都覺得他在「使壞」，但孩子從來不是真的「壞」，他們只是經常會感到挫折；當他們感到挫折時，就有可能出現不當的行為。

Point

＊沒有完美的孩子，也沒有完美的父母；請記住，你的煩惱和困擾並非源於單親教養。

＊透過尋求支持，桑迪意識到，在滿足喬伊和解決問題之前，要先滿足自己——獲得力量和鼓勵——的重要性。

了解訊息密碼

行為不當的孩子，會使用訊息密碼來表達他們的感受和經歷。錯誤行為是一條加密後的訊息，內容為：「我很挫折，因為我不相信自己很重要，或無條件地被愛著。」不過，孩子們沒意識到他們有這些想法，也不知道他們的錯誤行為是向我們表達沮喪情緒的一種方式，而自己的行為則表達了潛藏的信念。話說回來，孩子知不知道並不重要，重要的是，父母必須意識到，每種行為背後都潛藏著一種信念，孩子的感受能提供你找到訊息密碼的線索。本章後面將討論這些感受的線索和其他線索，目前，我們只要了解每種行為（甚至是我們自己的行為）背後，都存在著潛藏的信念。

行為背後的信念

處理行為背後的信念，並不表示不處理行為，但當你同時意識到這兩個層面時，處理起來的效果會是最好的。生活中所發生的事情，從來不比我們對它們所做出的決定和所抱持的信念來得重要，我們的行為是根據這些決定和信念而來；然而，我們所做的決定和抱持的信念，和所有人類的首要目標直接相關：我們必須找到歸屬感和價值感。

所有人類的首要目標

我們所有人都需要屬於某個地方、屬於某個人，並感到自己重要、有價值和被愛。孩子從第一次意識到周圍環境的那一刻起，就在決定自己是否有所歸屬、是否被愛、是否被接納。有時孩子會認定自己沒有歸屬感（這讓父母感到驚訝），然後無意識地決定自己的行為；有時，這些決定會導致錯誤行為，或讓孩子根本不願意嘗試。

卡特是個不幸遭到父母忽略的小男孩，事實上，他被嚴重忽略。當他們坐落在農村小鎮的房屋著火時，母親只把哥哥帶到安全的地方，卻把他留在床上，直到最後一刻，才被盡責的消防員救出。他未婚的母親懷孕時，不想要他；他的奶奶願意照顧哥哥，但不願意照顧他。當卡特以寄養孩子的身分來到寶拉家時，儘管他已經快兩歲了，卻幾乎不會走路，也不會說話，只會在肚子餓的時候說「吃、吃」。

短短四個月後，卡特可以走、可以跑，開心地給人擁抱並接受擁抱，且不斷地在說話。寶拉說：「他到我們家的一週後，開口叫我媽媽。」是什麼造成了變化？「我們只是一遍又一遍地告訴他，他對我們來說很特別，我們愛他。」

真的那麼簡單嗎？我們的孩子如同所有人一樣，必須從父母那裡得到一些基本的需求（除了食物、住所和衣服外）。他們需感到自己被接納，知道自己有所歸屬，與眾不同，而且值得被愛。

父母會說：「呃，我當然愛我的孩子。」但是，我們經常無法以對孩子有意義的方式來傳達這種愛。我們無法將孩子與他的行為區分開來，例如，我們讓他覺得「當他把事情搞砸時，爸爸媽媽就不會那麼愛他」。我們也許會這麼說，「壞女孩！」「你永遠做不了大事」。或者，我們只有在孩子取得成就時，才給予愛和鼓勵，讓他相信他必須贏得愛和接納。讓孩子需要得到別人的認可和接納，只會在日後製造出更多的麻煩。

儘管有時感覺很困難，但我們必須努力學習接受孩子原本的模樣，而不是我們希望的樣子；我們可以讓他們知道，儘管在某些方面還有改善的空間，但他們不必成為別人才會被愛，因為我們給的愛是沒有條件的。我們可以給孩子安全感，並讓他們知道，無論情況有多艱難，我們都會關心並加以陪伴。無論如何，我們都可以選擇讓孩子知道我們的愛。

Point

＊孩子從第一次意識到周圍環境的那一刻起，就在決定自己是否有所歸屬、是否被愛、是否被接納。
＊儘管有時感覺很困難，但我們必須努力學習接受孩子原本的模樣，而不是我們希望的樣子。

當孩子感受不到愛與歸屬感時，會發生什麼事？

問：我是一名單親媽媽，有個兩歲的兒子。兒子的父親不希望我生下他，已經離開了我們的生活（儘管他會支付孩子的撫養費）；成為單親媽媽是我所做過最困難的事，但也是最有意義的事。我身邊沒有人可以幫我照顧孩子，無法讓我說聲：「嘿，我想請你幫忙照顧他十分鐘；我需要休息一下。」

我最近真的需要休息一下。我的母親去年被診斷患有結腸癌，進出醫院兩、三次了；幸運的是，我在她接受治療的醫院工作，有很多時間可以陪她。有幾個月的

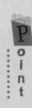

時間，我在工作、陪母親看醫生、阿姨家（我母親住的地方）和家裡團團轉，試著趕快完成所有必須完成的工作，然而，我的母親還是過世了。

我總是告訴自己，我不能打孩子或對他大吼大叫；不過，現在這些都被我拋到腦後了！我通常對兒子抱有無限的耐心，但有時我感到精疲力盡，實在無法再承擔更多，我討厭這樣的時刻；我感到沮喪，不知道該怎麼辦，我不能出門，因為我不能留下他一個人，我想去上洗手間，但他也會跟著我一起去。

有天晚上，我只是想讓他入睡，但他就是不睡，一直爬下床，從房間走出來找我。我帶他回床上，大喊著要他入睡，接著他打我的臉，把我的眼鏡弄掉；我很生氣，所以打了他一下。他在尖叫，我在哭，我感覺糟透了，只好走出去，坐在家門口的台階上。

我不想讓兒子在「擔心自己是不是只要做錯事就會被打」中成長，但我也不希望他認為自己可以為所欲為。換句話說，我需要幫忙！

答：妳所感受的壓力和痛苦，充斥在妳說的每句話中；妳要應付的事情太多了，聽起來妳好像沒有太多的外部支援。妳的兒子只有兩歲，他只知道自己需要感受歸屬感和價值感，而且是出於他現在也無法理解的原因；因此，他正在利用自己的行為，向妳傳達「他對自己或對妳感到不滿」的訊息。妳的沮喪和煩惱是線索，證明孩子的錯誤目的是「尋求過度的關注」——如果他不能擁有正向的態度，就會滿足於得到負面的關注。這問題之所以變得更嚴重，是因為妳是他唯一可以求助的人，而妳還是一名單親媽媽。

了解錯誤行為的錯誤目的，將會幫助妳找到處理孩子行為的方法，並同時建立他的連結感和歸屬感；而妳也必須花一些時間來培養和增強自己的能力。妳目前是他非常依賴的支柱，請盡力確保這個支柱的牢固性。

在決定你對自己、他人和生活的看法時，我們所有的人，無論是父母還是孩子，都是積極的參與者（不是受害者），而我們的行為將會基於這些決定而行動，了解決定的過程，以及孩子如何建立對生活的信念、如何融入家庭，是理解孩子行為的第一步；有了這種理解，你可以鼓勵孩子，並提供他們改變不健康信念和行為的機會。

我們所有人都在找方法尋求歸屬感與價值感；有時這些方法會起作用，有時則不會。如果我們認為，自己不被愛或沒有歸屬感，我們通常會嘗試一些方法把愛找回來；否則，當我們認為別人不愛我們時，就會以報復的方式來傷害別人。有時，因為似乎永遠不可能把事情做對、找到歸屬感，或是被愛、被接納，我們甚至會想放棄；當我們認為自己沒有歸屬感並且不重要時，通常會以錯誤的方式，來找到我們需要的接納——而我們稱之為錯誤行為的錯誤目的。

孩子們沒有意識到這些潛藏的信念，他們不會坐下來計畫一場權力鬥爭；然而，一旦我們了解孩子行為舉止背後的原因，就可想到一些方法，在孩子感到沮喪時給予鼓勵，並在這個過程中改變他們的行為。

「錯誤行為目的表」（第二三三頁）可以幫助你辨別孩子的行為是否不當，找到潛藏在其行為背後的錯誤目的，並提供一些正向的建議來鼓勵孩子。

你要記住，目的本身並沒有錯，我們所有人都需要被關注、與他人連結，以及感受個人的力量。父母有時會下結論，覺得孩子只是為了尋求注意力，或試圖獲得權力，才會行為不當，但事實並非如此。當孩子尋求「過度」的關注或是「爭奪」權力，而不是以建設性的方式來獲得注意力和使用權力時，就會出現問題。

瑪格麗特是一名忙碌的律師，業務正在蓬勃發展。她很關心三歲的女兒薩曼莎，當她無法陪伴薩曼莎時，會花很多時間來安排托育；儘管如此，在與薩曼莎共度夜晚時，她常常超出瑪格麗特所想的，多了許多抱怨和令人惱怒的行為。

當瑪格麗特學會正向教養的技巧，和錯誤行為的錯誤目的後，她了解到薩曼莎的某些行為表現，是因為她是一名健康的三歲女孩，她試圖建立自主權和主動性，這是她正常發育過程的一部分。不過，瑪格麗特也學會將薩曼莎的抱怨視為一種跡象，表示她可能比平時花了更多時間在工作上；瑪格麗特發現，當她把自己的行程排得太滿，就沒時間與女兒相處。當瑪格麗特與薩曼莎一起安排固定的相處時間，並以正向的方式給予女兒關注後，母女之間的關係變得更親近，晚上在一起的時光也變得更愉快。

西爾維亞也學到類似的經驗。她與兒子尼克在多次陷入拉鋸戰後，花了一點時間檢視自己的行為，並意識到自己過於專橫和控制（為了一時方便）。當她記得讓尼克參與建立慣例、規則和解決問題的過程後，尼克開始利用自己的力量做出貢獻，而不是反叛。

Point

＊你要記住，目的本身並沒有錯，我們所有人都需要被關注、與他人連結，以及感受個人的力量。

協助辨別錯誤目的的線索

解讀錯誤行為背後的密碼，第一個線索是辨別錯誤行為帶給你的感覺。舉例來說，如果你感到煩躁、惱怒、擔憂或內疚，這說明孩子的目的是「尋求過度關注」。

第二個線索來自於，孩子如何回應你慣常的處理方式。舉例來說，如果孩子的錯誤目的是「爭奪權力」，而你使用自己的權力來處理，錯誤行為就會加劇。「錯誤行為目的表」描述了每個錯誤目的背後的信念，以及以「賦能孩子」來回應的方式。

在「錯誤行為目的表」中，可以找到方法幫助孩子感受歸屬感與價值感，從而消除他們表現錯誤行為的需要。

記住次要的訊息密碼也會有幫助（主要的訊息密碼是「我想擁有歸屬感，並感受自己的價值感」）；次要的訊息密碼會告訴你，孩子在每個錯誤目的上所表達的需求，以及藉此企圖實現的主要目標。

次要的訊息密碼

「尋求過度關注」此一錯誤目的的次要訊息密碼，是「注意我、讓我參與其中、讓我做個有用的人」，幫助這種孩子的有效方法是：忽略他「尋求過度關注」的錯誤行為，並透過給孩子一個任務，重新引導孩子，使他以有用的參與方式來獲得關注。

「爭奪權力」這個錯誤目的的次要訊息密碼是「讓我幫忙、給我選擇」，回應此一錯誤目的的一種有效方法是：承認你無法「逼迫」孩子做事，並讓他知道，你「需要」他的幫忙，然後給他兩種或兩種以上幫忙的方法：「你想將這個問題放在議程上，讓全家一起解決，或是你想自己考慮一天，讓我知道你對解決問題的想法？」另一種可能性是，給孩子開放式的選擇，讓他以一種有貢獻的方式來使用權力：「不論你想幫忙做什麼樣的清潔工作，我都很感謝。」爭奪權力的孩子在「可以選擇如何使用個人權力，而不是抵抗大人的控制」時，很有可能會轉向合作。

對於「報復」的錯誤目的，其次要的訊息密碼是「我很受傷、請你認同我、重視我的感受」。當大人可以看到孩子在報復行為背後想表達的感受，並加以重視時，會很有幫助：「我猜想，你對某件事感到非常受傷。」如果你知道是什麼，請指出來，或者說：「你要告訴我嗎？」這通常就足以阻止錯誤的行為，使孩子產生解決問題的心情（也許是在一段時間的冷靜後），這表示你可以幫助他們不要在意別人的想法、對自己有信心，或對事情進行彌補。

對於「自暴自棄」的錯誤目標，其次要的訊息密碼是「別放棄我、教我如何一次踏出一小步」，大人必須幫孩子找到他自己可以做的小步驟，與他一起邁出一小步，直到他可以自己做到為止；一旦取得小小的成功，孩子就會拋棄自己不夠好的想法。

當我們了解孩子的想法，以及他們對自己、他人和生活的信念後，我們會站在一個更好的位置，以正向的方式影響他們。當我們處理行為背後的信念（訊息密碼），而不只是處理行為時，教養會更有效。

還記得喬伊和桑迪嗎？（第二一二頁）在桑迪使用「贏得合作的四個步驟」，幫助喬伊得出一些新的結論之前，喬伊一直覺得自己不重要；只要讓喬伊相信自己有歸屬感、有價值感，他就會願意接受母親給的鼓勵，跟她分享自己的感受，並傾聽媽媽分享的感受，最後兩人能一起解決問題。在學會理解喬伊錯誤行為背後的訊息密碼後，桑迪獲得了所需的資訊，這幫助喬伊產生不同的信念，放棄錯誤的行為，並願意成為合作團隊的一份子。

孩子的行為（好、壞和冷漠）不會憑空發生，他們對自己、我們以及他們在生活中的處境的整體感受，會導致這些行為發生；行為不當也許令人討厭和惱怒，但了解這些行為背後的信念，以及孩子用來與你溝通這些信念的密碼，也許就能幫助你解決問題。感到自己被鼓勵、被愛和有價值的孩子，較不會表現錯誤行為；這不就是我們真正追求的嗎？

Point

＊爭奪權力的孩子在「可以選擇如何使用個人權力，而不是抵抗大人的控制」時，很有可能會轉向合作。

＊當我們處理行為背後的信念（訊息密碼），而不只是處理行為時，教養會更有效。

錯誤行為目的表

①孩子的目的	②父母師長的感受	③父母師長的回應	④孩子的回應	⑤孩子行為背後的潛在信念	⑥訊息密碼	⑦父母師長積極賦能的回應
●過度尋求關注（讓別人為他忙得團團轉，或是為得到特別待遇）	●煩躁 ●困擾 ●擔憂 ●內疚	●提醒 ●哄騙 ●幫孩子做他原本可以自己做的事	●暫時停止錯誤的行為，但不久之後，又出現一樣或其他令人煩惱的行為	●只有在我被注意，或得到特殊待遇時，才覺得自己很重要（有歸屬感） ●只有在你們為我忙得團團轉時，我才重要	●注意我 ●讓我參與 ●讓我做個有用的人	●重新引導孩子以做有用的工作來獲得注意力 ●告訴孩子你的做法（例如：「我愛你，我晚一點會花時間陪你。」） ●避免給孩子特殊待遇 ●相信孩子自己可以處理情緒（不要修復或拯救） ●計畫特殊時光 ●幫孩子一起建立日常慣例圖表 ●讓孩子參與解決問題 ●舉行家庭或班級會議 ●設定非言語的溝通訊息 ●把手放在孩子的肩膀上，忽略行為本身
●爭奪權力（想要主導）	●被挑戰 ●被威脅 ●被打敗	●爭吵 ●退讓 ●心裡想著：「我會讓你付出代價」或是「我會讓你屈服」 ●想證明自己是對的	●變本加厲 ●不滿地服從指令 ●即使必須服從，但只要能讓父母或師長生氣，就覺得自己贏了 ●消極抵抗（表面答應，實際卻不會真的做到）	●我只有在當老大、有控制權、證明沒人可以指使我，才有歸屬感 ●你無法讓我屈服	●讓我幫忙 ●給我選擇	●透過請孩子幫忙，引導他們產生正向的力量 ●提供有限的選擇 ●不爭吵，也不退讓 ●從衝突中抽身 ●要堅定且溫和 ●做就對了，不要多說什麼 ●決定自己的做法 ●讓「日常慣例表」做決定 ●離開現場，到一旁冷靜 ●養成彼此尊重的習慣 ●設定合理的限制 ●練習「貫徹執行」 ●舉行家庭或班級會議

①孩子的目的	②父母師長的感受	③父母師長的回應	④孩子的回應	⑤孩子行為背後的潛在信念	⑥訊息密碼	⑦父母師長積極賦能的回應
●報復（以牙還牙）	●受傷 ●失望 ●難以置信 ●厭惡	●反擊 ●感覺羞辱 ●心想：「你怎麼能這樣對我？」	●反擊 ●激化衝突 ●行為變本加厲或選擇另一種武器	●我不認為自己屬於這裡，因為我感到受傷，所以我要傷害別人 ●我沒辦法受人喜愛	●我很受傷 ●請你認同我、重視我的感受	●認同、重視孩子受傷的情緒 ●避免感覺受傷 ●避免施行懲罰和報復 ●建立信任 ●運用「反映式傾聽」 ●分享感受 ●進行彌補 ●表示關心 ●安靜地行動 ●鼓勵孩子發揮強項 ●對孩子一視同仁（不要偏心） ●舉行家庭或班級會議
●自暴自棄（自我放棄，不想別人理會他）	●沮喪 ●絕望 ●無助 ●不能勝任	●放棄 ●主動幫孩子做得太多 ●過度幫忙	●更退縮 ●變得消極 ●沒有任何進步 ●沒有反應	●我不完美，我也不屬於這裡，所以我要說服別人不要對我有任何期望 ●我很無助、無能 ●我不可能做好，因此嘗試也沒用	●別放棄我 ●教我如何一次踏出一小步	●將工作分成幾個小步驟 ●停止批評 ●鼓勵任何積極的嘗試 ●對孩子的能力有信心 ●聚焦在孩子的才能上 ●不要憐憫 ●不要放棄 ●為孩子製造成功的機會 ●傳授技能或示範做法，但不要替孩子做 ●珍惜孩子原本的模樣 ●以孩子的興趣為基礎 ●舉行家庭或班級會議

Chapter 11

進入孩子的世界

拋棄說教、懲罰的方式，開始運用正向教養的技巧

進入孩子的世界為的是「建立理解、愛與信任的關係」，這對你和孩子在成為一家人的這趟旅程上，絕對有利無害。

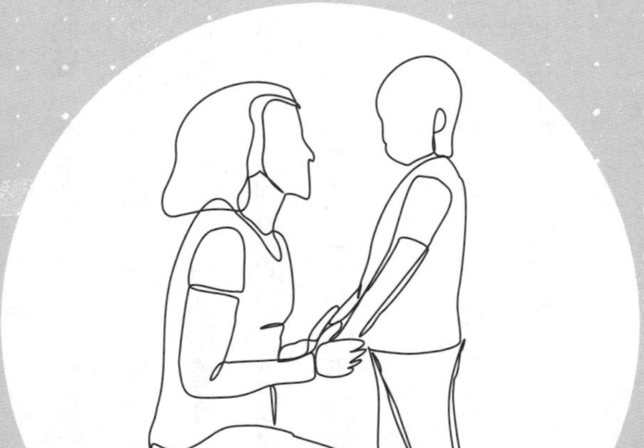

作為父母，我們都非常用心，我們是「為了孩子好」，而希望孩子表現好；我們關心他們是否能夠真正幸福，我們「知道」孩子如果不採納我們的意見，並做出正確的事情，就不會幸福；我們相信，說教、懲罰和羞辱，將幫助孩子表現得更好，並接受我們認為「正確的」價值觀。我們很清楚自己想教導孩子什麼；但問題在於，我們很少花時間去了解孩子正在學習什麼，我們不問他們的感受、想法以及決定。

了解錯誤行為的目的，只是「進入孩子的世界」的一種方法，還有許多其他的方式，可以知道孩子的感受和想法，包括了解教養的長期效果、孩子的個性和成長過程，以及使用「積極傾聽」的技巧。

注意何謂「有效」

當我們懲罰孩子的某項行為，而該行為停止時，我們會誤以為這個方法有效；但是，有時我們必須注意何謂「有效」。假設你因為孩子「頂嘴」而懲罰他，當他不再頂嘴，短期來看，懲罰似乎奏效了，但你不知道孩子因此感覺受傷和困惑——

他認為你不公平，並不是真的在乎他，並心想「你可以阻止他頂嘴，但不能逼迫他在學校裡有好的表現」。你認為「有效」的方法，其實長期來看會導致「報復」的錯誤行為；你只是贏得了一場戰鬥，卻改變了整個戰爭的方向。

這就是一場戰爭。說教、處罰和羞辱，只是父母用來對付子女的一些武器，是基於你認為「對他好」的信念，來幫助他們表現良好並培養「正確」的價值觀。從沒被好好傾聽、重視，也還沒機會運用智慧、學會解決問題能力的孩子，會成為這場戰爭的犧牲者，變得的自尊心低落，感受不到歸屬感和價值感；其中，有些孩子會表現出來，並開始叛逆，其他孩子則可能成為「討好狂」，在生活中繼續尋找告訴他們該怎麼做的朋友和配偶。

希拉是一名單親媽媽，她想與三個孩子結束拉鋸戰，於是她決定參加家長課程來尋求協助，在那裡，她了解到「進入孩子世界」的重要性；當她發現自己的兒子凱西（國二），因為罵老師而被停學時，她有機會藉此練習自己學到的一些技能。

希拉走進客廳時，發現凱西坐在電視機前，臉上掛著好戰的表情；希拉深吸一口氣問：「凱西，我們能談談你在學校遇到的問題嗎？」

凱西抬起頭，有點不情願地說：「好吧，我想。」

希拉忍住想直接進入問題的衝動，她微笑著說：「我看得出來，與我談話對你來說不是一件很開心的事。我猜，這是因為你習慣聽我說教，而且認為我不是真的想跟你對話並傾聽。」

現在希拉引起了兒子的注意，聽到媽媽承認自己會說教，他顯然感到驚訝。希拉注意到兒子有興趣繼續聽下去，於是她繼續笑著說：「我承認，我因為自己愛說教，沒有好好傾聽你，我對此感到內疚，我不想再這樣做了。我猜，當我嘮叨、責備的時候，你會覺得我不是真的在乎你，但事實上，我非常在乎你。你能再給我一次機會讓我證明，我們的談話不會只是我單方面的說教或批評嗎？」

凱西現在不知道該怎麼想，這是一個新狀況，媽媽能理解真是太好了，但他不確定自己是否可以相信這個新方法。他再次遲疑地回答：「好吧，我猜。」

希拉放鬆了一點，她溫柔地說：「我想請你從你的角度，告訴我發生了什麼事，我真的很想聽你說。」

凱西仍然不確定，他決定讓自己逃進電視節目裡，「沒關係，媽媽。」他說，並將目光轉向電視：「我能自己解決。」

希拉對兒子的同情心加深，她對兒子的愛開始提供她「如何進一步詢問」的線索；她將對凱西全部的愛，透過自己的聲音來表達，平靜地說：「我相信，無論用哪種方式，你都可以自己解決問題，但我仍想聽聽你經歷了什麼。」

凱西抬起頭，看著母親的眼睛。他停頓了一下，然後脫口而出：「那些老師都是混蛋，他們不喜歡我。」現在，他的聲音含著怒氣。

「你能給我一個例子嗎？」他的母親回答，「老師做了什麼讓他們像個混蛋，讓你感覺他們不喜歡你？」

對凱西來說，這有點不舒服，他再次退縮了：「不用擔心。我能處理。」片刻之後，他用平靜的聲音補充道：「我已經決定，我不想被學校退學。」

希拉盡量不流露太多解救的情緒：「坦白說，我很高興這對你很重要。你對我很重要，我還是很希望從你的角度了解，到底發生了什麼；我有一些猜測，不知道它們是否正確，但我可以做一些猜測嗎？如果我猜得太離譜，告訴我，好嗎？」

Point

＊從沒被好好傾聽、重視，也還沒機會運用智慧、學會解決問題的孩子，將成為這場戰爭的犧牲者，變得自尊心低落，感受不到歸屬感和價值感。

揭露目的

魯道夫·德雷克斯於《孩子：挑戰》（*Children: the Challenge*）一書中，發表「揭露目的」這個技巧。在使用這個技巧的過程中，大人會以猜測的方式來發現孩子的錯誤目的；如果你以友好的方式揭露目的，會幫助孩子感到被理解。請記住，孩子無法有意識地認知到自己的錯誤目的，而「認知」是改變的開始。

在希拉和凱西的故事結尾時，你將看到希拉繼續使用「揭露目的」的過程。

「揭露目的」的四個步驟

- 詢問孩子為什麼表現出特定的行為，孩子通常會回答：「我不知道。」
- 徵求孩子的同意後，進行猜測。如果你表現善意和真誠的關懷，大多數的孩子都會同意。
- 詢問每個可能發生的錯誤目的：「可能是○○嗎？」直到你得到一個「是」的回答，或同意的反應為止。例如，孩子嘴上雖然說「不是」，卻無法壓抑臉上的笑容，或出現其他不由自主的反應。當你獲得同意的反應時，請說：「你說不是，但你的笑容卻告訴我『這可能是原因』，你願意跟我合作，一起想出解決方案嗎？」

●解決方案請參閱「錯誤行為目的表」最後一列（第二三四頁），和孩子共同努力尋找其他的可能性。

希拉的友好態度使凱西感到鼓舞，這讓他放下防備，對希拉的猜測感到好奇；然而，他還是沒說太多話：「是的，我想。」

希拉先試著找到他的錯誤目的：「難道你找老師麻煩，是為了引起我的注意，希望我多花點時間陪你？」

凱西回答得很快：「才不是。」（這排除了「尋求過度關注」的錯誤目的）

希拉說：「好吧，讓我再試一次。難道你是在表示沒有人可以逼你，或讓你做自己不想做的事嗎？」

凱西聽到希拉這個猜測，嘆了口氣：「為了這個原因給自己找麻煩很蠢。」（這排除了「爭奪權力」的錯誤目的）

希拉停頓了片刻，這個猜測很難。「難道是因為我和你父親離婚，而你感到受傷、對我生氣，所以認為『陷入麻煩』是報復我的一個好方法？」

凱西屏住呼吸，看起來像是偷拿餅乾被抓到一樣，然後叛逆地問：「你和爸爸會重新在一起嗎？」（凱西的表情和他的回答告訴希拉，她找到了正確的錯誤目的：報復。）

希拉嘆了口氣，坐在兒子旁邊：「親愛的，我知道這對你的傷害有多大，我感到非常抱歉。你爸爸和我不會重新在一起，我原本希望不會對你造成太大的傷害，但這還是發生了；你不必把事情悶在心裡，你可以告訴我，你有多生氣，我會傾聽。」

母親的理解解開了凱西的壓抑，現在他終於說出自己的感受：「如果妳不對爸爸那麼壞，那麼你們現在還會在一起。」

希拉心裡感到刺痛，眼淚幾乎要掉了下來；但她意識到，透過為自己辯護或反擊來回應凱西，會關閉她和兒子辛苦才打開的溝通大門。「哦，」她平靜地說，「你這麼說真的讓我很痛，我想，有時候你真的很討厭我。」

凱西眼中含淚，內心有著強烈的掙扎，還有一些複雜的情緒；有時候他確實恨他的媽媽，但他也非常愛她。希拉猜中了凱西的感受，她用雙臂抱住他，說：「沒關係，親愛的，我知道你也愛我；當我們既恨又愛一個人時，這就是一個真正的問題。」她笑著說：「有時候我對你也有這種感覺。」

凱西慢慢地不再那麼緊繃。他沒有意識到自己一直感到內疚，並困惑於自己的感受，他還不知道該如何處理所有的傷痛和憤怒；但當這些情緒能夠被表現出來時，這些感受似乎並不那麼糟糕了，而且他知道，媽媽有時也會有同樣的感受。

希拉繼續說：「我無法改變你的感受，也不會試圖去改變，人人都有權利擁有自己的感受；不過，等一下我想與你討論一些我們可以解決的問題，你願意和我一起聊聊嗎？」

凱西笑了：「是的，我想。」

在這個情況中，希拉使用了她在正向教養家長課程中學到的幾項原則。

奠定解決問題的基礎，進入孩童世界的八個步驟

- 為愛與親密關係打下基礎
- 為你製造問題的部分承擔責任
- 要求再試一次的機會
- 提出「啟發性」的問題，促進更深入的傾聽
- 了解行為背後的信念
- 重視感受
- 在設想解決方案之前，先給彼此一段冷靜期

●有時只是討論也許就夠了

為愛與親密關係打下基礎。希拉了解，在給凱西正面的影響前，打好愛與親密關係的基礎，是非常重要的。說教和懲罰將製造距離和敵意，會導致負面影響；而大多數正向教養的工具，只有在建立了愛和親密關係的基礎後才有效。

當我們使用了「無法取得正面效果的教養方法」時，首先必須問自己：「我們是在爭奪權力還是報復對方？」

希拉問了自己這個問題，並認為她正在與凱西爭奪權力；但透過花時間進入凱西的世界，她發現凱西的錯誤目的不是爭奪權力，而是因為他對父母離婚感到痛苦，所以產生報復行為。

為你製造問題的部分承擔責任。希拉為自己製造出的問題負責（說教和不傾聽）。承擔責任與責備、內疚是不同的，承擔責任表示我們對自己所製造的問題有所觀察和意識；當我們意識到自己做了哪些事而製造出某種情況時，也會知道可以做哪些其他事情來改變現況。這種轉變極具賦權的力量，當我們承擔起自己該負的責任時，孩子通常也會跟隨我們的示範，願意承擔起他們自己的責任，同時他們也會感到被賦權。

要求再試一次的機會。希拉透過詢問凱西，是否願意再給她一次不說教的機會，並承認她犯了錯誤，想再試一次——這是給孩子的最佳示範！他們必須知道，錯誤無非就是學習的機會，他們必須知道，自己可以繼續學習和嘗試，而不是認為「錯誤就意味著失敗（因此最好放棄）」。

提出「啟發性」的問題，促進更深入的傾聽。希拉運用有效的傾聽技巧，透過詢問「什麼」的問題，並要求孩子舉例，使她能更深入地理解，忍住了說教或教訓的念頭。父母常傾向於「告訴」孩子發生了什麼、導致其發生的原因、對它的看法，以及應該如何做；但當我們學會問：「發生了什麼事？你認為造成這種情況的原因是什麼？你怎麼看這件事？你希望事情怎麼發展？你能做些什麼來實現這個目標？」孩子會感到有歸屬感和價值感。

當你要求孩子舉例時，你會增加對他的理解（而孩子也可以澄清自己的想法）。如果你多問：「你還有其他想說的嗎？」會非常有幫助，這邀請孩子深入探索（在你傾聽的同時）任何潛藏的想法或感受；但是，如果你不願意傾聽，或不去按捺說教、解釋或為自己辯護的念頭時，上述所有的方法都會無效。請記住，你的目標是進入孩子的世界。

了解行為背後的信念。希拉使用「揭露目的」（透過猜測來揭示錯誤目的），來幫助自己和凱西理解其行為背後的潛藏信念——凱西感到受傷，所以想反擊回去，即使他自己沒有意識到。父母常常會在不了解原因（孩子的信念和感受）的情況下，只處理孩子所表現的徵兆（問題和錯誤行為）；花時間了解孩子的感受，能為你在解決問題的方式，以及尋找解決方案的能力上，帶來很大的不同。

重視感受。即使凱西說了些令希拉傷心的話，她還是表現出對凱西感受的重視，她了解感受和行為之間是有所區別的，並邀請凱西與她一起討論可能的解決方案。我們常常忘記感受和行為之間有所區別，我們試圖叫孩子忽略感受，或是直截了當地告訴他們：「你不應該那樣。」有時我們會嘗試拯救孩子或修補事情，使他們不必體會到自己的感受；這些方式都不能幫助孩子選擇不同的行為，實際上也許還會加劇問題。

在設想解決方案之前，先給彼此一段冷靜期。有人也許會問：「那麼，停學和對老師頂嘴的問題呢？」希拉非常明智，她知道，僅僅以一種友善、接納的方式，揭露孩子行為背後的信念，就足以消除錯誤行為。當凱西對自己和母親的感覺更好時（這個對話過程幫了他們），他想報復的必要性就降低了；如果問題再次發生，希拉也為解決問題奠定了基礎，則可著重於尋找解決方案，而不是懲罰。

有時只是討論也許就夠了。我們經常將重點放在「結果」或「解決方案」，而低估了善意的對話「促進理解」的力量。當孩子感到被傾聽、被認真對待和被愛時，便會改變導致其行為不當的信念。因此，我們將以一開始說過的話做為結語：你必須「建立一個愛與親密關係的基礎」；為了實現為人父母所有「為孩子好」的想法，這是我們能做的最重要的事。

Point

＊說教和懲罰將製造距離和敵意，會導致負面的影響。
＊父母常常在不了解原因（孩子的信念和感受）的情況下，只處理孩子所表現的徵兆（問題和錯誤行為）。
＊僅僅以一種友善、接納的方式，揭露孩子行為背後的信念，就足以消除錯誤行為。

創造親密感和改變

瑪麗養育了六個孩子，她很喜歡當媽媽，她與所有成年子女都保持著良好的關係，並期待成為祖母。她幻想著和孫子女聊天，成為一名祖母會比當媽媽來得更有趣，因為她可以享受親子關係，而不必承受日常照顧的麻煩。然而，她的女兒蘿莉離了婚，蘿莉的兩個兒子（十歲的克里夫和六歲的傑克）跟瑪麗一起住。

她過度幻想了，克里夫是個愛挑釁的孩子，他對外婆的態度很粗魯。蘿莉有份全職的工作，因此瑪麗發現自己經常必須擔任媽媽的角色，而這個角色並非總是那麼令人愉悅；當瑪麗要求克里夫做家事時，他會說：「這不是我的家，妳自己打掃。」瑪麗接到老師訴說關於克里夫在學校表現不當的電話，當她試圖與克里夫談這件事時，他會說：「妳不是我媽媽，這不關妳的事。」

瑪麗感到很傷心，她努力為孫子、孫女做很多事，給他們一個家，照顧他們、關心他們的行為，試著將他們視為己出，並培養他們的責任感；瑪麗是一個正向、充滿愛心的人，但她不明白，為什麼克里夫對她的態度如此負面，且具有攻擊性。

瑪麗聽說，教堂裡有一個家長課程的小組，因此問蘿莉是否願意和她一起參加；蘿莉對克里夫的行為也感到沮喪，她們都很擔心「如果沒有人幫忙，克里夫會淪為少年犯」。

在第一次的聚會上，瑪麗分享，孩子和教養方式發生了多少變化。在她養育的六個孩子中，沒有一個孩子曾經傷害過她；當然，她從來不必處理所謂的「3D問題」：離婚（divorce）、反抗（defiance）和吸毒（drugs）。（瑪麗擔心克里夫將會接觸毒品。）

課程講師同意時代已經改變，但也指出有些事情不曾改變。有一個不會改變的事實是，孩子仍然需要感受到自己的價值感和歸屬感，他們希望受到有尊嚴和尊重的對待；這對於老一輩的人來說，也許是個嶄新的觀念。

這堂課的主題是「進入孩子的世界」，並處理行為背後的信念。一個小組成員提醒瑪麗，我們通常會攻擊自己所愛的人；也許看起來不像是「愛」，但克里夫想必是因為在瑪麗的身邊感到安全，所以才會像她所描述的那樣攻擊她。瑪麗受到極大的鼓舞，並渴望運用新的知識和觀點。

在下一堂課上，她分享了一個精彩的故事——在一週的時間裡，瑪麗專注於了解克里夫的世界。當她去學校接克里夫下課時，她出於真誠的好奇，而非以質詢的態度，對克里夫提出一些「什麼」和「如何」的問題：「你對學校感覺如何？」當她開始詢問，而克里夫沒有回應時，她會繼續小心地說：「我猜，離開你的朋友和原本的家，搬來跟我住，對你來說一定很辛苦。」

克里夫感受到瑪麗真誠的關懷，慢慢地開始與瑪麗分享，他對自己生活中發生的事感到多生氣——他不喜歡父母離婚；他不喜歡母親在處理自己生活上的事時，似乎忽略了他的感受；他覺得自己對發生在他身上的事沒有主控權。在表達這些感受後，他為自己把氣出在瑪麗身上而道歉：「我知道那不是妳的錯。」他輕聲地說。

瑪麗回答說：「我無法想像，這對你來說有多麼令人沮喪。我不知道換作是我，會如何應對生活中這麼多的混亂，這真的很困難。」

突然，克里夫感到自己被理解了，這讓他有機會改變思考方向。他說：「會沒事的，我可以應付。」

瑪麗說：「我相信你可以的，我願意以任何方式幫忙。我正在讀一本有關家庭會議的書，家庭成員可以透過會議共同努力解決問題、分享感受，並一起計畫做有趣的事情；你原本的家庭已經改變了，現在我們有了另一個家庭，我們的家庭與社會上理想家庭的形象不一樣——媽媽、爸爸和快樂、聽話的孩子。我猜你很了解『聽話的孩子』這個部分！」她開著玩笑，「但我想，我們現在的家庭也可以把日子過好，你怎麼看呢？」

克里夫看起來充滿希望：「對，是有可能的。」

隨著教養課程的進行，瑪麗與小組成員分享：「我現在有了一些可以使用的工具，它們幫助我停止過度反應、保持冷靜，並採取適當的回應。我與克里夫的關係確實得到了改善，他甚至不再試圖傷害我的感受，因為我不會上鉤，我只會關注他表現這種行為背後的感受。我仍然需要他的幫助，我們必須努力處理他在學校裡發生的問題，但現在他感到被理解了，更願意改變自己的行為；因為他在家庭會議上幫忙擬定了做家事的慣例，所以也變得更願意做家事。我們還致力於改善家庭生活，雖然這並不意味著每件事情都是完美的，但肯定比以前要好！」

瑪麗繼續說道：「我與女兒蘿莉的關係也有所改善。有趣的是，隨著克里夫變得越來越好，傑克有段時間開始出現錯誤的行為，我很高興自己已經知道：當孩子找不到自己的歸屬感和價值感，卻必須當『乖孩子』時，就可能開始出現錯誤行為。當我們繼續運用家庭會議，和我們在小組中學習到的其他正向教養工具時，全家可以透過合作，而不是競爭，來發現每個人的歸屬感和價值感。」

進入孩子的世界可以解決所有的問題嗎？當然不是！沒有任何一種方法是萬靈丹，但這為父母提供了寶貴的線索，幫助我們理解某些行為會發生的原因；長期來看，這可以為你節省掉很多力氣，以及許多怒氣和受傷的感受。進入孩子的世界是為了「建立理解、愛與信任的關係」，這對你和孩子在成為一家人的這趟旅程上，絕對有利無害。

Chapter 12

非懲罰性的管教方式

利用自然與邏輯後果，貫徹執行正向教養

非懲罰性的方法有助於改變孩子的行為、發展生活技能，並培養良好的自我感受；同時也教導他們透過「負責任」來成為一名對社會有貢獻的成員。

父母有時會懷疑，「非懲罰性的管教方式」有可能執行嗎？這麼做對嗎？我們大多數人已經從父母那裡和社會上，吸收到許多關於教養的想法，而大多數父母在管教孩子時，都抱持著一種隱藏的基本信念：孩子必須受苦，否則無法學會任何東西。

有的父母也許會說：「我必須不時給孩子一點打擊，讓他們知道我是認真的。」或者：「我的孩子在做錯事時，會失去所有的特權；這是我教他們不能違抗我的方式。」或者：「懲罰會讓孩子尊重我。」《聖經》確實說：「不忍用杖打兒子的，是恨惡他；疼愛兒子的，則會隨時管教。」（*He who spares his rod hates his son, but he who loves him disciplines him diligently*，箴言第13章第24節，新美國標準版）許多人將其解釋為：打不聽話的孩子是上帝的命令。但是，研究《聖經》的學者告訴我們，「杖」是權威和領導力的象徵，被用來「引導」綿羊，而不是用來打牠們。

有效的管教方法是「指導」，而不是「懲罰」；但長期以來，社會一直認為懲罰和管教是同義詞，導致父母很難接受這兩者有所不同。然而，「懲罰」無法產生正向且長期的效果、幫助孩子發展好的人格特質和重要的生活技能，去追求成功與幸福的人生。

對於單親父母來說，有效的管教是一項挑戰。他們會說：「現在我自己一個人，必須好好管教孩子，否則他們會撒野；你知道人們對來自破碎家庭的孩子的看法。」

父母經常認為「控制孩子」有其必要性，但卻沒意識到，「完全的控制」不僅不明智，甚至幾乎不可能，尤其當孩子到了一定的年紀後，你再也無法靠限制他們來加以約束。依靠控制和懲罰的力量，父母會變成警察，成為全職的執法人員，制定規則，然後不斷地監視違規的行為；但當警察不在身邊時，會發生什麼呢？孩子和朋友一起出去時，會發生什麼呢？當家庭生活裡出現不斷加劇的權力爭奪時，會發生什麼呢？

Point

*大多數父母在管教孩子時，都抱持著一種隱藏的基本信念：孩子必須受苦，否則無法學會任何東西。

管教的目的是教導

真正的管教無關乎懲罰或控制；「管教」（discipline）這個詞來自拉丁語disciplina，意為「追隨真理、原則的人，或一名受尊敬的領袖」，還有一個意思為「教導」，而「學徒」（disciple）一詞也來自同一個字根。管教是「教學和指導」，幫助年輕人就他們的行為做出明智的決定，並為他們的選擇和行動承擔責任——讓他們因為了解後果，選擇（或不選擇）某種行為，而不是因為「警察埋伏在轉角處」。

許多父母認為，他們必須以懲罰的方式「加諸」錯誤行為的後果；但當父母協助孩子從自己選擇的行為「探索」自然後果時，他們更可以從中學習。「教育」（Education）一詞來自拉丁語educate，意思是「引導」。協助孩子探究發生的事情、導致事情發生的原因、從發生的事情中學到什麼，以及如何使用這些資訊來解決問題，幫助他們「引導」思想、看法和學習。太多父母試圖透過說教和懲罰進行「填鴨」式教導，然後想不通為什麼孩子不聽話。

所有的父母最終都必須問自己，對「管教」抱持著什麼看法。如果我們認為自己必須為孩子的行為負責、錯誤行為應該受到懲罰、孩子必須受苦才能學習，就容易傾向用打屁股、禁足、羞辱的方法來教孩子，並會經常感到憤怒；但是，如果我們認為「管教」的目的是教孩子對自己的行為負責、尋找問題的解決方案，並預防問題的發生，我們就會對孩子及其行為採取相當不同的管教方式。那麼，我們該怎麼做呢？

Point

＊真正的管教無關乎懲罰或控制；「管教」（discipline）這個詞來自拉丁語disciplina，意為「追隨真理、原則的人，或一名受尊敬的領袖」，還有一個意思為「教導」。

懲罰性管教的危險

我們選擇管教孩子的方式，與我們的教養理念息息相關。我們大多數人在成長

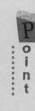

過程中，已經認同「打屁股」和「懲罰」的方式是正常的，甚至認為這是撫養孩子的必要做法之一。懲罰在短時間內「看起來很有效」，但有時我們必須留意「看起來有效的方法」，並思考懲罰性管教的長期影響。

美國廣播公司的新聞節目《20/20》[12]仔細探討了體罰的議題——四個經常體罰孩子的家庭，允許電視攝影機跟著他們，記錄他們處理孩子錯誤行為的情況。大多數看過這個節目的父母（包括會打孩子的父母），都覺得慘不忍睹。許多人都同意，「打屁股」的目的幾乎只是在懲罰孩子錯誤的選擇，或發洩父母的憤怒和沮喪，不重視解決問題或改變孩子的行為——像是「打屁股」本身就能解決問題。

不過，這些父母還是繼續打孩子；不良行為並沒有得到持久的改善，更重要的是，該節目發現「打屁股」和類似的懲罰，會使孩子的自尊心低落，進入受虐的關係，並認為「暴力」是解決問題的適當方法，這些都是疼愛孩子的父母沒有預料到的結果。經常被懲罰性管教的孩子，會學到父母沒有預料到的教訓——在「執法者」不在身邊時表現不良行為，有機會時就採取報復手段，甚至把注意力放在「可惡的老父母」，而不是使他們惹上麻煩的行為上。體罰尤其會產生一些隱藏的問題，隨著時間流逝，體罰會變得越來越無效，也不可能一直用在孩子身上。我們有可能採取其他辦法嗎？

Point

*有時我們必須留意「看起來有效的方法」，並思考懲罰性管教的長期影響。

預防問題的發生

如果管教著重於教學和指導，而不是懲罰，那麼，有效的管教可致力於創造一種合作的氛圍，將孩子的能力和侷限納入考量，並共同努力預防問題發生；亦即我們在前幾章中探討過的教養方法，舉例來說，如果孩子在餐廳或坐車時會出現問題行為，務必在出發前教導孩子，並與他討論可以被接受的行為。討論意味著避免說教，可以花時間問孩子：「在餐廳裡的哪些行為是尊重人的行為？當有孩子大吼大叫或跑來跑去時，你會怎麼看他？你有什麼想法，可以保證我們在餐廳用餐時能有

12《20/20》是一檔美國電視新聞節目，自一九七八年六月六日起在美國廣播公司（ABC）上播出迄今，節目內容除了報導政治和國際新聞外，更多關注一般人感興趣的題材。節目名稱源於測試視力的20/20。

好的體驗？」

在你們出發前，可與孩子針對可接受和不可接受的行為，進行一些有趣的角色扮演（「讓我們假裝」），然後讓孩子製作一個裝滿小玩具、書籍或遊戲器具的袋子，可以在等候食物時使用。父母多做一點計畫（並盡可能讓孩子參與），就可以讓每個人連長時間的車程都能忍受——試著準備小音響、一些故事有聲書、著色書和蠟筆，或一些小巧、便宜的新玩具，都很有幫助。

決定你的做法

如果孩子在餐廳裡仍然出現錯誤行為，你可以安靜地牽著他的手，溫和且堅定地將他帶回車上，等其他人用完餐——這就是所謂「決定你的做法」，而不是逼孩子做什麼；這也應該事先進行討論，以便孩子知道將發生什麼事。你可以準備一本好書，方便你在車上等待時閱讀，這個做法會告訴孩子行為不當的後果——失去在餐廳吃飯的特權。剝奪特權只該在與錯誤行為「直接相關」時才使用（在餐廳用餐是一種特權，每項特權都附帶責任，在這種情況下，責任是表現出「尊重他人的行為」；當孩子拒絕承擔責任時，他們就會失去特權）。

為了使「決定你的做法」有效，你必須願意同時保持溫和且堅定的態度，這通常意味著要「安靜」（溫和）地「行動」（堅定），話語（說教）通常只會引起爭論，因此請避免使用。這種管教方法也可以用來避免發生危險的情況；當孩子在車上出現錯誤行為時，請把車停在路邊，閱讀你事先準備的好書，直到他們決定停止錯誤行為為止。

有些父母會反對，認為如果他們不得不放下還沒吃完的飯菜，帶著鬧脾氣的孩子回車上坐，或在還有其他「重要」的事情要做，卻不得不把車停在路邊、拿書來看，其實是「他們自己被懲罰」。不過，要有效地教養孩子，確實必須花時間並做一點犧牲。願意在需要時做點犧牲的父母會發現，因為孩子預期父母會以溫和且堅定的態度行動，親子之間能度過更多愉快的時光——在餐廳裡用餐，或是開車帶孩子出門。

了解你的孩子

有時孩子被要求做自己做不到的事，其錯誤行為也會加劇。即使是最可愛、貼心的小孩，在做完一整個下午的差事後，也會變得易怒。例如，你要求一個年幼的孩子，在午睡時間被打亂的情況下，別碰觸禮品店裡漂亮的東西，也是不切實際的做法。你可以將身體降低到孩子的高度，與他眼神接觸，向他解釋為什麼不能碰東西；你也可以溫和且堅定地將孩子帶離現場，這麼做比讓事故發生，事後再設法彌補，要有效得多。

了解孩子（或青少年）的發育過程，可以幫助你知道他們在不同年齡階段的能力——多認識自己的孩子總是好的。比方說，有些孩子喜歡坐飛機旅行，而且幾乎不需要做任何準備或計畫，但另一些孩子則會感到害怕或是過度興奮，需要更多協助，幫他們找到有效的方法分散注意力。

請記住：仔細選擇你堅持的原則，確認哪些問題不可妥協，哪些可以。每個家庭都不一樣，有些父母堅持參加教堂活動，但這對其他人而言並不重要；凌亂的房間會讓一些父母抓狂，但其他父母則不在乎。如果我們想要，「任何事」都能變成戰爭，你務必為真正重要的事節省精力。

然而，這並不意味，如果一場戰爭很重要，就可以「控制」和「懲罰」；使用正向教養的方法，可以消除大多數的拉鋸戰。你是否注意過，有多少親子之間的拉鋸戰，是因為「父母試圖控制每個細節，而不是去確認真正重要的事情，並花時間讓孩子盡可能地參與擬定解決方案」所導致。有效的管教包括：知道如何預防問題，以及在問題發生時如何處理。

Point

*如果我們想要，「任何事」都能變成戰爭，你務必為真正重要的事節省精力。

花時間教導

預防問題總比出了問題再來反應來得好。通常，坐下來與孩子「交談」就可以避免問題——解釋你的觀點、確認孩子理解，最重要的是「教導」；教導不僅有鼓勵的作用，而且是一種有效的管教方式。

例如，教導解決問題的技能很重要。孩子不是生來就知道如何解決爭執，如果手足之間爭吵，其用意在於引起你的注意（還記得錯誤行為目的嗎？），而你卻忽略時，也許會奏效；但如果你沒有教導孩子如何解決問題，或如何進行妥協，孩子之間的爭論也許就會無止境地繼續下去。總而言之，如果是以正向、尊重的方式來進行，事前的討論並不會變成囉嗦或警告；請讓孩子參與討論，而不是對他們不斷地說教。

我們一再強調，「讓孩子參與」有多麼地重要，這不僅能教會孩子寶貴的技能，也能讓他們因為幫忙制定規則或解決方案，而更願意合作。我們已經討論過，讓孩子透過家庭會議和腦力激盪，來尋找解決方案的重要性；這是一種最好的方法，不但可以教導孩子何謂適當的行為，也能傳授使其受益一生的技能。另外，你可以透過「讓孩子參與創立日常慣例表」來完成許多工作。

日常慣例表

我們已經知道，說教和懲罰只會招來孩子的抵抗和叛逆；然而，大多數的單親父母，還是會在早晨、就寢、吃飯、做功課時，不斷地以說教或懲罰的方式來對待孩子。這些問題都可以透過「讓孩子參與制定日常慣例表」來預防；要記住，「讓孩子參與」是非常關鍵的一環。

在家庭會議中，讓孩子在你們經常產生摩擦的問題上，一起進行腦力激盪。「就寢時間」是一個不錯的起點。與孩子一起坐下，列出所有在就寢前必須完成的事情，以及完成這些事情的順序，然後拿出白板、紙、筆、雜誌、剪刀和膠水，讓孩子在雜誌上找到代表每項任務的圖片；如果孩子的年紀夠大，你們可以輪流在白板上寫下這些項目，並為每項任務留出黏貼圖片的空間。

製作完日常慣例表後，讓孩子找個可以掛白板的地方，使每個人都能輕易看到。慣例表現在是「老大」，不要告訴孩子下一步必須做什麼（這會引發他們抵抗和爭論），而是問他們：「慣例表上的下一步是什麼？」他們樂於告訴你，也樂於遵循自己幫忙建立的慣例。

當然，當孩子在另一個家與另一名父母共度時光時，慣例會有所不同；你不必為此擔心，孩子們非常靈活，可以在不同情況下學習不同的技能。

給非監護父母的話

你也許會說：「但我很少看到我的孩子，他們大部分時間都是由另一位父母負責管教。我做什麼真的重要嗎？當我只有在週末見到孩子時，我有辦法影響他們嗎？」

無論你是否為監護父母，管教孩子的方法都很重要。無論你看到孩子的頻率為何，你都有機會在自己的家庭中，創造一個可以為孩子培養責任感的環境；即使每個月只有一個週末，身處在一個充滿正向、鼓勵和尊重氣氛的家庭中，也會對孩子產生良好的影響。重要的是，你與孩子一起度過的每一刻，無論時間長短，你都可以盡力做到最好。請仔細檢視自己的管教方法，說不定，你其實不須花太多時間「管」孩子，而是盡可能留更多時間享受親子時光！

使用自然後果和邏輯後果

你可以為孩子創造正向教養的環境，讓他提前了解行為的後果，這將鼓勵孩子利用這些認知，決定下一次該怎麼做。例如，睡眠不足的自然後果，就是隔天感到疲倦；經歷過疲倦的孩子，也許會更願意在「你請他上床睡覺」時合作——當然，除非你說教和責罵，將這個「討論」變成一場拉鋸戰。

丟失玩具的自然後果，是失去玩具——從痛苦的教訓中學習，是教導孩子「注意管理所有物」最好的方法之一，尤其是當你對孩子的失望表示同情，而不是對他說教：「我早就告訴過你」。只要父母避免落入以下四個陷阱，孩子就能從自然後果中學習承擔責任。

導致「自然後果」失效的陷阱

- 責罵與羞辱
- 增加懲罰
- 修復或拯救
- 不願表現同理心

責罵和羞辱。孩子在不受威脅的環境中，學習效果是最好的。有關大腦的研究表示，具有威脅性的經歷，會導致孩子（和大人）的大腦回到邊緣系統[13]，那裡只有兩條訊息：戰鬥或逃跑。當孩子專注於戰鬥（通常以爭論、捍衛、反叛的形式表現）或逃跑（通常以退縮的形式表現，包括情感或身體層面）時，將如何進行正向的學習？

父母也許認為，責備和羞辱會促使孩子停止錯誤行為，但即使這樣做有效，孩子將感到受挫，自尊心也會變得低落。責備和羞辱使人們將注意力從「行為」本身，和「從錯誤中學習的機會」上轉移開來，取而代之的是，孩子會因為你口頭的羞辱或辯護，而對你生氣；最糟糕的是，他也許會真的認為自己是個「壞孩子」。

增加懲罰。大多數父母在使用懲罰時，都有良好的意圖；他們認為懲罰將停止錯誤行為，而且通常短時間內有效。然而，父母常常不了解懲罰的長期影響——怨恨、叛逆、報復、退縮，使得孩子變得偷偷摸摸或自卑，甚至欺負年幼的手足或任何少數和弱勢的人。「懲罰」會讓孩子學到如何扯平、避免被抓到，或傷害他人，而不是教導孩子面對選擇的後果。

修復或拯救。當父母照顧或保護孩子時，孩子不會學到選擇的後果。只有在父母帶領孩子探索事情發生的經過、發生的原因、可從中學到什麼，以及他們有什麼想法來解決問題，或將來避免再發生時，孩子才能有所學習。

「懲罰」是一種無效的極端方式，而「修復或拯救」是另一種無效的極端方式；幫助孩子從他們的選擇中學習，是邏輯後果真正的含義。當大人表達同理、但不干涉時，孩子會學得最好。

不願表現同理心。父母可以表達同理心，但不陷入前三個陷阱中的任何一個；你可以說：「我看得出你一定很不開心。」說到這裡就停下來！大多數孩子在做出錯誤的選擇時已經很難過，這時，責備、羞辱、懲罰、修復或拯救都無濟於事——這些方法都在將人們的注意力從行為上移開。真正能夠幫助孩子的做法，是協助他探索面對後果的感受，並傳達你對這些感受的重視；當孩子感受到支持，就能避免「抗爭或逃跑」的反應，並利用大腦皮層[14]進行推理和學習。在安全和鼓勵的環境中，孩子才能達到最有效的學習。

---

13 邊緣系統（limbic system），大腦裡專門處理「情緒」功能的結構。

14 大腦皮層（brain cortex），由神經細胞組成，掌控語言、邏輯、思考等功能。

Point

*「懲罰」會讓孩子學到如何扯平、避免被抓到，或傷害他人，而不是教導孩子面對選擇的後果。

邏輯後果

有時行為沒有自然後果，或自然後果是無法被接受的（例如：在車水馬龍的街道上玩耍），在這種情況下，父母可以用「邏輯後果」來取代——沒有把玩具撿起來的邏輯後果，也許是失去幾天玩玩具的特權。如前所述，孩子喪失特權應該要與他們不願意承擔責任（要收拾玩具）有關。

你在取消孩子的特權時，請務必遵循這個規則：「讓我知道你何時準備好承擔責任，你就能再次享受特權。」當孩子承諾要負責，卻不遵守承諾時，你可以保留特權，直到你和孩子擬出可行的計畫為止。

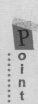

讓孩子參與擬定計畫、決定後果和解決方案的過程

使用自然後果和邏輯後果，是父母讓孩子參與教養過程的有效方法，它著眼於孩子未來的行為，與孩子討論他們所選擇的行為產生的結果（不論好壞），並預先設定好合理、尊重和與行為有關的後果。

例如，當孩子經常在吃晚餐時遲到，父母可以尊重並溫和地告訴孩子，晚餐在六點鐘開始，如果孩子選擇不回家吃飯，他的下一餐就是早餐；父母可以問孩子對這種安排有何感想，或是有哪些做法能幫助他準時回家。如果孩子選擇晚回家，父母可以用關愛、有尊嚴和堅定的態度，貫徹執行兩方所同意的後果，而不是生氣和怒吼。

如果你在貫徹執行雙方同意的後果，但孩子卻因此感到沮喪時，對他表達同理。你可以透過幫助他探索發生的事情，從中找到更好的方法；你也可以邀請孩子將問題放在家庭會議的議程上，以便家庭中的每個人（即使只有兩個人）可以一起進行腦力激盪，尋求可能的解決方案。這種教養方法教導孩子負責任的技能，這對孩子是否能在社會中取得成功至關重要。

只要父母避免陷入下列三種陷阱，孩子就能從邏輯後果中學習到責任感。

導致邏輯後果失效的陷阱

- 使用「無關」、「不尊重」和「不合理」的後果
- 事前沒讓孩子幫忙決定邏輯後果，或沒讓孩子知道邏輯後果是什麼
- 在執行後果時，沒有保持「溫和且堅定」的態度

使用「無關」、「不尊重」和「不合理」的後果。許多父母罰孩子「禁足」或剝奪他的特權——一些與錯誤行為無關的懲罰方式。例如，因孩子沒有做作業，而沒收孩子的腳踏車，這兩者是無關的，也是不尊重、不合理的，以後也許會引起孩子出現更多的錯誤行為；相反地，與孩子一起制定計畫，協助他完成家庭作業會更有用。當孩子不願承擔收拾玩具的責任時，拿走玩具也許是合理的，但請以溫和且堅定的態度來執行，不要責備和羞辱。

事前沒讓孩子幫忙決定邏輯後果，或沒讓孩子知道邏輯後果是什麼。讓孩子參與決定後果的過程很重要，畢竟，當孩子有發言權時，他們會更有動力去遵守規則。如果讓孩子有機會參與，他們會提出解決問題的創新方法（請參閱第九章「家

庭會議」）；而他們對有效後果的想法，也許會包括對他們來說重要的事情——一些你可能從來沒想過的事情。

在執行後果時，沒有保持「溫和且堅定」的態度。溫和且堅定會創造一種支持的氛圍，讓孩子可以在這環境中正向學習。大多數父母的問題，是他們過於溫和而不堅定（縱容），或過於堅定而不溫和（過度控制）；溫和表示對孩子的尊重，堅定則表示對必須做的事的尊重。

孩子經常會踩到我們的底線，讓我們回到大腦的邊緣系統，這時唯一的選擇不是抗爭就是逃跑，也難怪孩子會有樣學樣。

我們必須深呼吸或積極暫停一段時間，直到可以進入大腦皮層，同時保持溫和且堅定為止。

如果我們不以溫和且堅定的態度來執行，而採取憤怒、說教或責備的方式，那麼，原本合乎邏輯的後果就會變成一種懲罰。

Point

*如果讓孩子有機會參與，他們會提出解決問題的創新方法（請參閱第九章「家庭會議」）；而他們對有效後果的想法，也許會包括對他們來說重要的事情——一些你可能從來沒想過的事情。

關於後果的重要須知

許多父母喜歡「放棄懲罰並使用邏輯後果」的想法，但當你在使用邏輯後果時，請牢記兩件事：首先，在邏輯後果和懲罰之間存在一條微妙的界線，許多父母以邏輯後果為名來進行懲罰，但這種偽裝並非好事，孩子會知道兩者之間的區別，無論你偽裝的懲罰方法是什麼，孩子都會因為這些方式而感到灰心；只有當父母使用真正的邏輯後果時，孩子才能學到有助其培養自尊心的責任感。

其次，請勿以為邏輯後果是「解決每個問題的方法」。在本書中，我們提出了許多非懲罰性的教養方法。我們最喜歡的是家庭會議，家庭中的每個成員一起努力，討論邏輯後果，並著手解決問題；我們喜歡的另一個方法是，溫和且堅定的貫徹執行。

你還須記住，在執行後果時，要遵守每個父母都相信的規則：「說到做到」。不要告訴五歲的孩子「如果他現在不去車上，你就會把他丟下，自己去奶奶家」。他和你都知道，奶奶住在另一個城市，你不會讓他獨自站在車道上；如此空洞的威脅傳達給孩子的訊息是「父母說的話只要聽一半就好」，而這並不是一個建立信任的好方法。在確定後果之前，確認你願意並且能貫徹執行。（這反過來也適用於：如果你對孩子做出承諾，也請盡力做到！）

Point

＊許多父母以邏輯後果為名來進行懲罰，但這種偽裝並非好事，孩子會知道兩者之間的區別。

確定你的做法，並貫徹執行

無論子女之前是否參與決定，一旦確定了後果，重要的就是「貫徹執行」。當然，當你貫徹執行時，要以有尊嚴和尊重的方式來進行；請注意，這表示不能包括懲罰、說教、責備或羞辱。在決定做法時，確保你採取的行動與孩子的行為密切相關，並且在執行的過程中，保持「溫和且堅定」的態度。

比爾・哈德利告訴孩子們很多次，收拾玩具是他們的責任。有一天下午，當他第三次整理遊戲間時，他把孩子叫過來，並告訴他們：從現在開始，如果他們不把玩具收拾好，他會幫忙收拾，然後玩具會直接被裝進盒子裡，放到架子的最高處，並在一週內寄給「善意企業」（Goodwill）。

因為每個人都會犯錯，比爾決定把玩具放在盒子裡一週；如果孩子們對失去他所收拾的玩具感到難過，他會說：「你要讓我看到，你在一週內都可以收拾好自己的玩具，那麼我會再給你一次機會試看看。」他說明了新規則，並確定每個人都同意，但是比爾很務實，他預期會出現一些問題，而這些問題確實出現了。

第一週，他很生氣地看到孩子們依舊亂丟東西。因為他一直在幫忙收拾玩具，並將它們放在架子的高處，顯然，孩子們並不特別在意「玩具是不是會被送給『善意企業』」。比爾很有智慧，知道孩子不關心玩具是他的問題，而不是孩子們的問題；他顯然給孩子太多他們不喜歡的玩具了，他決定不再為孩子購買任何玩具，除非他們對某項玩具特別渴望，並願意幫忙存錢購買。

儘管如此，給「善意企業」的盒子還是很快就裝滿了。全家人意外地發現，這是一種奇妙的方式，可以清理掉不需要的舊玩具！過了一段時間後，剩下的都是孩子們經常使用並想要保留的玩具。當玩具被亂放時，比爾只要說：「你要把玩具撿起來，還是由我來？」孩子們現在已經意識到，爸爸會堅持邏輯後果，如果自己不收拾玩具，玩具就會被送走，於是開始爭先恐後地收拾自己想留下來的玩具。比爾真的曾經將孩子想要的玩具送給「善意企業」嗎？只有一次，而這就足以教導孩子，當他們選擇不把玩具收好時，會面臨什麼樣的後果。

比爾是「惡劣」的父親嗎？比爾・哈德利是一位負責任的父親，他在事先與孩子討論過的事情上，使用邏輯後果，決定他的做法並貫徹執行。

什麼是貫徹執行？

貫徹執行看起來也許類似邏輯後果，但兩者之間的重要區別是：邏輯後果使孩子能夠體驗自己選擇的結果；貫徹執行則要求父母根據孩子的選擇，決定自己的做法——唯有父母在場貫徹執行其決定時，這個方法才適用。

當孩子還小時，要做到「貫徹執行」很簡單——只要是你說出口的事，就要做到；在你說到做到時，保持溫和且堅定的態度；或者，就像魯道夫・德雷克斯曾說過的：「安靜地行動。」為了示範如何對孩子採用貫徹執行的方法，我們將描述兩種場景：場景一，描述一位母親採用典型懲罰性的管教方式；場景二，描述另一位母親使用貫徹執行的方法。

場景一：就寢時間，五歲的珍妮佛坐在地板上。她的母親愉快地說：「親愛的，現在該把蠟筆收起來了，準備上床睡覺。」

珍妮佛繼續著色。媽媽的聲音開始有點緊繃：「珍妮佛，妳聽到我說的話嗎？現在該準備睡覺了，把蠟筆收起來。」

珍妮佛還是繼續著色。媽媽用非常緊繃的聲音說：「珍妮佛！我數到三，如果妳還不把蠟筆放下，就要被打屁股喔！」

珍妮佛繼續著色。媽媽開始倒數，當數到三時，她開始朝珍妮佛走過去，珍妮佛驚慌失措地收拾蠟筆，媽媽還是打了她，並把她拖到房間裡；珍妮佛哭了，媽媽說：「這是應該的，當我告訴妳做某件事時，為什麼不聽我的話？現在就上床睡覺，今晚沒有故事聽！」

珍妮佛在睡著前哭鬧了十五分鐘，媽媽真希望當年沒懷上她。

場景二：現在是就寢時間，五歲的貝琪坐在地板上。她的母親愉快地說：「親愛的，現在該把蠟筆收起來了，準備上床睡覺。」

貝琪繼續著色。媽媽安靜地走向貝琪，伸手抓住她的手；貝琪試圖掙脫，說：「讓我完成這一頁。」

媽媽不說話。她給貝琪一個善意的眼神，堅定卻溫和地將她從地板上拉了起來。貝琪開始抱怨，媽媽說：「妳想自己挑睡前故事，還是想讓我挑？」

貝琪噘著嘴說：「我要自己挑。」

媽媽說：「很好，當妳準備好上床睡覺時，叫我一聲，我八點前都可以來讀故事給妳聽。妳越晚上床睡覺，我們讀故事的時間就越少。」

貝琪知道媽媽會說到做到，所以她盡快地爬上床。當媽媽唸完故事後，她告訴貝琪：「今晚妳沒有收拾蠟筆。明早妳可以在去幼兒園之前，將它們撿起來，否則我會把它們撿起來放在高高的書架上。」

如果貝琪沒有收拾蠟筆，媽媽就按照自己所說的做。貝琪和媽媽已經同意，當任何玩具出現在書架上，貝琪必須至少兩天負責任地把玩具收好，來證明她願意收拾玩具。

如果年紀較大的孩子能夠一起參與一些初期的討論，貫徹執行會更有效；只要孩子夠大可以參與決策，我們建議你進行「有效貫徹執行的四個步驟」，如同以下的範例。

十五歲的凱倫說她會清理廚房，但她只在父親吉姆罵她，並威脅要罰她禁足一週時才做，否則她很少真的會做。

在經過一次特別激烈的爭吵後，吉姆意識到，他的方法效果不好，因此決定嘗試在家長課程中學到的技巧——貫徹執行。他問凱倫是否願意一起設想解決方案，結束兩人在廚房上的拉鋸戰。凱倫無奈地同意了；她原本預期又會聽到一頓教訓，而且不確定這個新方法代表什麼。

「凱倫，我真的很想聽聽妳對清理廚房的看法。妳認為，這對妳來說是一項太繁重的工作，是不公平的工作，還是妳太忙了？」當凱倫聽到父親如此真誠地表達時，她感到驚訝。

凱倫煩躁不安地說：「不，爸爸。我知道應該這樣做，我一直想做，只是忙到忘了。」

吉姆說：「我直覺也許還有其他原因。我在妳不聽我的命令做事時，一直都以很霸道且羞辱的方式來對待妳；難道妳是藉此向我表示，如果妳不願意做，我不能強迫妳嗎？」

凱倫羞澀地笑了。吉姆笑著說：「我是這麼認為的。我記得自己也有過同樣的感覺，我不怪妳；事實上，當我在思考這件事時，我不得不佩服妳拒絕接受這種方式的勇氣。我真的很想停止自己的霸道和羞辱，妳願意與我一起以互相尊重的方式合作嗎？」

凱倫說：「爸爸，這聽起來不錯。」

吉姆停頓了片刻，「妳願意跟我一起針對廚房的問題，進行腦力激盪，想出解決方案嗎？我有一個建議，我們兩個都可以另外兼一份差，賺足夠的錢來僱用女傭。」

凱倫大笑著說：「我們可以不用清理廚房，每晚吃披薩。」

吉姆補充說：「我們可以嘗試騙妳的朋友來清理。」

凱倫沉默了一會兒，「或是就讓我來清理。我知道我答應過，而且我也沒幫忙做什麼其他的事情。」

吉姆說：「好吧，如果妳真的願意，並且不覺得自己被霸道的老爸強迫，這是我更喜歡的解決方案。妳是否同意為它設定期限？除非妳在期限內沒有完成，不然我不會說任何一句話。」

凱倫說：「星期天晚上如何？」

吉姆搖搖頭微笑：「如果廚房能在週六之前變乾淨，我將更能享受週末。」

凱倫嘆了口氣：「好的，我會在星期五之前完成。」

吉姆問：「星期五幾點？」

「老爸！我會在星期五之前做完的。」

「如果最後的期限很明確，我更容易閉嘴不囉嗦。」

「好吧，好吧。星期五晚上六點，怎麼樣？」

「聽起來很好，孩子。」

很快地，到了下個週五的晚上六點鐘。廚房裡像個裝滿髒盤子和廚餘的迷宮，而凱倫在電話上開心地聊天；吉姆並不驚訝，這在他的預料之中，他準備使用貫徹執行。

當凱倫掛斷電話時，吉姆將手放在她的肩膀上說：「凱倫，現在是六點，廚房還沒有打掃乾淨。」

凱倫說：「噢，爸爸，我必須和香農談功課的事，我待會再做。」

吉姆只是說：「我們的協議是什麼？」

凱倫動來動去，聲音中有些不耐煩：「拜託，爸爸，別這麼嚴肅啦，我打電話給香農之後，就會馬上做的。」

吉姆只是微笑著，給女兒一個會意的笑容，然後指著他的手錶；凱倫噘著嘴：「好吧，好吧！我現在就去，你真是嚴格！」

吉姆決定不理會凱倫的無禮和惱怒，他說：「謝謝，凱倫。我非常感謝妳願意遵守我們的協議。」

有效貫徹執行的四個步驟

- 進行善意的溝通，每個人都可以表達自己對問題的感受和想法
- 一起腦力激盪，尋求可能的解決方案，並選擇大人和孩子都同意的解決方案
- 同意設定的期限（精準到「幾點幾分」也沒關係）
- 貫徹執行到孩子遵守協議為止

有些父母會說：「我的兒子或女兒不會那麼簡單就退讓。」但我們卻認為，當我們遵循「有效貫徹執行的四個步驟」，並避免以下「讓貫徹執行無效的四個陷阱」時，即使孩子不是特別願意，也會合作。

讓貫徹執行無效的四個陷阱

- 期待孩子對事情的優先順序與大人相同
- 評斷和指責，而不是聚焦在問題上
- 事先未達成（非強制性的）協議，也沒有擬定截止期限（對於年紀太小，還無法進行協議的孩子來說，不必進行這個步驟）

沒有維護孩子和自己的尊嚴，並保持尊重的態度

如果你重新閱讀凱倫和她父親的例子，你會發現，吉姆並不期望凱倫會因為清理廚房而感到開心；當吉姆意識到這點時，他想到許多凱倫會優先考慮的事情——長了青春痘；在拿到駕照後該如何買車、如何找到一份支付保險和油錢的工作；在不被稱為書呆子的情況下，要做多少家庭作業；關於毒品、性和大學；擔心自己是否會有約會，或朋友對她的看法。清理廚房絕對不在這份清單的前一百名內，然而，對凱倫而言，以有意義的方式為家庭做出貢獻仍然很重要。

請注意，吉姆避免了評斷和指責，而只是堅持協議；凱倫說的話越多，父親說的就越少，他只是給了她一個會意的微笑，並指著他的手錶。這是有效的，因為凱倫知道她已經同意了截止期限；在整個貫徹執行的過程中，吉姆對女兒和他自己都抱持著有尊嚴並尊重的態度。

有些人反對貫徹執行，他們說：「我們不想提醒孩子遵守他們答應過的協議，我們希望他們能在沒有任何提醒的情況下，自己承擔責任。」

對於這些人，我們提出三個問題：你是否注意到，孩子在遵守對其重要的協議

上，表現得有多負責任？你認為，打掃廚房或修剪草坪，對他們真的很重要嗎？如果你不花時間以尊嚴和尊重的態度提醒他們，是否把時間花在批評、說教和懲罰孩子不遵守協議上呢？

即使對他們來說這些事情不重要，但重要的是，無論如何都要讓他們做，並藉此教導責任感、相互尊重和共同貢獻。與責罵、說教和懲罰相比，貫徹執行需要花的精力更少，並且更充滿愛和建設性。

如果大人期待孩子會透過自己的意志，主動選擇遵循大人的優先事項，那就是違背常理的認知；年輕人非常善於運用自由意志，不過是用來遵循自己的優先事項！貫徹執行是一種尊重孩子，又可以幫助孩子達到大人期待的方法。

一旦我們了解孩子有自己的優先順序，但仍必須遵循我們所認定的一些優先事項時，貫徹執行可以使教養變得愉快、神奇和有趣；我們可以看到孩子做的事是伶俐的、讓人佩服且正常的，而不是懶惰、不體貼和不負責任。

貫徹執行讓父母表現主動和體貼，而不是被動和不顧及孩子；貫徹執行教導孩子對家庭做出貢獻的重要性，同時用「尊重」賦能孩子。在下面的例子中，另一名母親提供了貫徹執行的不同做法。

卡門．魯伊斯對她十七歲的女兒妮塔「總是把早餐吃完後的碗留在房間裡」這件事，已經囉嗦很多次了。她曾在妮塔的房間裡找到多達七個以上的碗，而殘留在碗裡的穀物都硬掉了，變得很難洗；在其他家庭成員需要一個乾淨的碗時，不得不翻箱倒櫃地找，這並不是一件稀奇的事。

有一天，卡門責罵妮塔不體貼，妮塔說：「對不起，媽媽，只是我忙於上學、打工、做功課和上舞蹈課。我需要一些時間交朋友和放鬆，我只是一直忘了把碗拿出來。」

卡門突然意識到，妮塔說的是真的，妮塔是個非常忙碌的青少年，生活承受著很大的壓力。媽媽想起妮塔經常為她做的差事、她一貫開朗的態度，以及她對自己該做的事情抱持的責任感。

卡門嘆了口氣，然後微笑了，「親愛的，妳是對的。妳的生活中確實有很多事情要做，而妳都應付得很好，我真為妳感到驕傲；我不會再針對碗這件無聊的事囉嗦了，這樣吧，當我注意到時，我會把它們拿回廚房，放到水裡浸泡一會兒。能為妳做這件事讓我感覺很好，也是提醒我倆，我有多愛妳。」

妮塔充滿驚喜和感激地看著她的媽媽，「謝謝，媽媽。我會加倍努力，但我非常感謝妳的理解和支持。」

卡門感覺好多了。現在把碗拿起來，比囉嗦並因此煩躁來得容易多了。

在其他的情況下，卡門為女兒做太多事情也許不適合；但是，在這種情況下，妮塔並沒有利用卡門，她大部分時間都是一名非常負責任的青少年。

Point

*與責罵、說教和懲罰相比，貫徹執行需要花的精力更少，並且更充滿愛和建設性。

積極暫停

「暫停」被大多數父母以「負面」的方式使用。例如，「小姐，回去妳的房間，反省妳自己做了什麼！」那麼，這位「小姐」坐在她的房間裡，會怎麼想呢？我們猜她不會反省自己的所作所為，而是在想著父母剛剛做的事，或是「她將如何討回公道」，還有「如何避免下次被抓到」。

當父母記住「孩子在感覺良好時，會做得更好」，而且管教的目的是為了「教導」時，「積極暫停」就更有意義了。積極暫停的目的是在幫助孩子學習一項寶貴的生活技能——亦即如何冷靜下來，直到可以理性思考，然後做得更好。

如果孩子能幫忙一起創造出一個「感覺良好的地方」，積極暫停會最有效果。於是，當孩子出現某種錯誤行為時，你可以問：「你去這個感覺良好的地方待一下，會對你有幫助嗎？」如果孩子們幫忙創造這個「感覺良好的地方」，並認為這對他們有幫助，而父母也認識到，這只是眾多有效的管教工具之一時，孩子就更有可能接受積極暫停。

我們已經提出過幾種取代懲罰性管教或縱容的方法，這些非懲罰性的方法有助於改變孩子的行為，同時讓每個人都能保有尊嚴並受到尊重。自然後果和邏輯後果、貫徹執行，以及其他形式的非懲罰性管教，是幫助孩子發展生活技能，培養良好自我感受的有效方法，同時也教導他們透過「負責任」來成為一名對社會有貢獻的人。

Chapter 13

在單親教養之外的事

好好照顧你自己，學會與孤獨共處

獨自一人也許是一件好事，它可以幫助我們發展自己的優勢。如果我們願意的話，獨自一人可以帶給我們機會去探索自我，發展新的觀念和能力。

獨自撫養子女的頭幾個月（甚至數年）也許很忙，尤其是剛開始，必須投入大量的時間和精力；但儘管如此，最終塵埃將會落定，生活將會慢慢上軌道。到了某個時刻，單親父母也許會開始反問：「那我呢？我自己沒有需求嗎？」

有時候，單親父母容易只把注意力放在「孩子」身上，孩子是我們的首要任務——為他們提供生活所需，讓他們成長茁壯，並維持生活的平穩。有時，我們沒意識到，要成為一名健康、有用的父母，我們首先必須是一個健康、有用的人。這聽起來像是一項艱鉅的任務；你會想知道，我去哪裡能找到「生活」的時間和精力？

社交生活經常是夫妻雙方一起參與的事，當你離開一段伴侶關係時，很容易感到孤獨、與眾不同，好像自己是個異類。如果你已經結婚很久，可能很難適應自己一個人的生活；你大部分的身分都與伴侶以及過去的生活形式扣在一起，因此單打獨鬥的場面也許太嚇人了，而且要做的事情太多。

單親父母也許還會發現，自己要面對從未做過的工作和角色。弄清楚所得稅也許會使單親媽媽感到害怕，因為以往總是前夫幫忙處理；而照料女兒的穿搭和髮型，也許會使單親爸爸感到困惑；生活方式發生了巨大的變化，從未真正擔心過錢的成年人，突然發現自己正奮鬥著維持生計，無法享受他們以前認為理所當然的活動和樂趣。所有的單親父母都不可避免地發現：自己渴望一點空閒時間、獨立性和成人之間的對話。

你能否扮演好單親父母的角色，完成你必須做的所有工作，而仍能找到時間過健康的成人生活？你不僅可以，你也必須！照顧好自己是你最重要的工作之一。

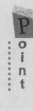

Point

＊社交生活經常是夫妻雙方一起參與的事，當你離開一段伴侶關係時，很容易感到孤獨、與眾不同，好像自己是個異類。

尋找改變的勇氣

你可以採取許多不同的形式來照顧自己，讓我們來看看以下的實例。

對卡羅琳而言，她的生活正面臨一場徹底且痛苦的改變。卡羅琳已經結婚十五年了，有兩個可愛的孩子——保羅和謝麗爾。在卡羅琳的婚姻當中，她的丈夫會決定所有關於財務和工作上的事；史蒂夫是一名忠實的丈夫，也是個善良的人，他們兩人從來沒有對「誰作主」有任何疑慮；卡羅琳除了努力做家事、在孩子學校裡的家長教師聯誼會（PTA，Parent-Teacher Association）盡心力之外，結婚後從未擁有過一份正職工作。

漸漸地，卡羅琳意識到自己在婚姻中「失去自己」，她是丈夫的妻子、孩子的母親，但她不確定「卡羅琳」是否還存在；她開始覺得這些熟悉的角色，對她來說已經不足以讓她感受到「自己」，她感到窒息。保羅和謝麗爾進入青少年期，忙於交友和學校活動，而史蒂夫忙於工作，對卡羅琳似乎不感興趣了（除了關心她準備了什麼晚餐）。

卡羅琳向史蒂夫提議一起去做婚姻諮商，但他不感興趣。卡羅琳嘗試找一些嗜好或參加俱樂部；她也試圖參加史蒂夫的活動，但收效甚微，史蒂夫幾乎不能忍受跟她一起打高爾夫球，而她也不懂怎麼打網球，她似乎做什麼都沒有用。

卡羅琳顯然必須負責自己的生活。當她對丈夫說要離婚時，史蒂夫反駁說：「如果要離婚，妳就必須搬出去。」他相信卡羅琳不會離開；但卡羅琳拿走了他們的一些積蓄，找到了一間小公寓，然後搬家，讓她先生（和她自己）感到驚訝。

卡羅琳已經十五年沒有工作了，很久沒領過所謂的「薪水」！她只有受過高中教育，沒上過大學，也沒培養任何實用的技能，而且她知道，自己無法透過學校的義賣、園遊會和其他活動來謀生。這是一個可怕的情況，但她感受到的機會和自由令人振奮，於是她決心改善自己的生活。

第一年是最困難的，有時她的不安全感很重，感覺自己被徹底擊敗了；有時，她很想回到之前的生活，但她一直記得在婚姻裡的不安，還有要照顧自己的決心，她知道自己無法回去。她在一家百貨公司找到一份工作，並且比其他人都更加倍努力，因此獲得晉升百貨公司經理的職位；兩年後，她正式離婚，孩子們選擇和她一起生活。

卡羅琳再也沒有回頭。她盡力幫助保羅和謝麗爾適應，接受他們憤怒和受傷的情緒（以及他們後來的支持）；儘管她同時感到悲傷和內疚，但她透過了解自己的感受來學習該如何處理各種事情。

然而史蒂夫卻充滿憤怒和不滿，花了數千美元打離婚和監護權官司，當孩子選擇與母親而不是與他同住時，他感到非常生氣。卡羅琳在新生活中開始茁壯成長很久之後，史蒂夫還繼續沉溺於痛苦之中。

我們總是需要徹底的改變（例如離婚），來教會我們如何照顧自己嗎？不，當然不是。但是，「改變」可以成為催化劑，幫助我們發展新的勇氣和創造力，我們總是有機會將消極的經歷轉化為積極的經歷。如果想要有創造力，我們必須樂於照顧自己，這是構成「自尊」的要素。

Point

＊「改變」可以成為催化劑，幫助我們發展新的勇氣和創造力。

自尊？什麼是自尊？

自尊是我們看待自己的方式，包括我們認為自己是誰、我們有的能力、別人對我們的看法，以及我們是否「夠好」。每個人都有自尊，但不是每個人都有健康的

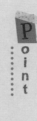

自尊；正如我們之前說過的，自我價值感會忽隱忽現，有時，使我們成為單親父母的事件和情況，會在我們的自我觀感中劃下一道巨大的傷口。健康的自尊心並不意味著「你總能感覺自己置身於世界的頂峰」，健康的自尊心可以是你應對生活起伏的能力；感到「沮喪」是正常的，但「持續感到沮喪」則是不健康自尊的徵兆。

單親父母也許因為伴侶的離開，而深陷於被拒絕和被傷害的感覺中，或因為自己選擇離開而感到內疚；光是與眾不同（例如，一名未婚婦女選擇領養孩子），就會使你感到孤立和孤獨。單親父母也許會感到焦慮，擔心自己無法養育出健全、健康的孩子，並且太過在意自己過去犯的錯誤。

人們偶爾會被「無法勝任」和「失敗」的感受困擾，但單親父母有時會覺得這些感受一直如影隨形，結果產生一種絕望感、缺乏信心和深深的挫敗感。你如果讓這些態度在你的心中扎根，將會影響到你的生活方式、行為舉止，還有你的成就——甚至影響你嘗試任何新事物的意願。

孩子也許會在親人死亡、離婚或被遺棄後感到痛苦，因為他們的世界以自我和自己的看法為中心，孩子常會以為，父母的問題是他們所造成的（無論我們對他們說過多少遍「不是那樣」）。

孩子的思維方式通常是「神奇的」；如果一個孩子對媽媽生氣，而媽媽突然從生活中消失，他會認為這一定是他的錯。感覺到父母之間關係緊張的孩子，有時會透過更多的錯誤行為，使父母忙得團團轉來吸引其注意，並透過這個過程讓他們繼續在一起；以死亡或離婚形式所呈現的「失敗」極具毀滅性，經常會讓孩子感到自責內疚。

在孩子遭受嚴重的傷害後，重建其自尊心和價值感，似乎是一項艱鉅的任務。我們如何恢復自尊心？要從哪裡開始做起？

Point

*健康的自尊心並不意味著「你總能感覺自己置身於世界的頂峰」，健康的自尊心可以是你應對生活起伏的能力。

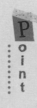

治癒你的自尊心

你可能會說：「也許某些人可以治癒，但我還是會有低落的感覺。」你也許不太相信感覺可以被改變（讓自己陷入困境似乎更容易）；但重要的是，你必須開始檢視你對自己和他人的信念和態度，並改變使自己無法痊癒和成長的信念和態度。請記住，孩子會效仿你的許多態度——恐懼、內疚或沮喪——儘管這是自然且不可避免的，但這將影響到你的整個家庭。

每個人都認同，孩子必須具有健康的自尊心；相信自己和自己的內在價值，才會使他們勇於嘗試新事物、冒險、應付挑戰，以及抵抗同儕壓力。我們必須記住，大多數孩子是從父母那裡學到這種價值感的；當父母以身作則，孩子將學會尊重和接受「自己是誰」。

恢復自尊心的第一步是——意識到自己很有價值，有權享有尊嚴，並按照自己的方式受到尊重。這並不意味，你沒有必須改進之處，我們所有人都在努力改善個性中的缺點和不良的習慣；但是你不必完全改善（換句話說，你不必完美），就可以成為一名可愛且有價值的人。

你可以做很多事，來治癒自己的自尊心，同時也能幫助孩子建立自尊。從你自己開始——這需要時間和耐心，但是最終，孩子會看到你充滿自信和希望地生活。

Point

＊請記住，孩子會效仿你的許多態度——恐懼、內疚或沮喪——儘管這是自然且不可避免的，但這將影響到你的整個家庭。

治癒自尊心的步驟

- 學會區分「人」與其「行為」
- 當心「標籤」和「自我打擊」的信念
- 學會「堅持自我」
- 開始確認自己
- 當你覺得合適時，不要害怕改變
- 學會珍惜當下

學會區分「人」與其「行為」。你犯了錯並「搞砸了」，並不意味著你是壞人。我們通常是自我最嚴厲的批評家，當我們覺得自己做出錯誤的選擇，很快就會認為自己毫無價值。但是，我們作為人類的價值，並不受「我們所做的事情」的限制，它取決於我們是誰，而我們所有人都應該得到尊嚴和尊重的對待。魯道夫・德雷克斯經常談到「要擁有『不完美的勇氣』」，這意味著你要知道：我們所有人（無論是父母或孩子）都會犯錯，而期望完美只會導致失望。

正如我們所說，錯誤是學習的絕佳機會。當我們這麼看待錯誤時，生活會變得容易許多；當你犯錯時，學著原諒自己，拍拍身上的灰塵，然後再試一次。

當心「標籤」和「自我打擊」的信念。當我們不斷聽到關於「我們是誰」以及「我們是否有能力」的訊息時，大多數人會選擇相信這些訊息——它們常常成為我們看待自己和世界的一種方式，以至於我們不了解這些訊息對我們的影響。孩子也會相信我們對他說的話；當我們（透過語言或行為）告訴孩子「他不好、懶惰或愚蠢」時，他會相信我們。哦，他也許還會和我們爭論，但他心裡會有聲音告訴他，如果媽媽（一個什麼都知道的人）說自己很笨，那麼自己一定很笨；很快地，他會變得灰心喪氣，因為不相信自己有成功的可能，所以不再嘗試。

令人高興的是，反之亦然。正如我們已經發現的那樣，鼓勵、正向看待、分享讚美和感謝，將幫助我們和孩子視自己為「有能力和有價值的人」（尤其是當我們也有機會體驗自己的能力時）。

這個世界經常引導我們去看重一些膚淺的事物；如果你看太多電視，很快就會以為「有價值的人是美麗、聰明、身材好、富裕、受歡迎、有才華的」，而我們和孩子也許不是。學會發現並欣賞自己和孩子的正面特質，將能使我們找到生活的重心，並感受到安全感。

有時，你以往看待自己的方式也許不正確。

格蘭特在青少年時期比其他人都還在意「身高」這件事，有很長一段時間，他幾乎沒有長高，而且比同儕矮很多，這使他感到痛苦；當他終於抽高時，他的膝蓋和腳卻經常作痛。在高中生涯的前期，他長得太矮，無法運動；到了後期，他則在雙腳的疼痛中度過。格蘭特開始相信，他就是沒有運動能力，而且永遠都不會有。

格蘭特遇見卡拉時，有機會改變他看待自己的方式。卡拉是一位狂熱的滑雪者和高爾夫球手，她想要有一個可以與她進行這些活動的同伴，而她是一位有耐心的老師。格蘭特在他們計畫第一次的滑雪假期時，強烈自我懷疑，但他後來驚訝地發現，滑雪對他來說很簡單；在進行了許多其他的運動後，格蘭特開始對自己改觀——他是一名出色的會計師，但原來也擅長運動——他的自尊心大大提升，而他高中時的記憶也不再那麼困擾他了。

小心這三個一直在折磨人的問題

- 「我做的事對嗎？」
- 「我正在做對的事嗎？」
- 「我會做出對的事嗎？」

你可以做的是，盡可能做出最好的選擇，一次邁出一小步！

學會「堅持自我」。美國有句老玩笑話這麼說：「如果沒有妨礙到你的話，我今天要堅持做我自己。」我們也許會對這個說法莞爾一笑，但事實是，當人們將「挑戰別人」誤用來「為自己挺身而出」時，「堅持做自己」就會變成一種攻擊。當你為自己挺身而出時，即使別人不同意，還是會欽佩你；當你挑戰某個人時，對方通常會覺得必須捍衛自己、退讓或報復。健康的個體最終要學會堅持自我，決定自己要做什麼，並為自己的幸福承擔責任。

英格麗和兒子伊凡一直以來都是一家兩口的小家庭。即使在伊凡的父親拋棄英格麗後，她還是選擇把兒子生下來，而且從來不後悔自己的決定。英格麗喜歡工作，也擁有很多閨密好友，但是伊凡是她世界的中心。然而，隨著伊凡進入青春期，英格麗開始遇到困難——伊凡即將成年，並希望有權自己做決定，他和英格麗爭論、和朋友吵架，然後躲在自己的房間裡很久，聽很大聲的音樂。

當伊凡躲回自己的空間時，英格麗過度想像伊凡在做什麼、發生了什麼事，以及他有什麼感受；她要不是因為自己無能「修復」伊凡的情緒問題而感到沮喪和內疚，就是憤怒並試圖說服伊凡，變回過去那個和她關係親密的孩子。

與心理治療師談話，幫助英格麗學會「堅持自我」，意識到自己不須對伊凡的感覺負責，也無法解決或控制它們；但是，她可以決定自己的做法。她學會真誠地對伊凡說：「我看得出你需要一些時間。我想幫助你，但你必須讓我知道要怎麼幫你；如果你想聊聊，我就在一旁。」然後，她會做些照顧自己的事情：散步、安靜讀一本好書，或與朋友小聚一下。

英格麗與兒子的關係，並沒有神奇地在一夜之間變好。伊凡正處於個性化和成熟的階段，無疑地會犯錯（想知道更多如何與青少年一起生活的資訊，請參見簡．尼爾森和琳．洛特合著的《跟阿德勒學正向教養：青少年篇》）。英格麗意識到，當自己不跟著兒子的情緒起舞，她就能以更好的方式支持和理解兒子；「堅持自我」並沒有使英格麗減少關心，這讓她一方面保持冷靜，另一方面也能鼓勵伊凡。

我們大多數人都以為，只有兩種方式可以建立關係——我們要不是「依賴」他人，把別人的感受和需求攬在身上，就是「獨善其身」，倔強地與他人保持距離。不過，最健康的關係其實是「相互依存」，透過信任和愛，與他人建立聯繫，使我們成為一個獨立、健全的人。學會「堅持自我」，但不將他人推開，需要時間和練習，但這將幫助你獲得寧靜、自信和真正的自尊。

開始確認自己。「確認」——我們不斷重複自己的信念，直到它們內化為堅定不移的思想——是一種強而有力的鼓勵。要有效，確認的信念就必須是我們真正相信的事，或我們願意相信的事。

弗雷德是一名單親爸爸，也是一個正在戒酒的人。弗雷德酗酒時，他的孩子們變得愛要求，以得到他們想要的東西，而且通常都能奏效。當弗雷德開始戒酒後，他期望一切都會奇蹟似地改變，但孩子們愛要求的情況並沒有停止，弗雷德知道，對他們讓步只會使事情變得更糟，但他不知道該怎麼辦。（有關戒除成癮的更多資訊，請參見簡．尼爾森、琳．洛特和瑞奇．因特爾撰寫的《復原中的教養》（Parenting in Recovery，暫譯）」。他下班後，一踏進家門，孩子就會開始囉嗦和抱怨，弗雷德幾乎快想不出辦法了。他開始認為自己付出的努力是不值得的，也許喝一杯可以幫助他面對這些困境。

有一天，弗雷德拿起電話，打給戒酒匿名會的輔導員，「我看不到希望。」他悲傷地說道。

他的輔導員輕笑著回答：「我記得那種感覺，但是，弗雷德，這會過去；不僅如此，你必須期待奇蹟會發生。」

弗雷德哼了一聲：「你是什麼意思，『期待奇蹟』？」他的輔導員解釋：「有些事情是你無法控制的，但這並不意味著，它們不會變好，你的態度和期望會帶來改變；每當你走進家門時，或當孩子開始提出要求時，試著告訴自己要『期待奇蹟』，然後看看會發生什麼。」

弗雷德表示懷疑，但他不想再喝酒；他開始注意到，當他越告訴自己「要期待奇蹟發生」時，就越不會去注意孩子的要求，也就越不會受孩子影響。他開始把自己的孩子視為奇蹟，對他們產生更多的愛意，並提議大家一起坐下來，分享這一天的生活，或是一起出去吃飯，在吃飯前玩你追我跑的遊戲；他和孩子們開始互相傾聽，交談得更多，抱怨得更少。弗雷德對如此簡單的技巧，卻產生如此強大的效果深感驚訝。

重複確認這些幫助父母修復自尊心的信念

- 「期待奇蹟」
- 「追求進步，而不是完美」
- 「即使我有缺點並且不完美，但我是一個有價值的人」
- 「一天一次，一次一小步」
- 「什麼事都會過去的」
- 「能當一名學習者是一件好事」
- 「我不是一個糟糕的父母；我只是缺乏教養技能，而教養技能可以透過學習獲得」
- 「我喜歡自己正在成為的樣子」

身為單親父母，你也許會給自己很多負面、沮喪的信息。有時，你可以在浴室鏡子前或開車時，聆聽自己內心的對話——你是否專注於正面、充滿希望的事情？還是你正在重複過去的抗爭、探索舊傷，並因為過去的錯誤批評自己？有時，簡單地養成「重複確認」的新習慣，比改變舊思維還要容易；你已經知道你需要聽到和相信什麼樣的內容，經常重複確認這些，是一種給自己正向鼓勵的方式。

當你覺得合適時，不要害怕改變。在我們的生活中，經常有一些習慣——思維和行為——使我們陷入困境。重要的是，要學會在我們的錯誤之外尋找積極的面向，接受我們的價值，同時產生改變的勇氣。

任何形式的改變，都是人類生活中最困難和最不舒服的一部分，大多數人會盡可能地抵抗它。待在舒適圈裡，或有不良習慣可能沒什麼好處，但它讓人感覺熟悉，即使我們不見得喜歡這種生活方式，但至少可預期會發生什麼。

巴特覺得自己被困在舒適圈中，但他不願意改變；他一直使用這個藉口：「我這個人就是這樣。」有一天，他的諮商師問他：「你覺得，如果你成為你想成為的人，而不是你所認為的自己，會發生什麼事？」當巴特聽到這句話時，他突然領悟了，他意識到自己不必被困住，這是他的生活，他能加以改變。

你自己會知道何時該改變。首先，你可以進行一些小的改變。例如，如果你不想對同事、親人和孩子那麼挑剔，可以開始把注意力放在他們的正面特質上；成功達到這個目標，將鼓勵你做好準備，以迎向下一個目標。

有些改變令人感覺非常地冒險，即使我們相信應該這樣做，仍然會猶豫不決。對於我們和孩子來說，搬到新城市可能是件令人恐懼的事情；換工作、回學校上課、找諮商師、開始一段新的戀情，或結束一段舊的戀情，都是生活中要鼓起勇氣面對的重大改變，大多數人一開始都會感到不安，不過，「建立支持網絡」會有所幫助（你可以找到信任的人，以及可以交流的人）。成功也是如此，做出確實可行的改變，是所有人可以得到的最佳鼓勵！

學會珍惜當下。尤其當我們處於痛苦中，我們太容易將所有的精力集中在昨天發生的事情，或希望明天發生的事情上；但是，我們的生活都發生在「當下」。生活的每一刻，都是我們必須好好享受的唯一時刻；因此，如果我們總是將注意力指向我們的後方或前方，便永遠無法真正享受當下，並可能錯過我們周遭世界，以及孩子內心和生活中所發生的事。

學著練習正念吧！當你覺得自己的思緒正在失控地設想未來，或發現自己（再次地）陷在過去的經歷中，請花時間做幾次深呼吸，讓自己集中精力。許多人發現祈禱、簡單的冥想、放慢腳步，以及專注於當下，可以幫助他們放鬆身心並保持寧靜；當我們堅定地活在當下時，將更能珍惜生活和孩子，並更全面地接受生活的許多可能性。

Point

＊當你犯錯時，學著原諒自己，拍拍身上的灰塵，然後再試一次。
＊學會發現並欣賞自己和孩子的正面特質，將使我們找到生活的重心，並感受到安全感。
＊最健康的關係其實是「相互依存」，透過信任和愛，與他人建立聯繫，使我們成為一個獨立、健全的人。
＊任何形式的變化，都是人類生活中最困難和最不舒服的一部分，大多數人會盡可能地抵抗它。
＊做出確實可行的改變，是所有人可以得到的最佳鼓勵！

為自己灌注能量

在大多數的單親家庭中，有一個角色始終受到忽略和忽視——父母。單親父母通常會發現，自己必須在工作、家事、育兒，和其他生活領域中找到平衡；大多數的單親父母提到，他們因為把時間留給自己而感到內疚，特別是如果他們將時間花在娛樂上。

但重要的是，我們要記住，當我們感到壓力、疲倦和沮喪時，將無法把「父母」的工作做到最好。想像一下，你有一個美麗的水晶瓶子，裡面裝的水代表你一整天為各式各樣的事所累積的情感能量；孩子需要你的幫助，讓他們在早晨做好上學的準備——一滴水流走了；工作非常忙碌，回程的交通狀況很糟——水流掉了一大半；你的朋友、伴侶和孩子都需要你花時間和精力——瓶子空了。這通常會導致真正的危機發生，你能在哪裡找到面對問題的能量？你將如何填滿瓶子？

我們每個人偶爾都需要停機休息一下，給自己放鬆和恢復精神的時間。父母也是有價值的人，如果你對孩子表現出「你尊重並重視自己」，孩子也將學會尊重和重視自己（也會尊重你）。

首先，每週留點時間做自己的活動（參閱第五章），學習將自己視為優先事項。如果你每天晚上在孩子們上床睡覺後，利用半個小時讀一本好書或洗個熱水澡，而不是燙衣服或打掃浴室，你將發現自己在教養和工作上，會更有精力、更少抱怨。你在這段時間裡，先把這些家事放到一旁，好好享受這個時光；最終，你會以更開朗的心情，來完成這些家事。

培養自己的創造力和獨特性。給你自己一點自由，去做你喜歡的事情——不管是園藝、修摩托車、做手工藝品、居家裝飾、玩樂器、與社區裡的家長建立一個保姆互助會，每週利用一個晚上出去看電影、參加歌唱班、打壘球，或參加舞蹈課。無論是什麼活動使你感到充滿活力或感覺活著，都要確實投入時間，定期進行這些活動。這不是自私，這是智慧。

你還要記住，你擁有身體、思想和精神，每個部分都必須得到滋養；也要注意飲食、充足的睡眠和定期運動，事實上，運動是我們知道最有效的抗憂鬱藥之一！保持大腦的活躍，也會使生活變得更加愉快。允許自己去探索、好奇和學習，你會發現，無須花費大量的時間或金錢，生活就會變得更加有趣。以對你有意義的方式，來滋養你的精神，是「灌注能量」最佳的方法之一。

然而，如同娜婷發現的那樣，改變（包括良好的改變），起初都會讓人感到不舒服。

Point

＊無論是什麼活動使你感到充滿活力或感覺活著，都要確實投入時間，定期進行這些活動。這不是自私，這是智慧。

去做就對了！

娜婷已經單身三年了。她是一位盡責的母親，育有兩個兒子，也是一位盡責的職員，她會定期去教堂活動。她的住家通常很乾淨，她會準時付帳單，而孩子們一向有乾淨的衣服換穿；但是，有一天娜婷意識到，她筋疲力盡，感覺生活沒有任何樂趣。

娜婷向同事好友提到自己的感受，她的朋友回答說：「妳以前喜歡跳鄉村舞蹈，為什麼不重新開始呢？」

娜婷很震驚，「我不能一個人去，我的孩子怎麼辦？」

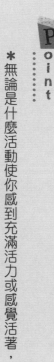

「我會照顧他們。當我想出門時，你也可以幫我照顧我那兩個孩子。」娜婷顯然很感興趣，她的朋友對她笑了笑：「妳看，星期二晚上，在市中心有免費的課程。明天是星期二，晚飯後，妳把男孩們帶過來，妳就可以去參加了！」第二天晚上，娜婷開車去市區時，儘管手掌出汗、胃部糾結，但她還是去了。要獨自走進嘈雜的舞蹈教室，是她做過最困難的事情之一，不過，一旦音樂開始，她就沒有時間緊張了，室內擠滿了人，有些是成雙成對，有些是獨自一人；當他們一起學習舞步時，娜婷發現自己在微笑，她喜歡跳不需要伴侶的排舞。在參加過幾次星期二的課程後，跟娜婷一起跳舞的舞伴都成了她的新朋友。

娜婷的同事（和她的孩子們）很快注意到，她的腳步變得輕快，笑容更加燦爛；娜婷發現，生活中的小煩惱並沒有像以前那樣困擾著她，畢竟，總是有星期二值得期待！

修復並保持自尊心需要時間和耐心，但這麼做會使你成為一名更加滿足的父母，也能為孩子樹立更健康的榜樣。

給自己成長的空間

你也許難以置信，但許多單身者發現，「學習獨立生活」為他們打開了另一扇大門，並出現自己從未預料過的可能性。這樣的場景有可能實現：一名單親媽媽在忙碌且充實的一天後，坐下來喝杯下午茶，發現自己意外地覺得「我真的很快樂」；一名父親凝視著熟睡的孩子，發現自己沉浸在以前從未感受到的溫馨中。

通常，「變化」會打破我們為自己築起的牆，並讓我們意識到：一切都是有可能的。即使你沒有選擇成為單親父母，你也會發現，自己有一天將結交新朋友、有新的工作或生涯目標，還會發現以前從未認識或探索過的能力和才華。一個人可以擁有一整個衣櫥，不用再把馬桶蓋掀起來（或放下來），還能自己選擇鮮豔的綠松石漆，或紫紅色的地毯，而不必徵得任何人的同意，這都是很有趣的經驗。

不過，孩子有時會對單親父母新發現的平靜和生活樂趣反應不良——如果媽媽過度喜歡新生活，那不是對爸爸不忠嗎？如果爸爸太開心，是否意味著他討厭媽媽？如果孩子享受與另一位父母一起生活，他們是不是就不忠於另一名父母？

當你發現生活中的積極面時，允許自己享受——隨著時間流逝，將有越來越多的積極面會出現。你也可以不要承擔過多的責任，讓孩子自己花時間調整情緒，並幫助他們了解「我們每個人都能對自己的幸福負責」。同樣地，對自己和孩子的感受保持敏銳度和一點耐心，最終會幫助「每個人」對生活產生良好的感受。

Point

＊即使你沒有選擇成為單親父母，你也會發現，自己有一天將結交新朋友、有新的工作或生涯目標，還會發現以前從未認識或探索過的能力和才華。

面對孤獨

要達到美好生活的境界，似乎還有很長的路要走，很少有單親父母不曾在孤立與孤獨的感受中掙扎，尤其夜晚時分特別困難——當孩子們終於入睡，碗洗好了，家事做完了，屋子變得安靜時，你該怎麼辦？可以打電話和某個人聊天很好，但時間已晚；去看個電影會很有趣，但在請保姆來家裡時，如何不把孩子吵醒？許多單親父母都嘗過夜深人靜時，只有電視陪伴的滋味，並且因為沒有朋友知道單親父母的真實處境（大多數朋友也許已婚），而感到沮喪。

無論是單身或已婚，每個人偶爾都會感到孤獨；但當你是單親父母時，孤獨感似乎是一個更迫切的問題。處理孤獨感必須從「檢視自己的期望」開始。有時，因為社會生活的安排似乎更適合夫婦，所以如果沒有伴侶，我們會感到不完整；而無論我們喜歡做什麼，如果獨自一人做，那就太無聊了。這麼說一來，有什麼解決方法嗎？

面對孤獨

你可以採取一些積極的方法來克服孤獨的感受：

- **建立朋友圈，抽出時間與朋友聚會。**當你感到憂鬱時，有時只要與某個人聊聊天，就能改變你的世界。
- **當你感到愉快時，列出想做的事情、想閱讀的書、想開始著手進行的計畫。**然後，當寂寞來襲時，拿出這份清單，開始逐一進行；做一些具有建設性的事讓自己集中精力，是化解憂鬱的好方法。
- **與人互動（即使你意興闌珊）。**社區中有許多需要志工的組織和團體，而許多企業都會鼓勵並留時間讓員工參與；你可以每週花一個小時在醫院或養老院當義工，或輔導學生及年輕的媽媽，參與他人的生活將為你帶來嶄新的視角。

- **花時間照顧自己**。是的，這方法也可以在這裡使用！
- **學會做自己，和自己相處**。當你單身時，很容易覺得「有個伴侶共享生活是一件更好的事情」，當沒有人抱著你、撫摸你、安慰你時，這無疑是辛苦的；但即使很辛苦，我們每個人都必須在自己的內心，找到平靜與滿足。沒有人能「使」我們快樂；如果你能在孤獨中發現真正讓你感到自在的力量和能量，那麼，當某個特別的人走進你的生活時，你將能夠與對方建立健康的關係。
- **如果需要，請尋求幫助**。若你發現孤獨和沮喪的感覺太過強烈，無法獨自面對，請尋求諮商師、牧師或支持小組來幫助你。

我們大多數人最終會了解，與錯誤的人在一起，比獨自一人更糟糕。許多單親父母忘記自己在婚姻裡的孤獨感；因為忙於解決問題，他們通常沒有時間感到孤獨。令人驚訝的是，獨自一人也許是件好事，可以幫助我們發展自己的優勢。如果我們願意的話，獨自一人可以給我們機會去探索自我，發展新的想法和能力。

獨力做到

克莉絲經常感受到單身的壓力。她已經結婚十八年了，離婚出乎她的意料之外，而且令人痛苦。克莉絲和她的孩子基思和黛比，經歷了許多艱難的調整，而她經常感到非常地孤獨，有種無可救藥的無力感。克莉絲為自己和孩子們買了一間小房子，看著它興建落成，讓她充滿了希望。然而，搬家也意味著要面臨一個又一個不斷的挑戰；她的前夫很會修東西，但克莉絲幾乎不知道怎麼拿鐵鎚，也從未被鼓勵去學習。儘管如此，安頓新家讓克莉絲和孩子們可以一起做許多事，這對他們來說很新鮮、特別，而且，這是屬於「他們」的體驗。

然而，房子裡有個一直讓她苦惱的小地方。克莉絲曾想在遊戲間裝個吊扇，但沒辦法立刻買一個來裝上；她曾要求建商為她佈線，對方做了，但完成線路後，天花板中央留下一顆裸露的燈泡，每次開燈時，醜陋的燈泡眩光，讓克莉絲感到很困擾。幾個月後，克莉絲在五金行發現了一個完美的吊扇。她的哥哥主動提出要幫她安裝，但他很忙，幾週過去了，吊扇還躺在角落的盒子裡。某個星期六晚上，當孩子們和他們的父親在一起時，感到孤獨而無聊的克莉絲終於受夠了，她看向盒子裡的吊扇。

「這會有多難？」她心想，接著把盒子撕開。

組裝吊扇花了克莉絲幾個小時的時間，她不止一次想打退堂鼓：說明書的英文語意不通，令她難以理解；吊扇很大，很難自己組裝；她的工具不足，不得不撥兩次電話給鄰居，詢問如何連接電線，以及在哪裡可以找到斷路器；甚至，她幾乎有兩次差點從梯子上跌下來。

但當她按下開關，並看到吊扇的葉片開始轉動時，她感到前所未有的興奮和成就感。成功了！更神奇的是，這完全是「她自己」做的！第二天，當她向基思和黛比展示吊扇時，他們臉上浮現的表情真是太有趣了。

對其他人來說，這似乎並不那麼重要，但對克莉絲來說，這是一個嶄新的開始。她發現，不僅可以做以前認為自己做不到的事，而且事實上，她很喜歡動手做。她開始一個人展開各種居家裝修的工作：她在孩子浴室的牆壁上畫了叢林動物；她買了一支電鑽，並在臥室的壁櫥中，多安裝了一個架子；她種了玫瑰，並在剪下第一朵綻放的玫瑰花時，感到興奮無比；她加入一個花園俱樂部，學習更多有關園藝的知識，並結識了一群很棒的新朋友。

最棒的是，克莉絲、基思和黛比利用一個週末，一起建造了一個前門的露台。他們搬了幾袋沙子，將沙子整平，並在上面鋪好石頭；他們把便宜的花園家具放在一起，掛了餵鳥器和風鈴；他們種下鮮豔的花朵，並將它們排列得像一道彩虹。

當露台完成後，克莉絲和孩子們在露台上共享一個大比薩，一邊吃著義大利辣香腸，一邊開心地笑著；突然間，克莉絲意識到一切會沒事的，這不在她和孩子的計畫裡，也不完全是她想要的，但沒關係。生活又開始恢復到美好的狀態，這是所有人最大的成就。

你會發現，單親父母的角色成為你自我認同的一部分。儘管改變和成長有時很痛苦，但你後來成為的那個人——一個給人啟發並帶來喜悅的人——不可能以其他方式蛻變而成。打開你的眼睛和心靈，嘗試享受這趟旅程（其中的顛簸、錯誤的轉彎，以及所有的一切），然後看看會發生什麼事。

Point

＊儘管改變和成長有時很痛苦，但你從來成為的那個人——一個給人啟發並帶來喜悅的人——不可能以其他方式蛻變而成。

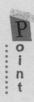

Chapter 14

單親父母的社交生活和伴侶

嘗試擁有新生活，並幫助孩子適應新關係

如果你的生活能在「自己的幸福和滿足感」，與「孩子的幸福」之間取得平衡的話，所有人都會更健康；但是，該如何為自己和孩子緩和「過渡到新關係」的過程？

戴夫度過了一個美好的夜晚。他和一位大學的老朋友外出跳舞，他從中享受到的樂趣，比這幾年在生活中感受到的還多；當他第二天早上吹著口哨時，他注意到，女兒不像平時那樣開朗，她噘著嘴，故意不看父親，而且戴夫在背向她時，可以聽到她喃喃自語。

「好吧，瑞秋。」他終於說，「妳整個早上似乎都很不高興，可以跟我說有什麼事在困擾妳嗎？」

瑞秋沉默片刻，然後很不高興地說：「爸爸，我不喜歡你出門。」

戴夫嘆了口氣，有點生氣——他們已經針對這個問題討論過很多次了。每次戴夫帶著瑞秋和自己的朋友一起參加「認識彼此」的晚餐時，瑞秋總把無助的對方搞得很悲慘；他看著女兒低垂的頭，感到一陣同情和沮喪。他可以理解瑞秋的感受，但他也盡力在當一名好父親，難道他不能偶爾享受一下自己的生活嗎？

「生活」對單親父母來說，是一件孤獨的事；獨自生活（和養育子女），就像住在堡壘中，我們在裡面停留的時間越久，出來的難度就越大。我們很難遇到對的人，變得不敢信任他人，難以克服傷害、被拒或內疚這些殘留下來的感受。

而且，這還不是全部。生活本身的問題也許已經不堪重負，如果你在一週內必須工作、做家事，和花時間陪孩子，你如何再擠出時間與友人吃晚餐、看電影呢？再說，你還得考慮花費和托育的問題。

單親父母確實需要有自己的生活，大多數的人最終都已經準備好再次嘗試約會；不幸的是，像戴夫一樣，許多單親父母也發現，他們的孩子對這個想法並不會感到特別興奮。當孩子沒有安全感時，他們經常會透過嶄新且有創意的錯誤行為來展現。

Point

*獨自生活（和養育子女），就像住在堡壘中，我們在裡面停留的時間越久，出來的難度就越大。

為什麼孩子會這樣？

其實不難理解「為什麼有這麼多孩子，對單親父母的社交生活倍感威脅」；孩子的世界建立在「他與父母的關係」，以及「父母彼此之間的關係」，當父母無論出於何種原因，決定不再在一起後，孩子們的生活、安全感和歸屬感便只依靠著其中一個父母，世界因此變得脆弱、不穩定。我們可以告訴孩子「我愛你，我永遠不會選擇離開你」，但對於世界圍繞著一個孤獨大人的孩子來說，這些話能給的安慰很有限。

孩子想抓緊父母，感受自己的所有權，嫉妒任何會轉移父母注意力的事，這很正常的。許多單親父母都有將兒子和女兒介紹給新朋友，並遭到孩子冷漠對待或完全敵對的經驗；而有些孩子則是相反的極端，他會努力不懈地尋找新的媽媽或爸爸，來填補自己和父母生活中的空白。這兩種反應都會使父母和他們的伴侶感到不舒服。

這是否意味著，你必須放棄「擁有自己的生活」的想法？或只在孩子不在身旁時才出門？單親父母很容易選擇兩種極端的回應方法：要不是對孩子的情緒完全不敏感，就是對孩子的要求反應過度，進而使自己被操控，表現出不當的極端反應。

那麼，單親父母到底該如何為自己和孩子緩和「過渡到新關係」的過程？

Point

＊孩子想抓緊父母，感受自己的所有權，嫉妒任何會轉移父母注意力的事，這很正常。

你想要自己的生活：幫助孩子適應

莫妮卡最近遇見一個令她心動且風趣的人。當她告訴孩子（十三歲的傑西和九歲的薩曼莎），她計畫與新朋友一起參加郊區的音樂會時，掩不住自己的熱情和幸福。當傑西以命令的語氣宣布：「你不能和這個男人一起出城」時，她感到震驚和些許氣惱。

莫妮卡知道，當她和傑西都不開心時，對解決這個問題沒有幫助，所以她只說：「我們晚點再談。」那天晚上，她走進傑西的房間，傑西正在做作業，她將音響關小聲一點，然後說：「你現在準備好和我談一談了嗎？」

傑西抬頭看著母親，然後將目光移回書本上，「我想是的。」他只這麼說。

莫妮卡深吸一口氣後開始說：「親愛的，首先我要告訴你，我是媽媽，你不能告訴我，我能做或不能做什麼；但是，我真的很重視你的意見，並想聽聽你的想法和感受。你願意告訴我，為什麼你不想讓我和我的新朋友，一起去聽這場音樂會呢？」

傑西直視著母親的眼睛：「媽媽，妳對這個男人還不太了解，妳怎麼知道可以信任他？」

兒子的關心和愛觸動了莫妮卡。「傑西，這是一個很好的觀點，我不太了解他，我對他有好感，但我還不認識他。如果我們和另外一對我認識的夫婦一起去，會讓你感覺好一點嗎？仔細想想，那也會讓我感覺更好一點！」

傑西點點頭：「媽媽，我認為這是非常聰明的做法。」

莫妮卡補充說：「如果我先邀請他來家裡吃晚餐，你覺得如何，這樣我們大家都能更了解他？畢竟，我知道可以相信你的意見。」

傑西挺直了背說：「如果妳願意的話。」

莫妮卡利用與兒子的衝突，作為建立親密關係的機會。首先，她等待一個「冷靜期」，而不是試圖在情緒高漲時解決問題；然後，她溫和且堅定地確立了父母與子女之間的界線——她理解兒子的感受，但同時也讓他知道，由他決定媽媽可不可以做什麼是不恰當的；接下來，她告訴傑西自己珍視他的意見，並透過將傑西的意見納入計畫中，來證明她是認真的；最後，透過這種互動，她教傑西如何以尊重和有建設性的方式，來表達自己的觀點。這本來會演變成一場重大的衝突，卻成了她與兒子之間增進親子關係的機會；不過，未經對方同意的建議，並不一定都有幫助。

利用衝突來建立親密感和信任感

- 在你和孩子都平靜後（冷靜期），再討論敏感問題
- 以尊重的態度建立親子之間的界線
- 讓孩子知道你重視他們的意見，並願意考慮他們的感受
- 在適當的時候，將孩子的意見納入適用於雙方的計畫中

孩子在場的約會

人們喜歡針對單親父母，提供跟約會有關的意見（無論是否徵求本人意見）。從家人到朋友，再到前伴侶，每個人都會有意見：「越早結婚越好，你的孩子需要一個完整的家。」「別著急，你不想再犯另一個錯誤！」「你一定要先把約會對象帶回家。你必須從一開始，就確定對方是否對你的孩子友善。」「除非雙方都對這段關係認真，否則不要讓孩子與約會對象見面；太多人進出孩子的生活會引起沮喪感，如果你跟已經與孩子建立感情的人分手，孩子會受傷。」「別讓你的私生活影響孩子，你不想讓他們亂想。」「盡情地享受性生活，這會教孩子不要陷入焦慮煩惱中。」

真相是什麼？成人關係很少是「簡單」的，而當牽涉到孩子時，成人關係似乎更不簡單了。在孩子仍然為失去一位父母而難過時，「過早約會」可能會導致孩子承受不必要的痛苦；「根本不約會」則會導致父母和孩子雙方懷疑，擁有一段關係是否健康或必要。最後，每個父母都必須相信自己的智慧，以及對自己和孩子的理解，這樣才能決定什麼是舒適、什麼感覺是正確的，還有如何才能平衡大人和孩子之間的需求和感覺。每個家庭的答案也許有所不同，但你可以記住幾件事。

Point

＊每個父母都必須相信自己的智慧，以及對自己和孩子的理解，這樣才能決定什麼是舒適、什麼感覺是正確的，還有如何才能平衡大人和孩子之間的需求和感覺。

努力理解

問：我是一名單親媽媽，有兩個分別是六歲和九歲的孩子。最近，我正在跟一個十分優秀的人交往，這是我離婚後，第一次遇到的好戀情，我不想失去它，但我擔心我的孩子們。我和男友已經發生過親密行為了，但我只有在孩子去他們的父親那裡時，才會和男友在一起，他也從不會在我家過夜；我的孩子每天晚上都會打電話給我，跟我說「晚安」，他們很關心我在哪裡，我一直都告訴他們「有時我太累了，無法從男友家開車回家，所以我會睡在他的客房裡」，但是我知道老大很懷疑

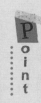

這種說法。我應該告訴他們真相嗎？

答：從「妳必須掩飾自己與男友之間真正發生的事」這個事實就證明了，妳還不完全滿意自己的選擇，而孩子們也會因此感到焦慮。妳可以決定何時告訴孩子這段新關係對妳的重要性，並思考他們需要知道多少，以及留意妳的情緒向自己傳達的訊息，這是明智的做法。想辦法讓妳的男友和孩子之間彼此了解，這會對妳有所幫助。花時間陪伴孩子，並仔細思考妳對這些關係的看法，還有，妳希望孩子從中學到什麼知識，這也很重要。

單親家庭中的孩子，經常在年紀輕輕時，就經歷了許多人生的變化。也許你最能幫助孩子的，就是努力去了解他們對你的戀愛關係「有何感受」。如果你發現，孩子也許是害怕失去你能給他們的時間和注意力、在擔心你，抑或感覺自己被威脅、被取代，或是嫉妒時，你可以誠實地面對孩子的感受，傳達你的理解，並以真誠的態度幫助他們也理解你。

還記得戴夫嗎？有一天在吃午餐時，他與一群單身朋友提到，瑞秋反對他的社交生活，讓他感到沮喪。朋友們給了他一些實用的建議，這些意見是所有單親父母都會想記住的。

幫助孩子適應新的關係

- 花點時間，在不辯護或不解釋的情況下聆聽孩子，並進行積極傾聽，讓他感到被理解
- 詢問孩子，他現在是否願意聽你說話
- 不要做出會讓你感到羞恥，或必須隱瞞的行為
- 確定你的言行一致
- 一起進行腦力激盪，找到適合每個人的解決方案
- 最重要的是，要有耐心

花點時間，在不辯護或不解釋的情況下聆聽孩子，並進行積極傾聽，讓他感到被理解。無論你是否認同孩子的想法，他們的想法都會對其行為表現造成很大的影響；一旦孩子知道，父母理解並接受他的感受，他也許就不再需要表現出令人不快的行為。

詢問孩子，他現在是否願意聽你說話。當孩子同意傾聽，並感覺自己被傾聽時，通常會更加敞開心房。孩子必須意識到「你和他們一樣，有朋友這件事對你來

說很重要」；你可以選擇解釋某段關係對你的意義，以及正在發生或尚未發生什麼。以誠實的態度面對，這會幫你省去不計其數的麻煩；但你也要注意，不必說得過多——你家中的年輕人，不必知道你親密關係裡的所有細節。

請記住，你始終是孩子最重要的榜樣。如今，若你對孩子說：「聽我的話，但不要模仿我的行為」，已經沒有多大的用處，尤其是對於青少年。請以你可以接受孩子交友的方式，來建立你自己的親密關係。

不要做出會讓你感到羞恥，或必須隱瞞的行為。有些單親父母會制定一種不健康的保密模式（並將此合理化，認為孩子不必知道所有的細節），但其實他們在做自己都不引以為傲的事情。

如果你願意傾聽，你的直覺和內在智慧將告訴你「你需要什麼」。單身的成年人經常投入一段不健康的關係（並忽略自己的疑慮），因為擁有某個人，似乎比一個人孤獨和寂寞更好；但大多數人最終會意識到，確實有比獨自生活更糟的事情——違反自己的道德倫理原則，就是其中之一。如果你對關係中任何方向感到不安，最好的做法是慢慢來。

例如，有些父母對於「孩子在家時，讓朋友來過夜」感到自在；但其他人也許會選擇不和朋友同房，或只在孩子去另一個父母家時，才會共枕。無論你決定怎麼做，都要確定自己對這樣的行為感到滿意；如果你發現必須撒謊或扭曲事實，來對孩子或朋友解釋你的戀愛關係時，這段感情可能對你而言並不健康，或至少目前不是。

確定你的言行一致。當你告訴孩子「你對我很重要」，卻從來沒有騰出時間與他們共度特殊時光，孩子根本不會覺得自己很重要，並可能因此對你產生怨恨和敵意。如果你重要的另一半，參與你和孩子的每一件事，孩子也可能會感到被排斥。因此，無論你和孩子是一起進行一些特別的活動、聊天或逛街，請確實做到自己一個人陪孩子，共度你們的特殊時光。

一起進行腦力激盪，找到適合每個人的解決方案。為你自己和孩子計畫一些彼此相處、獨處，以及你們與朋友見面的時間。如果你正在交往的人，經常出現在你們的生活中，可以讓對方一起參與家庭會議，讓每個人都能分享讚美、腦力激盪、選擇解決方案，並計畫特殊的活動（請參閱第九章）；透過觀察對方在家庭會議中的參與狀況，你將得到許多關於這位交往對象的重要訊息。

但是，多給你的伴侶幾次機會也很重要，孩子和大人都需要花一點時間，來學習如何尊重地參與家庭會議。你們可以將會議中不完美的事（我們從未見過「完美」的家庭會議），當作相互討論和學習的機會。請記住，「學習的意願」比「完美」更重要。

最重要的是，要有耐心。你需要時間來適應變化、新的關係和新的觀念。大多數的孩子最終會發現，一個快樂並對生活充滿熱情的父母，會比一個沮喪和孤獨的父母，來得更容易相處。

Point

* 請以你可以接受孩子交友的方式，來建立你自己的親密關係。
* 如果你正在交往的人，經常出現在你們的生活中，可以讓對方一起參與家庭會議，讓每個人都能分享讚美、腦力激盪、選擇解決方案，並計畫特殊的活動。

單親父母與性的問題

沒錯，我們要來談「性」的問題。在現在這個時代裡，青少年（甚至是十歲出頭的孩子）便開始嘗試性生活，「性」已經被商品化，用來推銷啤酒、化妝品或咖啡等各種產品；而不安全的性行為，會帶來極具破壞性的後果。如今，單親父母無法確定自己對「性」的感受、想法以及如何發展關係，一點都不足為奇。面對性的問題，究竟有沒有所謂的「正確」或「錯誤」的方法？儘管親密關係不在本書的討論範圍內，但有一些概念，可以幫助你對單身成人的生活做出健康的決定；尤其是單親父母，因為年輕的孩子正在看著你的一舉一動。

凱瑟琳的丈夫在她三十八歲時因癌症過世，他生病的最後階段，全家人都很痛苦，他們有很強烈的悲傷感，彷彿這一切永遠不會結束。在丈夫過世後的第一年，凱瑟琳讓孩子和工作填滿自己的生活，忙碌為她減輕了許多痛苦。

有一天，她在午餐時告訴朋友：「有很長一段時間，我甚至沒想過性。哦，有時我想念被擁抱、被愛的感覺。我和道格的關係曾是那麼美好，以至於我一直沉浸在悲傷和空虛的情緒中，連做愛的念頭都不曾出現過。我不是沒有吸引力，我想我偶爾也可以出去玩一下，我猜只是麻木了。」凱瑟琳接著有點尷尬地說，「但突然之間，『性』的念頭充斥著我的腦海，我在看電影或讀小說時，裡頭性愛的情節影響著我，我開始覺得很困擾。我應該怎麼做？我有什麼問題嗎？」

許多單親父母，無論是男性或女性，都能與凱瑟琳起共鳴。配偶的死亡或與離婚相關的情緒劇變，可以扼殺數月甚至數年的性慾，即使是曾與摯愛的伴侶享有活躍性生活的人也是如此。這時，其他事情似乎更為重要：確保孩子適應新生活、應對工作重擔，以及其他我們非常熟悉的壓力。然而，凍僵的感覺遲早會開始融化，與某個人擁有肌膚之親不僅變得可能，而且也是必要的！

請記住，在成人生活中，「性愛」是很正常的，有性慾是件健康的事。你是唯一可以決定「你是否希望在親密關係中發生性愛」，以及「如何面對性愛關係」的人，而人與人之間有接觸和交往的慾望，是很正常的。

請記住，孩子將透過觀察你來判斷對錯。孩子在你與新伴侶關係中所觀察到的種種，可能與他們在你結束婚姻時所觀察到的情況大不相同，因此，偶爾了解一下他們的看法和感受是明智的；即使他們喜歡你的新朋友，孩子也會認為親吻、牽手或其他形式的撫摸，是對另一位父母的不忠。開放的溝通、積極的聆聽、敏銳的感受，和一點點的耐心，將能幫助你們共同解決這些問題。

你還要記住，在伴侶死亡或離婚後，或長時間單身，你將很容易感到脆弱；通常，當單身者的自我價值感低下，他們會只因為渴望有人陪伴，而進入還沒有準備好要進入（或日後會為此感到羞愧）的戀愛關係中。當你獨自一人或感到受傷時，很容易與同情你的朋友、律師、輔導員或偶然認識的人，陷入浪漫（和性愛）關係。雖然這說起來很容易，做起來卻很難，但請對自己保持耐心和溫柔，不要害怕，慢慢來。

尊重自己才能得到他人的尊重

當單親父母感到孤獨和不安時，也許會更重視「被需要」，而非「自己想要」的東西；換句話說，他們也許會問：「這個人需要我嗎？」而不是「我需要這個人嗎？」由於他們不重視自己和自己健康的需求和慾望，而造成太多悲慘的關係。如果你希望自己被「不管是誰」愛著，這不是一個健康的需求或慾望；希望被「你尊重的人」所愛，才是健康的需求和渴望。

這也許是陳腔濫調，但不可否認的是：健康的人更有可能建立健康的人際關係。你只有學會珍惜和呵護自己，才能與伴侶建立「相互依存」的關係；在這種關係中，你既可以堅持自我，也可以與他人享受真正的親密關係。當你對獨處感到越自在，覺得自己越完整（因為你珍惜自己），在你開始約會時，你所做的選擇也會越好。

盡量不要將你遇到的每個人都視為可能交往的對象。大多數單身者偶爾會感到絕望，尤其是獨自一人，或當密友、前任配偶陸續結了婚（或正在開始一段戀情）時。有時，我們只會根據吸引力，或適不適合當伴侶，來評估同事、同學、鄰居或我們在教堂遇到的人；用這種角度對人進行判斷，會導致我們忽略有些人其實可以成為你很棒的朋友，而這正是所有單親父母都需要的支持網絡。如果你花時間呵護自己，並從事自己喜歡的事情，那麼，你很有可能會遇到不但可以成為朋友，甚至可能比朋友更親密的人。

Point

＊當你對獨處感到越自在，覺得自己越完整（因為你珍惜自己），在你開始約會時，你所做的選擇也會越好。

那孩子呢？

但是，你也許會懷疑：「如果我遇到一個想在一起的人怎麼辦？是否有正確或錯誤的方法，來處理我與孩子的關係？如果我的性生活活躍，他們會認為自己也可如此嗎？我想擁有成人關係，但我不確定如果孩子有這種關係，我會感到自在！」

釐清關係以及孩子的反應是件困難的事。

蘭迪在遇到莉亞時，才剛與妻子瑪麗分居一個月；莉亞和蘭迪彼此一見鍾情，很快就擦出愛的火花，只要兩人一有空就會在一起。蘭迪急著想將莉亞介紹給他七歲的女兒莎拉，她會在週末時來找父親。蘭迪知道莎拉仍難以接受父母分開的決定，但他確信莎拉會喜歡莉亞，並認為下週末將是介紹她們認識的好時機。

但是，週末進展得並不順利。蘭迪對莉亞非常著迷，無法將手從女友的身上移開。當莎拉看著父親和莉亞咯咯笑時，她感到越來越尷尬，她的父親肯定從來沒有和媽媽這樣相處過。蘭迪想都沒想，就邀請莉亞留下來過夜，莎拉變得越來越不自在，當父親為她蓋好棉被時，他咧嘴笑著說：「親愛的，莉亞是不是很棒呢？」莎拉默默地點點頭，困惑地眨著眼睛，眼中泛著憤怒的淚光。

莎拉在第二天早上醒來後，完全忘了莉亞的存在，直到她跑進父親的房裡說早安，卻發現父親正在和莉亞做愛。莎拉的話哽在喉嚨中，感到困惑和恐懼的她，哭著跑回房間，並打電話給母親，懇求母親早點來接她。

莎拉從父親的家回到母親家後，對蘭迪與莉亞的行為，一方面感到自己被忽視，另一方面也感到困惑；莎拉的母親很生氣，立刻打電話給她的律師，要求限制莎拉父親的探視權。

法官後來認定，莎拉需要時間來適應父母的離婚，對她最好的安排，是在父親沒有客人陪伴時，才去父親家，而且她半年內都不應該在那裡過夜。

蘭迪對新對象的熱情是可以理解的，但他卻忘了考慮莎拉的感受。這並不意味著，應該讓孩子主導家庭生活，或父母絕不能做孩子不喜歡的事情；但是，如果蘭迪體貼莎拉脆弱的感受，他會更謹慎地行動，讓莎拉有時間按照自己的步調適應一切。即使蘭迪沒有表現得這麼親熱，莎拉可能還是不會喜歡莉亞；大多數孩子很難接受有人取代自己的母親或父親，但是，當父母體貼且尊重自己及孩子的需求時，孩子可從中學習接受生活裡其他的大人。

不管你喜不喜歡，你與他人建立關係和親密生活的方式，都會直接影響你的孩子。重要的是，你要記得，有幾項研究的結果顯示一個發人深省的事實：當單親父母邀請一名不相關的大人與孩子同住時，孩子受虐的風險會大大提高。這看來並不公平，但單親父母必須在自己即時的幸福（或享樂），和子女的幸福之間做出選擇。謹慎行事和克制自己也許很困難，甚至很痛苦，但它為你和孩子帶來的好處，會證明這麼做是值得的。

Point

＊當父母體貼且尊重自己及孩子的需求時，孩子可以從中學習接受生活裡其他的大人。

但是，你可以讓所有人開心嗎？

即使是一份健康的戀愛關係，想讓每個人開心也很困難。

有天晚上，珍妮特參加單親家長課程時，沮喪地坐在椅子上嘆氣。小組主持人笑了，她說：「珍妮特，看來妳碰到了問題。」

珍妮特再次嘆了口氣，「我不知道交男朋友，值不值得這些麻煩。」然後她笑了。「把一個四十五歲的男人用『男朋友』這個詞來稱呼，似乎有點蠢，但是『另一半』有比較好嗎？無論如何，我的女兒潔西卡喜歡史蒂夫。當史蒂夫來訪時，潔西卡會一直在我們身邊，想要我們給她注意力，並打斷任何我們試圖做的事。我告訴她，我想和史蒂夫在一起，但是她說，史蒂夫是她的男朋友，她也想和史蒂夫在一起。事實上，她希望史蒂夫成為她的父親。

我該怎麼辦？我和史蒂夫的關係穩定，但我害怕潔西卡太過依賴他，因為我不知道我們是否會結婚，如果我們終止戀愛關係，我不希望潔西卡受到傷害。偶爾，我也想單獨和史蒂夫在一起，我們是否得出門才能獨處？」

珍妮特說完後，許多人都用力地點了頭；其他人也有同樣的問題。

「我們何不試著為珍妮特的問題，提出一些解決方案？」主持人問。經驗豐富的小組成員很快就提出了一些建議，而珍妮特聽到幾個她想試試看的辦法。在下次的會議上，珍妮特分享了發生的事情。

「史蒂夫和我決定與潔西卡舉行家庭會議（即便我對在『家庭』會議中加入一個外人還有點不自在）。我先用一點時間讚美潔西卡，謝謝她這週幫忙做的家事。接著，我們每個人輪流說出自己的感受，以及我們想從彼此的關係中得到的東西。這非常有趣，我從中認識到，以前我所不知道的史蒂夫和潔西卡，然後，我們決定針對相處的時間進行腦力激盪，不讓誰感覺自己被排除在外。

我們計畫了一些潔西卡和我可以一起做的事，她想放學後去冰淇淋店，或去公園裡；我們也討論了史蒂夫和我自己想做的計畫，然後我們同意，當史蒂夫來到我們家時，他和潔西卡可以單獨度過十分鐘，也許會讀故事或玩遊戲。

我們同意，當潔西卡和史蒂夫獨處的時間結束後，我們會一起吃晚餐，然後，潔西卡會讓我和史蒂夫獨處，她說，如果她可以邀請一個朋友過來，對她會很有幫助。這我從來沒有想過！我們還同意，可以讓潔西卡打擾我們三次；畢竟，她需要知道，我總是會給她時間。到目前為止，我們的協議進行得不錯，當史蒂夫來我們家時，每個人都感覺更舒服；萬一這個協議失效，我們會在下次的家庭會議上再次討論。」

潔西卡願意與母親和母親的男友合作，是因為她透過「參與」，感受到歸屬感和價值感，當然，也因為她感到被愛。確實傳達愛的訊息非常重要，但在繁忙的生活和新的人際關係中，這通常比我們想像的還要難做到。

整合性的做法

珍妮特的經驗結合了幾項有效教養的原則：

- 孩子需要知道他們對你很重要，即使你很忙或與其他人在一起，他們仍然可以來找你；如果沒有建立這種聯繫，孩子會一直用各種方式尋求你的關注。另外，當孩子一起決定可以打擾你的頻率時，他們很少會全部用完，因此，請多多邀請他們參與合作。
- 在解決問題或計畫會議的過程中，孩子會感受到自己的歸屬感及價值感。當他們有歸屬感時，就不太可能感到灰心喪氣，也比較不會行為不當。
- 當遇到困難時，請決定你的做法，而不是規定孩子怎麼做；試圖逼迫孩子做事，經常會引起親子之間的權力拉鋸。事前讓孩子了解你的期望，使他們有機會選擇自己的做法，並體驗其選擇的後果；重要的是，你始終要以溫和且堅定的態度來貫徹執行。「堅定」是你必須採取行動，「溫和」是你必須避免說教和壓制。

處理行為背後的信念

如同第十章所述，行為永遠不會憑空發生，背後總潛藏著信念和感受。有時，父母會嘗試透過說教和控制，來處理孩子的行為。不過，這位有了新戀情的單親媽媽——安妮——找到一種特殊的方式，看見隱藏在她小兒子行為背後的信念。

安妮對「帶理查德回家和她的兒子見面」感到擔心，但理查德是個好人，她很確定孩子會喜歡他。她的大兒子傑夫熱情地接受了理查德，但小兒子喬納森卻表現出強烈的敵意。

「我們不要你在這裡。」他對吃驚的理查德說，然後他用力地關上門，躲進他的房間裡。

安妮感到驚訝和尷尬，但她意識到，喬納森也許是害怕，害怕改變生活、害怕媽媽如果愛一個新朋友，對他的愛就會少一些，同時，也害怕好事不會再發生。

有天晚上，在吃完飯，而整個晚上的工作也結束後，安妮和喬納森坐在一起。「你想聽一個故事嗎？」她問：「這個故事與我們家有關。」

當小男孩依偎在她身旁時，安妮對坐在房間另一頭的傑夫微笑，並點了一根大蠟燭。

她對這些男孩說：「這些蠟燭代表我們家，這支大蠟燭是我。」她指著剛剛點燃的蠟燭說道：「這火焰代表我的愛。」

被閃爍的燭光迷惑住的喬納森說：「它很明亮。」

「是的，」他的母親認同，「那是因為我內心充滿了愛。」安妮拿起一根較小的蠟燭，用自己的蠟燭點燃它。「這根蠟燭是你的哥哥傑夫，他出生時，我給了他我全部的愛；但是，瞧……我的愛還繼續燃燒著。」

她把傑夫的蠟燭，放在一個燭台上，然後拿起一支小蠟燭：「這支蠟燭是你，喬納森。」

「是紅色的，」小男孩高興地說道，「那是我最喜歡的顏色！」

安妮笑了笑，撥弄他的頭髮，用大蠟燭的燭火，點燃了紅色的小蠟燭。「當你出生時，我給你我全部的愛；傑夫仍然擁有我所有的愛，我仍然擁有自己所有的愛。」蠟燭的火焰翩翩舞動。「你看到我們家裡擁有多少完整且明亮的愛嗎？」

然後，安妮拿起另一支大蠟燭，用她自己的燭火點燃了蠟燭：「現在我把我的愛獻給理查德。」安妮指著兩支較小的蠟燭，那裡的燭火仍散發出光芒，然後對喬納森說：「你仍然擁有我所有的愛，傑夫仍然擁有我所有的愛，我仍然擁有自己所有的愛；這就是愛的運作方式，你付出的越多，擁有的就越多。每支加進來的蠟燭，都會為我們家帶來更多的愛。理查德是新來的人，你需要花一點時間認識他，但我對你們所有人都充滿了愛。」

安妮和男孩們安靜了片刻，看著火焰，默默地思考著這些話；然後，喬納森給了媽媽一個大大的擁抱，離開準備上床睡覺。

要解決的問題仍然存在，生活也要進行調整。毫無疑問地，未來還會有很多困難要面對；但是，了解母親有很多愛可以分享這個事實，使喬納森變得不再那麼脆弱，並增進他最終接受新家庭成員的機會。

面對家庭中發生的變化是個複雜的過程，但也是個好機會，幫助你與孩子建立

真正特殊而持久的關係，並教導他們在理解和面對問題上終生受用的技能。如果花費的時間似乎比你想的還多，請耐心等待，因為孩子相信，你是他們生活中唯一的中心，所以才不願意放手，讓你過自己的生活，擁有自己的關係。

你要相信，隨著時間過去，孩子可以透過在這個過程中發展的技能，學會面對挑戰，並成為更好的人。從長遠來看，如果你的生活能在「自己的幸福和滿足感」，與「孩子的幸福」之間取得平衡的話，所有人都會更加健康。學會同時用心和用腦傾聽，最終這種平衡將有可能被實現。

Point

＊面對家庭中發生的變化是個複雜的過程，但也是個好機會，幫助你與孩子建立真正特殊而持久的關係，並教導他們在理解和面對問題上終生受用的技能。

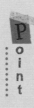

Chapter 15

你與前任配偶的關係

尊重彼此的教養與生活，別把孩子當間諜

對於大多數的單親父母而言，通常壓力最大的部分是：如何與孩子的另一個父母打交道。如果你們根本無法忍受彼此，該怎麼辦？

儘管造成單親教養的原因很多，但絕大多數仍是因為父母離婚。這意味著，對於大多數的單親父母而言，教養中一個重要的、通常也是壓力最大的部分是：如何與孩子的另一個父母打交道。你們在沒有婚姻關係的情況下如何相處？如何處理探視權、監護權和新的關係？如果你們根本無法忍受彼此，該怎麼辦？如果孩子的另一個父母從來不探望、不打電話、不在乎，該怎麼辦？如果他或她從不為子女的撫養做出貢獻，該怎麼辦？你會怎麼告訴孩子？

面對離婚

離婚對任何人來說，都是重大創傷，即使認為「離婚」是為自己和孩子所做的最佳選擇的人，仍然會覺得「離婚」令人痛苦——它不僅牽涉家庭結構的變化，還涉及新住所、新工作、新生活處境，以及新的生活。

大多數離婚的父母都意識到，當雙方可以建立友好的關係，可以讓孩子同時愛著兩邊的父母並與其相處，以及當孩子所愛的兩個人避免公開敵對時，孩子才有最好的機會全然健康地面對父母的離婚。但是，大多數離婚的父母都沉溺在自己的痛苦和憤怒中，以至於經常忽略自己的行為對孩子所造成的影響。

剛離婚的父母必須做出許多重大的決定，並常在自己精力不足時，試圖滿足孩子在生理和情感上的需求。經歷離婚之痛的成年人，容易感到抑鬱和焦慮，這兩種情緒都會使他們對孩子的需求反應緩慢，反而會讓感到沮喪驚嚇的孩子，試圖以錯誤行為來尋求父母的注意力。這並不令人意外，因為孩子和大人同樣都在承受離婚伴隨而來的痛苦。

「建立友好的關係」聽起來不錯，但無論你離婚的原因是什麼，都無法避免糾結的情緒，這些情緒會使一切變得不可能。或許，一個男人會喃喃地說：「你不認識我的前妻。」又或許一個女人會說：「我願意嘗試，但我的前夫會竭盡所能地傷害我。」

大多數父母愛自己的孩子，當他們理性思考時，會擔心離婚對孩子造成影響。大多數人都知道，公開的敵意、對缺席父母的負面批評（即使是真的），以及操控行為和言論，會對孩子造成極大的傷害，但有時你很難壓抑想打擊對方的情緒。很多時候，父母認為「競爭」是唯一保有孩子的愛的方法——比另一個父母表現更多愛、買更多禮物、做更多事情。然而，困惑、受傷，並經常自我責備的孩子，也許會變成父母交戰時最有力的武器，也是最終的受害者。

離異的父母保持聯繫（任何方式都可以）

當你與某人共有一個孩子時，無論你喜歡與否，這個人都會存在你生活中很長一段時間。當你還必須先克服自己受傷、憤怒、失望、嫉妒、內疚和後悔的許多情緒，似乎不可能與對方保持客氣的關係。是的，太多父母選擇消失、不在乎，或不支付撫養費，但也有些父母希望能參與孩子的生活，並找到一種與前任配偶建立聯繫的新方式。

真的有可能嗎？離婚的父母可以共享孩子的生活嗎？他們可以一起參加孩子的學校活動、畢業典禮或婚禮，而不必處於對立的兩端嗎？他們可以在不翻舊帳的情況下，討論孩子上學、生病的問題，或與財務有關的安排嗎？受傷的大人有可能把孩子放在首位嗎？

情況可能不一定是這樣，畢竟，我們是人，有自己的需求，而且確實會犯錯；但離婚後建立可行的夥伴關係是有可能的，無論是孩子或大人，都能因此受益。

Point

＊當你與某人共有一個孩子時，無論你喜歡與否，這個人都會存在你生活中很長一段時間。

建立可行的夥伴關係

離婚並不是育兒的終點，這只是代表教養方向的改變，但你們仍有機會養育出一個「知道自己有兩個愛他的父母」的孩子。你的確有可能順利地療傷、寬恕並以新的形式重建舊關係，這需要一點時間、成熟的心智，和大量的精力；不過，不是所有的故事都有美好的結局。面對傷痛和往日的回憶令人痛苦，而且傷痛並沒有像我們希望的那樣迅速消失；儘管如此，讓孩子擁有健康的身心和幸福感，仍是我們願意努力的最佳動力。但是，我們該怎麼做，才能讓一切有所不同呢？

不能以伴侶關係相處的父母，就不能共同教養的假設是不對的；他們能！但是，共同教養必須打破舊的互動模式，並學習新的模式，這意味著，要把孩子的幸福放在第一順位——超越你自己受傷、憤怒和其他的情緒。無論你們對彼此的感受為何，都要與另一位父母合作撫養孩子；你們要對孩子的活動和感受產生興趣、一起分擔照顧孩子的責任、尊重另一方父母的權利和隱私，並發展新的溝通方式來討論孩子的需求和問題。這也意味著，你必須學著接受一個事實——你無法改變前任配偶，或他／她選擇經營家庭的方式。

關於父親

不管有沒有監護權，許多單親爸爸都很盡責地，持續為孩子奉獻時間、精力和資源。這些父親看著自己的孩子漸漸成長和茁壯，既挫折又高興——他們應該得到認同和鼓勵。然而，統計數據卻顯示出一些令人震驚的事實——在十八歲以下的孩子中，有超過四分之一的孩子住在單親家庭中，而撫養他們的大多數是母親。令人遺憾的是，統計數字還告訴我們，在所有離婚的父親中，幾乎有半數以上無法定期探望孩子，有三分之二無法提供孩子適當的支持，這在經濟上和情感上，都會對孩子帶來毀滅性的影響。

多年來，美國文化傾向於將父親的重要性降至最低。在傳統觀念中，我們把撫養孩子（尤其是年幼的孩子），視為是婦女的工作；儘管這種看法正在發生變化，但換尿布、餵副食品，以及安撫哭泣的嬰兒，都不被認為是男性應該做的事。

父親通常會隨著孩子長大而變得更投入，但是，一開始就在孩子的日常生活中，保持穩定且定期參與的節奏和習慣才是最重要的；父親在孩子的情感、道德和智力發展中，有著至關重要的影響，而父親的缺席則會在其中產生一段空白。孩子需要母親嗎？絕對需要！繼父和親友可以幫忙填補空白，並提供正面的男性榜樣嗎？當然可以！但這仍然不能改變一個事實：沒有人能真正取代孩子的父親。甚至當一個孩子、一個青少年、一個年輕人，在多年沒見過他／她的父親時，對父親的嚮往可能依然存在。有時，被背叛和被遺棄的感覺會遺留下來，這會削弱孩子在決定「是否結婚」或「為人父母」上的信心和意願。

如果你是父親，那麼，你在孩子的生活中有著至關重要的影響；而且除了你之外，沒有人可以扮演這個角色。如果你沒有參與孩子的生活，現在開始也不會太遲。是的，你也許會遭到孩子母親的反對，也可能會遭到孩子本身的反對；你可以花時間學習有效的溝通技巧和正向教養的原則，這將幫助你做出回應。現在有越來越多支持單親爸爸的組織和網站，如果有需要，請你尋求幫助，並練習耐心。請注意，沒有比「現在開始」更好的時機了。

Point

*如果你是父親，那麼，你在孩子的生活中有著至關重要的影響；而且除了你之外，沒有人可以扮演這個角色。

非監護父母

在理想的世界中，孩子應該享有父母雙方不間斷的愛和參與。如果你是非監護父母，也許很難定期參與孩子的生活；如果你住得遠，與孩子的聯繫也可能僅限於偶爾的暑假和假日旅行。

非監護父母經常分享，因為沒有共同生活的日常慣例，他們失去了與孩子的情感聯繫。跟孩子相處的時間與彼此之間的情感連結密切相關，沒有監護權的父母，有時不支付子女撫養費的原因之一，是因為他們很少見到孩子，因此失去了情感的連結。

沒有監護權的父母（尤其是母親）有時會覺得，社會大眾看輕他們，認為他們沒有陪在孩子身邊；他們也許會因此戒慎恐懼和感到羞愧，而無法創造出鼓勵孩子親密和諒解的氣氛。如果父母雙方能保持聯繫，並參與孩子的活動，甚至找到方法成為孩子生活中重要的部分時，孩子將從中受益。定期通個電話，是保持聯繫的一種絕佳方法；信件和卡片也可以保存、重讀和珍藏；甚至傳真機和電子郵件，也可以派上用場。曾有位父親送給孩子一台傳真機，當作聖誕節禮物，不管他在何處，都定期向孩子傳送筆記、圖畫、卡通和訊息。

如果孩子沒有和你一起去旅行，或你住在離他們很遠的地方，可以寄給孩子裝有貝殼、樹葉、岩石或旅遊紀念品的「寶物箱」，讓他們知道你一直想著他們，他們一直在你的心上；或者，你可以嘗試與孩子交換日記，記錄你的活動和想法，並給孩子空間記錄他們自己的活動和想法。任何能讓你和孩子保持聯繫的事，都值得努力。

當你沒有監護權，有時很難覺得自己像個父母。當你和孩子在一起的時間有限，孩子所表現的感受和行為，也會變得更加難以應付，你會認為不值得為「偶爾才一起相處的週末」付出努力。如果你們沒有太多時間在一起，請努力提高相處時的「品質」，你們可以一起進行一些簡單的活動，重要的是「要一起做」。你可以與孩子分享「你自己」的想法和感受，教他們一點技能，讓他們參與你的興趣和嗜好，向他們表達你是誰、想做什麼，使他們成為你生活的一部分。最好的解決方案可能是最難做到的：在持續性、一致性、愛與關注之間，找到平衡點。

試著以正向的態度結束每次的探望。孩子經常會擔心，如果自己行為不當，沒有監護權的父母就不想再見到他們——父母有時確實會利用這種威脅，來刺激孩子表現良好。如果你能在「孩子離開之前」，解決你們之間出現的任何分歧，孩子就不太會有「被拒絕」的感受。在你們相處時，將家庭會議作為一部分的活動，會有所幫助。

如果可能，嘗試與孩子的另一位父母共同教養，試著對教養的決策、孩子的學校活動和生活教育保持興趣。你可以提供意見，但不批評前任配偶；你可以嘗試買這本書送給另一位父母，或是參加同樣的家長課程（也許上不同時段的課程），或是尋找其他方式，為你們所愛的孩子創造一個一致的環境。

即使做起來很困難，你也要記住，孩子的生命始於兩個父母的結合，而你是其中之一，是孩子在自我認同中無法被取代的一部分。即使你不能花很多時間和孩子在一起，孩子也能感受到真誠的愛和關懷的能量，以及你對他們的真心。對父母雙方來說，離婚後繼續參與孩子的生活也許很困難，甚至很痛苦，但這卻是你們能送給孩子最大的禮物。

保持聯繫：給非監護父母的建議

- **定期打電話**。即使你們住在同一個城鎮，簡單打個電話說晚安，聽聽孩子白天發生的事，將有助於你和孩子聯繫情感。如果你與前任的關係不好，請對方允許你在特定時間來電，並讓孩子接聽電話。
- **記住孩子的假期**、**生日和特殊活動**。如果你無法到場，請寄送卡片、電子郵件或傳真。
- **與孩子交換日記**。記錄彼此生活裡發生的事件、想法和感受。
- **跟孩子分享自己**。花時間分享你的生命經驗、嗜好和技能。
- **舉行家庭會議**。當你與孩子在一起時，可以舉行家庭會議並運用正向教養的技巧，來建立信任和親密關係。不要浪費你與孩子相處的時間來控制他們的行為，例如，不要說：「如果你不聽話，我下週就不來接你。」
- **對自己有信心**。孩子會感受到你的態度；即使你不能一直和他們在一起，他們也會感受到愛的能量。

離婚對孩子有什麼影響？

大多數離異的父母都聽過這個恐怖故事：孩子因父母離婚而受到嚴重的創傷，讓他們無法發展自信、自尊或健康的關係。在美國，有一些州考慮訂立終止「無過錯離婚」[15]的法律，理由是，儘管離婚的成年人不必再爭吵「誰該為離婚負責」，但他們卻經常將「撫養費」、「監護權」和「探視權」變成戰場，對孩子造成嚴重的傷害。父母是否有可能在不傷害子女及彼此的情況下，終止婚姻關係？

內布拉斯加大學（University of Nebraska）有一項研究發現，與離婚相比，孩子的適應能力和情緒的健康，在很大程度上取決於「父母之間衝突的強度」、「擁有監護權父母的教養技巧」、「非監護父母的參與程度」、「經濟困難的程度」和「生活壓力的變化」。往好處想，這些關鍵因素，都是關愛與用心的父母可以努力的事情。

離婚確實會影響孩子；然而，當父母檢視自己的話語和態度，在需要時為自己尋求幫助，並思考自己的行為對孩子的影響時，這個傷害可以降到最低。單親的孩子可以（也確實能夠）成為一個有能力、自信和快樂的大人。

對父母來說，有些事需要牢記在心。

了解「離婚」對孩子的影響

- 孩子對離婚的感覺，與父母的感覺完全不同
- 離婚對不同年齡的孩子有不同的影響
- 有效的溝通技巧將幫助你進入孩子的世界，並了解孩子的感受和擔憂

孩子對離婚的感覺，與父母的感覺完全不同。孩子的整個世界都建立在原生家

15 無過錯離婚（no-fault divorce），亦即不須證明對方有不端行為或過失，也不須雙方同意才能終止婚姻。

庭的結構上，當該結構崩潰時，孩子的世界將暫時沒有支撐。孩子與成年人的時間感不同，他們不明白此刻的「混亂」只是「暫時」的；他們所知道的是：他們依賴的家庭現在已經分崩離析了。

孩子常常感到無助，他們無法阻止離婚、解決婚姻問題，或拯救爸爸或媽媽；沒人優先關照他們的願望、關切和恐懼，孩子也許會產生強烈的孤獨感。爸媽離婚是一種非常痛苦的、令人記憶深刻的經歷，孩子會在這個過程中忍受令人不舒服的孤獨感。

離婚對不同年齡的孩子有不同的影響。安東尼·沃爾夫博士[16]發現，根據孩子的發育程度，他們必須面對的問題也會跟著改變〔請參考《為什麼你們要離婚？我什麼時候能養倉鼠：離婚育兒指南》（*A Guide to Parenting Through Divorce*，暫譯）〕。當孩子不到兩歲時，父母分居會影響他們的信任感和依戀感；兩歲到五歲的孩子，承受的壓力大多與變化和失落有關；六歲時，孩子已經大到會擔心了，經常對「自己會住在哪裡」、「將發生的事情」，以及「如何應對自己衝突的忠誠」感到焦慮；青少年階段的孩子在父母離婚後，其尋求獨立和人際交往的複雜需求會被打亂，因而加劇他們的叛逆和與父母雙方的衝突。

有效的溝通技巧將幫助你進入孩子的世界，並了解孩子的感受和擔憂。大多數父母很難接受這個事實：他們無法保證孩子不會感受到痛苦，也沒有神奇的話語和行為能夠幫他們消除痛苦。如果你不去責怪前任，或是為自己辯護，而只是簡單地傾聽，你的內在智慧和愛，將指引你如何為孩子提供幫助。避免陷入離婚後的陷阱，並在可能的情況下，與孩子的另一名父母建立相互尊重的共同撫養關係，也會有所幫助。

缺席的父母

問：我懷第二胎三個月時，我的丈夫離開了我；我們最大的孩子當時還不到三歲，不記得她的父親。孩子的父親根本不是我們生活的一部分；事實上，我已經兩年沒接到他任何消息了。兩個孩子現在都在上小學，一直問很多關於父親的事情，

16 安東尼・沃爾夫（Anthony E. Wolf）博士，美國臨床心理學家。他從事兒童和青少年的研究工作將近三十年，經常針對教養主題進行演講。

我認為他們感到沮喪，是因為自己沒有父親，但他們的朋友們卻有。我如何幫助他們面對這個情況？

答：因為孩子在年幼時都是以自我為中心（將自己視為宇宙的中心），所以他們有時會認為，父母的缺席在某種程度上是他們的錯。孩子也是天生的觀察者，但表達能力卻很差，他們看到其他孩子有爸爸，只想知道為什麼他們沒有。

有些技能在其他的情況下有效，在這裡也會對妳有幫助。透過「積極傾聽」，來了解並接納孩子的感受；妳可以用真誠的情感，簡單地跟孩子分享，妳和他們父親之間所發生的事——維持一種「可以被問」的態度，讓他們知道「想了解更多是可以的」；而妳要盡力避免將孩子的感受和渴望視為是「針對自己」，他們對不認識父親感到悲傷，並不意味著他們不愛妳、不珍惜妳，要對孩子面對挑戰的能力保持信心。要達到有效教養，父母不需要保護孩子免於遭受所有的痛苦，而是幫助他們學會應對。

孩子對缺席的父母有好奇心是很正常的。他可能對那個缺席的父母感到生氣，但他必須了解，父母並不是因為孩子是「壞孩子」而離開；他也可能會理想化自己所不認識的父母，因為幻想常常比現實要好得多。

你可以透過鼓勵、傾聽，並以真誠的態度面對你的家庭與「一般、正常」家庭之間的差異，這將能幫助孩子理解這個有時令人困惑和失望的世界，同時，也能幫助他知道「是的，有一個充滿愛和願意付出的父母就夠了」。

避免陷入離婚後的教養陷阱

沒有人能確切地告訴你「如何與孩子的另一名父母建立可行的夥伴關係」，這需要反覆地嘗試、犯錯、努力和承諾；但是，你必須注意並避免一些陷阱。

避免陷入離婚後的教養陷阱

- 尊重孩子愛著另一名父母，以及需要花時間和對方相處的權利
- 克制將孩子當作間諜的念頭
- 接受「你不能控制孩子的另一名父母」的事實
- 請勿透過批評你的前任，或拯救孩子，引發孩子操控你的行為

尊重孩子愛著另一名父母，以及需要花時間和對方相處的權利。孩子很棒，他們能清楚地看到父母的缺點和缺陷，卻仍然愛他們；他們也許知道，父親經常違背諾言，或是媽媽容易崩潰且不可靠，不過，他們也知道，父母是構成他們自我認同的一部分。攻擊孩子的另一名父母，或干擾孩子和對方的關係，會傷害孩子，並損及他對你的尊重。就算父母對彼此有成見，就算孩子被忽視、父母不守承諾、有許多人為的失誤，大多數孩子仍想繼續愛著父母。

父母在離婚後可能變得缺乏安全感和脆弱，因此很容易透過「貶損對方」、「占有、控制孩子」來企圖影響孩子的忠誠度。記住這一點會有幫助：孩子想花時間與另一名父母相處，並不意味著他背叛你或不愛你；對孩子來說，同時愛著兩個大人比被迫在兩個大人之間做選擇，要來得容易。

當遇到必須放棄與孩子相處時，即便只是一個週末，我們也很容易感到受傷。然而，這會導致孩子與爸爸在一起時，不敢說他愛媽媽；與媽媽在一起時，不敢說自己愛爸爸，而且害怕讓父母雙方知道，他喜歡和對方在一起。孩子將會做出「平衡」的行為，試圖使父母都感到幸福和安心，但最不幸的將會是孩子。

有時候，一個沒有監護權的父母想參與孩子的生活，也會被一個沒有安全感的監護人拒於門外，如此一來，孩子不僅失去了與「兩個想參與的父母」一起生活的機會，而且，擁有監護權的父母也可能會失去前任配偶寶貴的支持、幫助和建議。

有時候，非監護父母會透過成為「好父母」來爭取孩子的忠誠度，在每次相處時，都會提供特殊的待遇和旅行，這給必須維持生活秩序和日常慣例的孩子，造成了生活上的困擾，也給監護父母帶來教養上的困難，甚至會討厭自己為什麼要負責日常的教養及維持慣例。（對於非監護的「好父母」來說，這最終也會變成艱難的課題，因為孩子將學會期待享受特殊待遇。）

請記住，孩子希望父母在一起是正常的，他們有時會嘗試幫忙和解。儘管孩子這些努力的舉動會讓你感到沮喪和尷尬，但你可以利用同情和理解來確認孩子的感受，同時仍然誠實地面對自己的處境（請參閱第四章）。

克制將孩子當作間諜的念頭。你很難不對另一名父母家中發生的事情感到好奇，例如，當前任配偶開始新的戀情時，你也許會發現自己在傷痛、苦澀、憤怒或拒絕的情緒中掙扎；你的前任配偶在外面與新朋友一起享受浪漫的愛情，對你來說，也許就像鞋子裡的一粒沙子，一直讓人感到不舒服。

當我們意識到孩子知道前任配偶家裡正在發生的事，而我們只要問幾個小問題便能得知時，這就變成一個讓人很難克制的念頭。

艾迪有一天早上從媽媽家回來，聊到他和媽媽與媽媽的新男友傑瑞，共度了一個美好的夜晚。

「我們出去吃披薩，」艾迪說，「然後我們一起玩遊戲。」接著，他天真地補充道：「然後，傑瑞和我們一起過夜。」爸爸感到受傷、嫉妒，還有點生氣，說道：「哦，是嗎？他睡在哪？」

艾迪如何回答都沒關係，正如我們已經提到的那樣，孩子在觀察父母的情感和動機方面，有著極敏銳的觸角，當艾迪意識到爸爸問題背後的含義時，他已經在衡量自己的回答會帶來的後果，而且內心感到惴惴不安。在滿足父親好奇心的同時，他唯一可以避免背叛母親的方法，是撒謊或說：「我不知道。」

被困在兩個父母之間的孩子，必須與衝突的忠誠共處，他們想同時愛著父母雙方，想保護受傷的人，並希望避免衝突。即使你與前任配偶之間的關係良好，在兩個家中的生活，也不可避免地存在差異，這時，將孩子當作「資訊的來源」，是極具誘惑的想法。

但是，讓孩子當間諜是一件危險的事。大多數孩子想要自由地愛著父母雙方，充分參與兩邊的生活，同時擁有兩個家；被媽媽當作抵禦爸爸的武器，或被爸爸當作媽媽家裡的間諜，既痛苦又不舒服，還經常會導致孩子將兩邊的家庭生活盡可能地分開，不與一邊的父母談論另一邊的生活，只因為擔心會造成爸爸或媽媽受傷或憤怒的感受。無論「不准說」的狀況來自何處，都會造成孩子在情感上的痛苦。

單親父母該怎麼做？也許最好的辦法是「創造自己的觸角」，理解、同理孩子的感受，並願意尊重這些感受；當你理解整體情況和每個人的感受時，你們至少可以一起交談，治癒創傷並諒解對方。

有天下午，貝絲開車從學校接她的兒子馬克回家。馬克的父親剛剛告訴貝絲，他打算帶馬克一起在聖誕節時，去探望他在亞利桑那州的新女友和她的孩子。離聖誕節還有一個月，但是馬克還沒對媽媽提過這趟旅程，貝絲的直覺告訴她，她需要幫助馬克談論這件事。其實貝絲根本不確定自己想不想讓唯一的兒子去爸爸那裡，然後自己一個人單獨地過聖誕節，但她知道自己必須讓馬克感覺可以安心地享受他和父親在一起的時光。

「聖誕節那天，你會跟爸爸和卡羅爾度過一段愉快的時光。」當他們把車駛離學校時，貝絲這樣說道。馬克轉向她，滿臉震驚的神情：「妳已經知道了？」他問。正如貝絲所預期的，馬克的肩膀明顯地放鬆下來。

貝絲的內在智慧提供她需要的線索，來理解馬克的反應，「你是不是因為擔心傷害我的感受，所以不敢告訴我這次的旅行？」她問。馬克點了點頭，還是不敢說太多。

貝絲懂得如何說明她的感受：「如果你最好的朋友突然有了一個新朋友，而且不想再跟你玩，你會有什麼感受？」馬克立刻回答：「我會很難過。」

「好吧，」貝絲平靜地繼續說道，「我仍然覺得有點傷心，因為你爸爸不想再跟我在一起；但我知道你愛他，你也非常喜歡卡羅爾，而且你很期待這趟旅行。我希望你快樂，小傢伙。」

這花了一點時間，但馬克開始意識到，母親可以接受他的感受——即使她自己的感受有所不同。漸漸地，馬克開始能自由地談論他的另一個家庭，對貝絲來說，聽到這些並不是很舒服，但她真的很高興馬克能對她誠實，並且不再認為須向她隱瞞自己的生活。只要能看到馬克過得滿足，並且持續成長，她就知道，在另一個家中，幾乎沒有她必須擔心的事情，也不須叫馬克當間諜。

你可以仔細留意孩子提供的言語和非言語線索，且無須窺視，你會明白「何時

需要」知道另一名父母家裡的情況，並在必要時加以處理。建立真誠的愛與親密關係，並保持溝通順暢，是確保孩子表現良好的最佳方法。

接受「你不能控制孩子的另一名父母」的事實。蘇珊的兩個女兒在星期六早上起床並穿好衣服，她們的父親今天會來陪她們度過這一天；她們幾乎沒在看星期六早上播放的卡通片，而是豎起耳朵不斷注意門鈴是否響起，或經常起身往窗外看街道上的動靜。蘇珊無奈地注視著時鐘，卡通結束了，午餐時間到了又過了，她看著女兒的微笑和興奮消失了，變得垂頭喪氣；她不知道該說什麼，所以埋頭做家事，偶爾停下來拍拍孩子們的頭，或擁抱她們，同時在心裡生氣地痛罵她們的父親。

下午過了一半，女孩的父親羅伯特才終於到達她們家，他看上去很內疚。女兒失望的表情烙印在蘇珊心裡，於是，她在打開門的那一刻就開始抨擊羅伯特。

「你去哪裡了？」她大喊，「你不知道女孩們在等你嗎？你怎麼不打個電話？你一直都是這樣！如果你無法兌現對孩子的承諾，也許你不該再來探望她們。」

「我答應帶我的女友和她的孩子們共進午餐，所以我才忘光了，別對我囉嗦了！」羅伯特感到戒備和羞愧，並把這些情緒藏在憤怒的斗篷下，像蘇珊一樣地大喊著。當父母正在大吵特吵時，兩個女孩站在旁邊低頭看著鞋子，擺弄自己的衣服，默默地希望自己能在別的地方，遠離吼叫和失望。

育有子女的已婚夫妻之間，有時會意見分歧，或對教養方式的看法不同，而當夫妻離婚時，這些差異似乎被放大了。你很難壓抑想控制對方家裡發生的事，或強迫對方以某種方式進行改變的念頭，而且，你很難接受這樣的事實：你幾乎無法強迫對方做出改變。

一位父親會說：「但我的前妻太寬容了，她把孩子寵壞了。」一位母親會說：「我孩子的爸爸太嚴格了，我討厭把他們送到他那裡，因為他對他們太苛刻了。」有許多單親父母表示：「我的前夫從未探望過孩子。」「我孩子的媽媽只在乎她的男朋友。」「他的房子是豬窩。」「她讓他們看太多的電視。」有什麼辦法可以解決這些差異？

蘇珊對女孩們的失望情緒感到憤怒有其道理，但是，蘇珊的反應同樣傷害了她們；羅伯特也許犯了一個無心的錯誤，但他沒有考慮到女兒的感受。無論是哪一種情況，兩個人都沒有機會改變對方，尤其如果透過大聲吼叫和爭吵，孩子會是真正受苦的人。

有效的溝通可以提供很多幫助；但儘管如此，單親父母唯一可以控制的，就是自己的生活；試圖操控另一名父母，或強迫改變對方的態度和做法，很可能只會讓彼此產生怨恨和憤怒，這對於被夾在中間的孩子來說，是一種沉重的負擔。

對孩子來說，要面對由不負責任的父母所引發的失望情緒，無疑是痛苦的；儘管如此，我們每個人都必須學會處理失望和接受現實，你可以透過專注於孩子的感受，而不是另一位父母的失誤，來幫助孩子處理這些情緒。努力使自己的家成為安全健康的地方，必要時，不帶責備地與孩子對話，分享為什麼你有時做事與另一位父母不同。當發生衝突和失望時，重視孩子們的感受，並解釋自己的感受。有時，家庭會議可以幫助你找到問題的解決方案。

請勿透過批評你的前任，或拯救孩子，引發孩子操控你的行為。電話響時，佩吉正準備去洗澡。「媽媽？」稚氣的聲音小小聲地說，「媽媽，我想妳，我不想待在爸爸家。請過來接我！」

佩吉可以聽出六歲的保羅聲音哽咽，而且他小聲地告訴她，爸爸不知道他在打電話。佩吉慢慢地深吸一口氣，並壓抑那股想立刻開車去前夫家的強烈衝動，「親愛的，」她的聲音充滿關愛地問：「發生了什麼事？」

現在保羅大聲地哭了：「我不想在這裡。我想妳！媽媽，我不想留在這裡。」

佩吉思考著該怎麼說才好，「保羅，親愛的，我知道你很難過，我可以聽得出你有多痛苦，我也想你。我正在透過電話，給你一個大大的擁抱——你能感覺到嗎？」

電話另一端的聲音悶悶的，「嗯。」他說。佩吉問：「保羅，你爸爸呢？你能幫我找到他嗎？」

當她的前夫拿起電話時，佩吉已經恢復冷靜，「保羅剛剛打電話給我。班，他很沮喪和孤單，我認為，如果你坐下來與他談談，會有所幫助。」佩吉聽見班深吸了一口氣，然後，班很感謝她這通電話，並答應明早讓保羅打電話給她。

佩吉掛斷電話，感到心涼和孤獨，但她認為自己做的是對的；雖然她有時會對班生氣，但她知道他是個善良和認真的父親，很嚴肅地在看待他身為父母的角色。她想讓兒子與父母兩人都親近，而且她不想讓保羅覺得他可以操控父母相互對抗，即使保羅的感受是真實的。隨著時間流逝，父母決定共同努力，而不是為了爭取保羅的愛而開戰，這將使保羅能夠尊重並愛著雙方。

你很想——有時非常強烈地想——干預孩子與另一名父母的關係。孩子常常不知道自己需要什麼，有時，父母雙方對彼此的攻擊，會使孩子的忠誠度更加衝突，甚至可能操控情況及父母雙方。你很難控制自己的嘴巴，不去批評和攻擊另一個父母；但是，如果你能鼓勵孩子和父母雙方保持尊重和親密的關係（在沒有發生虐待或忽略的情況下），從長遠來看，會令你和孩子受益。

要期望離婚的大人永遠不會爭論、別說不好聽的話，或別讓孩子夾在中間，都是不切實際的。進行調整和適應變化需要時間，而且正如我們經常說的那樣，每個人都會犯錯。即使兩人已不再相愛，當父母能對自己的感受和行為負責，將孩子的需求放在首位，並努力建立相互尊重的共同教養關係時，孩子便能茁壯成長。

Point

* 大多數孩子想要自由地愛著父母雙方，充分參與兩邊的生活，同時擁有兩個家。
* 單親父母唯一可以控制的，就是自己的生活；試圖操控另一名父母，或強迫改變對方的態度和做法，很可能只會讓彼此產生怨恨和憤怒，這對於被夾在中間的孩子來說，是一種沉重的負擔。
* 即使兩人已不再相愛，當父母能對自己的感受和行為負責，將孩子的需求放在首位，並努力建立相互尊重的共同教養關係時，孩子便能茁壯成長。

Chapter 16

建立相互尊重的共同教養

制定「教養計畫」協議，適時表達你的感謝

你必須學會如何與對方相處，並拋棄你對「完整」家庭的看法，如果你與孩子同住，應該找到一種與對方定期保持聯繫，又不會增加痛苦和憤怒的方式。

正如我們在上一章中探討的，前任配偶「可以」共同教養，但沒有人說這很容易。法律上的離婚還不夠，在真正改變與前任配偶的舊關係，並開始建立合作關係之前，必須有「情感上的離婚」；不幸的是，「情感上的離婚」（包括從分居創傷中恢復和療癒），也許會花費一些時間。學會愛護和照顧自己，將幫助你們從親密關係，轉變為養育子女的夥伴關係（相關建議請參閱第十三章），但是，這個過程很難毫無痛苦。

離婚帶給人的傷痛與喪偶的痛苦無異；有時，當這個「離去」的人仍健在，而你必須處理內疚或被拒絕的感受時，哀傷的時間似乎會拖得更久。你必須學會如何與對方相處，並拋棄你對「完整」家庭的看法；如果你與孩子同住，應該找到一種與對方定期保持聯繫，又不會增加痛苦和憤怒的方式。

Point

＊法律上的離婚遠遠不夠，在真正改變與前任配偶的舊關係，並開始建立合作關係之前，必須有「情感上的離婚」。

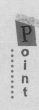

療癒需要時間

有許多事件會導致舊傷復發。簽署文件、離婚成定局、獨自度過假期，或看到前任配偶再婚、購買新房，甚至生小孩等，都會提醒你和孩子：舊的傷口還在。復原須分階段進行，但在每個階段完成後，你們的家庭將更接近真正的「完整」。

芭芭拉洗好臉準備上床睡覺時，房裡很安靜，她打開窗戶讓涼爽的微風吹拂臉龐，接著檢查了一下門，然後走進十歲女兒艾比蓋爾的房間，幫她拉好棉被；但當芭芭拉靠近她的床時，女兒悶悶的抽泣聲代表她其實還沒睡著。

「怎麼了，艾比？」芭芭拉坐在床邊輕柔地問，一邊撫摸著女兒的頭髮。「我以為妳睡著了，我們要不要抱抱、說說話？」

「哦，媽媽。」艾比嘆了口氣，坐了起來，「我想和妳談談，但我不知道怎麼做。」

「嗯，親愛的，」芭芭拉回答，「無論是什麼，我都願意幫忙，妳可以告訴我怎麼了嗎？」

接著，艾比沉默了很長一段時間。芭芭拉感覺到，女兒正在鼓起勇氣，終於，她說了出來。

「媽媽，爸爸要結婚了，下個月，他會跟瓊結婚。我和瓊的女兒卡西會一起當伴娘，然後我們會繼續跟他們一起度蜜月、參加其他的活動，我的意思是，這會很好玩，我為爸爸感到高興。我真的很喜歡瓊和卡西，而且我一直想要一個姐姐，我們會有一間新房子，卡西和我會有自己的房間；但是，媽媽，以後不只有爸爸和我兩個人了，會有其他人在那裡，一切都會改變。而且，如果我想花更多時間跟爸爸和瓊待在一起，妳就會一個人孤孤單單的，我討厭那樣；也許妳也應該結婚，哦，媽媽！」不知所措的艾比再次崩潰，抽泣了起來，並將頭靠在媽媽的肩膀上。

芭芭拉呆住了，不知道該如何回應。她很高興丹遇到瓊這樣體貼並值得尊重的人，有一部分的她，真心為他們感到高興，但也有一部分的她，卻感覺好像肚子被重重地踢了一腳。芭芭拉深吸了一口氣，離婚不是她的選擇，而且她花了很長的時間，才逐漸找到適合自己的生活方式。

「媽媽？」艾比蓋爾問，「妳還好嗎？」

芭芭拉把自己拉回現實中，看著女兒的臉：「是的，我很好。想到你父親即將與其他人結婚，讓我有種奇怪的感覺，我想這還是讓我的心有點痛，也讓我感到驚訝。我知道妳的爸爸和瓊最近會結婚，我以為我不會介意，但我知道妳真的很喜歡瓊和卡西，她們對妳很好。如果妳決定開始花更多時間待在父親家，妳知道我會想妳，但我很確定，我們可以想辦法解決這個問題。」

「關於留我自己一個人，艾比，」芭芭拉捏了一下女兒的臉，繼續說，「我感謝妳的愛和關心，但照顧自己是我的工作，不是妳的工作。無論妳在哪裡，妳永遠是我的寶貝女兒，而且妳知道，我最近很享受我的生活。我有好朋友，我喜歡我的工作，我想我有一天會再結婚，但不會那麼快，我很好，親愛的。」芭芭拉慢慢地說，「現在，妳可以好好睡覺了，妳感覺好多了嗎？」

艾比給了母親一個溫暖的笑容和擁抱，然後鑽進被窩裡。那天晚上，芭芭拉醒著躺在床上很久，思考著並回想起往事，也流了幾滴眼淚；她意識到，看著丹再婚，看著艾比進入她無法參與的家庭，遠比她想像中的要難。她知道自己會聽到很多關於婚禮的事，而且必須幫忙挑選伴娘的禮服——一件她也許不太喜歡的差事。

但是，芭芭拉也意識到，隨著她慢慢適應了丹的離開，她也能接受他的再婚。她對艾比很誠實：她確實喜歡自己最近的生活，甚至在一年前，她不敢相信這是有可能的。

「我做得到。」她在入睡前這麼告訴自己，「情況會不同，我必須稍微咬緊牙關，但我做得到。」

即使痛苦，她能夠接受前夫的再婚，這意味著，芭芭拉最終有機會與丹建立一種不同的關係，成為共同撫養女兒的合作夥伴。雖然緩慢，但可以肯定的是，他們以前的戀愛關係，正轉變為新的相處模式，最終將幫助他們的家人修復傷口和改變。

那「舊」家庭呢？

新的關係和回應方式需要花時間學習，有時，前任配偶會純粹基於習慣，而意外地以「甜心」或「親愛的」稱呼你，而其他習慣也可能持續出現一段時間。「舊」家庭的其他成員（祖父母、姑姑、阿姨、叔叔、舅舅、堂表兄弟姊妹）也在努力接受你們的離婚，並想辦法適應新的安排；另外，家庭成員有時會選邊站，而離婚的父母也許會切斷孩子與前任家庭的聯繫。

不過，要確實切斷孩子與「舊」家庭的聯繫很困難——畢竟，被排除在「家庭」活動之外是令人痛苦的——孩子也許還認為自己是「舊」家庭的一部分，仍然希望見到祖母、祖父、凱特阿姨和比爾叔叔。

此外，這些大家庭成員其實會為你提供寶貴的支持和幫助，尤其是當每個人心裡的創傷開始復原之後；祖父母和其他家庭成員可以成為孩子與家族歷史之間重要的連結，並在其他一切似乎都改變的情況下，提供他們一種穩定性和連結感。保持這些關係的持久和牢固，是值得的。

有效溝通

你和前任配偶在離婚後所能做的最正向的事，就是彼此建立合作關係、學會有效的溝通。即使你的前任配偶不願意，你也可以選擇冷靜地溝通；你們不必同時都擅長於表達真實的情感（請參閱第四章），一個人擅長表達也就夠了。你可以分享你的想法、感受和期望；關鍵是，不要期待你的前任配偶有相同的想法和感受，或願意提供你想要的東西。誠實地表達自己，是建立健康自尊和健康關係的關鍵。下一步是，確定你的做法（並貫徹執行），儘管你無法控制別人會怎麼做。

一些離婚的父母發現，將他們的新關係視為一種撫養孩子的合作關係，是相當有幫助的；你們可以在不須提及離婚引發的情緒問題下，確認探視權的細節，並分享孩子在體育活動、學校、健康和特別活動方面的訊息。

想想你在職場上的關係。你也許不喜歡每個與你共事的人——事實上，你甚至討厭某些同事；但是，大多數的人仍然了解，個人的感受會使工作關係複雜化，而你可以選擇練習尊重他人和維持基本的禮貌。你與前任配偶的關係也可以如此進行——控制情緒、遵守協議，並專注於完成工作。

離婚夫妻可以學會接受和考量彼此的感受，並避免會引起衝突的行動；他們可以談論養育子女的想法（正如我們建議的那樣），甚至可以一起參加家長課程，從他人類似的經驗裡，學習教養的方法。有時，尋求一位好的輔導員或調解員的協助，也會有幫助，甚至是必要的。孩子需要有機會了解父母，並同時愛著他們，不過，這取決於父母是否願意合作；如果你的前任配偶拒絕參與這種相互尊重的關係，而你不把它視為針對自己，這對你和孩子都有好處。你要知道，前任配偶的選擇是屬於他／她自己的，而不是屬於你的，如果你能不進行「報復」，將會為自己和孩子省去很多無謂的痛苦和悲傷。

Point

＊你可以分享你的想法、感受和期望；關鍵是，不要期待你的前任配偶有相同的想法和感受，或願意提供你想要的東西。

我們從哪裡開始？走向共同撫養

艾素蓮娜．利恩慈[17]所撰寫的精彩書籍《媽媽的家、爸爸的家》裡，她建議將離婚視為家庭的「重組」，而不是家庭的「破壞」，其目標是建立「兩個沒有爭吵的家庭」；這是個好建議，但有時說比做還要容易。父母在開始建立新關係之前，必須先面臨分居的挑戰；不幸的是，離婚和法律訴訟，常常會引起強烈的情緒，並造成很多的混亂。

17 艾素蓮娜．利恩慈（Isolina Ricci），作家，著有不朽教養經典著作《媽媽的家、爸爸的家》（*Mom's House, Dad's House: Making Two Homes for Your Child*，暫譯）和《媽媽的家、爸爸的家：孩子版》（*Mom's House, Dad's House for Kids: Feeling at Home in One Home or Two*，暫譯）；同時也是一位享譽國際的家庭治療師、教育工作者和調解員。

撫養和探視的法律問題，不在本書的討論範圍內；但是，在這些主題上，了解一些事實對你會有所幫助。在美國，有許多州的法院都要求，離婚的大人必須參加「探討離婚的決定將如何影響子女」的課程。我們和許多人一樣，鼓勵離婚的父母可以達成「教養計畫」的協議——一份明確闡明每個人的責任和權利的文件。有個雙方都同意的安排方式，可以為每個人省掉許多衝突和心痛。

有些父母選擇自己寫這樣的協議文件，但有些父母則發現，如果沒有專業人士的幫助，這是不可能的——你的內在智慧將引導你如何擬定協議。大多數人發現，有關離婚的法律制度和術語令人生畏（甚至使人沮喪），如果你覺得自己需要，別害怕尋求幫助。

什麼是「教養計畫」協議？須考慮什麼問題？

在走法律程序的某個時刻，你應該考慮以下問題，並嘗試與孩子的另一個父母達成協議：

- 探視時間（過夜、週間探訪、寒暑假、節日、假日和特殊活動）
- 監護權：法律上的監護權（單方或共同）和實際上的監護權（孩子與誰同住）
- 責任：誰來做哪個決定？

- 教育費用
- 醫療保險及其他保險：人壽保險或汽車保險（適用於青少年）
- 心理諮商
- 托育照顧（確實包含接送的指示）
- 生活教育
- 親職教育
- 與大家庭保持聯繫的方式（拜訪祖父母和其他家庭成員）
- 搬家：如果父母中有任何一方搬家，如何安排孩子的照顧？
- 活動（體育、舞蹈、音樂等）：誰付錢、開車或參加？
- 如何安排孩子需要的各種接送
- 關心孩子的學校成績和其他活動
- 稅：誰能享受免稅額？
- 行事曆有更動時將如何處理？
- 如何解決分歧？

法律通常不會強迫父母探望子女，但父母有法律義務撫養子女。如果你沒有獲得子女應得的撫養費，就應該盡一切努力，使離婚協議中的撫養規定獲得執行或修改；這既符合你自己的利益，也符合孩子的最大利益。若要請求對方「給付撫養費」，最省錢的方式，是向法院聲請「強制執行」。

法律還認可，與父母雙方持續保持接觸，對孩子是最好的；除非有證據證明，探視實際上對孩子造成傷害，法院才會限制父母的探視權。如果你與子女的另一名父母在監護權、撫養權或探視權方面，存在嚴重爭議，一個可能的解決方法是，由客觀的第三方來進行調解。「離婚調解」現在已經成為公認的專業，地方家事法庭可以將你轉介給社區中經過培訓的家事調解委員。

使之運作：為孩子建立兩個健康的家庭

像我們之前所說的那樣，共同撫養——為孩子建立兩個家——有時是不可能的。孩子的另一位父母也許沒興趣或沒空，或者也許你已經嘗試過了，但沒有用。共同撫養並非必要，孩子只要有一個關愛的父母，就能健康快樂地成長；但與前任配偶建立相互尊重的合作關係，可使你和孩子受益。以下是一些你可以嘗試的做法。

建立共同教養的關係

- 尊重對方
- 制定規則並遵守協議
- 小心法律訴訟
- 適當表示感謝
- 共同努力，輕鬆過渡
- 分享資訊
- 紀念你們的過去

尊重對方。「但是我不想『尊重』我的前任配偶！」你也許會這樣說，「我甚至不喜歡她！」記住，感受和行為是有所區別的，你可以不喜歡某人，但仍然可以選擇禮貌地、尊重地對待對方。你無法迫使前任配偶以相同的態度回饋，但即使你們之中只有一個人尊重著對方，情況也能不同。

制定規則並遵守協議。制定「教養計畫」將幫助你和你的前任配偶（以及孩子）知道要期望什麼，這可以幫助你們避免掉許多的混亂和衝突。不論有沒有書面計畫，你都要記得，一致性和可預期性能幫助每個人順暢地合作。

大多數父母（和孩子）發現，設定時間表，讓每個人都能根據它來安排生活，對於享有共同監護權和探視權的父母，和經常要在兩個家庭中來來回回的孩子而言，特別有幫助。儘管計畫的意外變動是不可避免的，但請你盡最大的努力，保持一致性，並遵守你們達成的協議。如果不能，記得提前告知孩子的另一位父母，並共同做出新的安排。

小心法律訴訟。有時採取法律行動是不可避免的，但法院往往不是解決問題的最佳場所；訴訟的時間通常比任何人預期的更長，聘僱律師的費用也很高，而在緊張、對立的法庭中，很難保持鎮靜和尊重。

雖然這不一定有可能，但你們可以試著在不威脅訴訟的情況下解決分歧，可以考慮聘僱調解員、牧師或顧問，來幫助你們找到解決方案。法庭之爭通常會加劇關係之間憤怒和敵對的情緒，並導致孩子感到焦慮和痛苦。

適當表示感謝。一位母親分享說：「我和前任配偶離婚的過程很痛苦，所以我花了很長的時間才能釋懷，並願意和他一起共同撫養。有一件事造成這個重大的改變——他幫忙支付一個暑期芭蕾舞課程的費用（在我尋求他幫忙前），讓我們的女兒能夠順利參加，而這個費用我永遠負擔不起。這對我來說不容易，但我打電話給他表示感謝，從那時起，我們的關係開始變得越來越輕鬆。」

當兩個人分擔任務和責任時，撫養孩子會更容易。如果你的前任配偶做了有幫助或體貼的事情時，請花點時間表示感謝；如果打電話給對方太困難，一個表示感謝的友好訊息也可以。我們所有人都希望得到感謝，你可以透過「說謝謝」來營造出一種尊重的氣氛。

共同努力，輕鬆過渡。許多單親父母分享，當孩子從另一名父母的家中回來時，情緒和行為會有所變化；許多孩子很難適應這樣來來回回的情況，但在父母的幫助下，這個過程可以變得更順利。你和前任配偶也許有非常不同的教養方式，但如果每個人願意對自己的家規保持溫和且堅定的態度，孩子也將學會適應。（請記住，你沒辦法控制前任配偶家裡的規則！）孩子有時會在換個家庭生活時，測試並確認既定的規則；不過，你的正向教養技能、許多的耐心，可以幫助大家一起適應轉換環境的情況。

有些單親父母發現，尤其當書籍、家庭作業和衣服必須在兩家之間來回時，使用「日常慣例表」來簡化「打包」和「整理」很有用。對「孩子遺忘了某個東西」要有耐心，但要避免拯救或說教，透過練習，孩子們將學會負責物歸原位。

讓孩子在每個家庭中擁有自己的私人空間，也會有幫助。如果孩子無法擁有自己的房間，請提供抽屜、架子和儲物櫃，讓孩子可以整理自己的物品。（為幼兒和學齡前孩子，提供多的毛毯、泰迪熊，和其他給孩子安全感的物品，是個聰明的做法！）

分享資訊。有關孩子的活動、健康和進步的資訊，是幫助父母雙方保持連結的寶貴工具，但也可能成為爭取孩子情感的武器。「黃金法則」[18]在這裡很適用——試著讓孩子的另一位父母知道，你想知道在他／她家裡發生的事。請記住，孩子將從父母雙方積極的愛和參與中受益。你可以將有關孩子在學校會議、足球比賽和健康方面的訊息，適時地告訴你的前任配偶；他／她也許參與或不參與，但你已經表達出尊重和禮貌。如果你無法與孩子的另一位父母冷靜地交談，可以使用電子郵件或語音留言來共享資訊。

紀念你們的過去。許多離婚的成年人都有這樣的經驗：想燒掉相簿和情書，丟掉結婚戒指和紀念品，抹去這場失敗婚姻的所有紀錄。一位婦女搬出去時，甚至把婚紗掛在臥室的衣櫃裡，對她的前夫做出無聲的指控。但許多父母發現，隨著時間流逝，他們其實後悔做出這些行為；婚姻關係也許結束了，但孩子對於父母雙方的需求仍在持續著。

當安妮八歲的兒子克里斯汀走進門時，她就知道出了問題。她從自己坐著讀書的沙發上站起來，走過去給兒子一個擁抱：「克里斯汀，你和爸爸玩得開心嗎？」她問。

克里斯汀搖了搖頭，然後，他下巴顫抖著，抬頭看著母親，「爸爸又要出差了，媽媽。我們這個週末本來要去看球賽的，但現在不能了；他說對不起，但他必須工作。」克里斯汀的心情掙扎了一下，然後爆發了：「他不愛我，媽媽。我討厭他！他的工作總是比我重要，從現在開始，我要和妳住在一起。」

安妮的心裡湧現許多回應方式和說教內容，從為兒子感到憤怒而產生的同情，

18 黃金法則（The Golden Rule）指的是聖經馬太福音 7：12——所以，無論何事，你們希望人們怎樣待你們，你們也要怎樣待人，因為這就是律法和先知的道理。簡單地說，就是以自己所想要被對待的方式，積極對待別人。

到想為卡爾進行的辯護——安妮知道卡爾愛克里斯汀，她還知道卡爾之所以工作繁重，就是為了養活克里斯汀。她凝視著低下頭的兒子，感覺到他受傷的情緒，於是做出了決定。

她擁抱克里斯汀，說：「不如這樣，晚餐後你來沙發這邊找我，我會給你看一些重要的東西。」

晚餐過後，克里斯汀在媽媽身旁坐了下來，看上去既戒備又好奇，「什麼事，媽媽？」他問。

「好吧，你說爸爸不愛你，我可以證明你錯了。」安妮平靜地說，伸手去拿相簿。她花了一整個下午的時間，在車庫中找一本相簿，其中有克里斯汀嬰兒時期和學步時期的照片，她已經好幾年沒看了，但現在似乎是該看一下了。

母子倆一起翻閱相簿，其中有卡爾驕傲地舉起剛出生的兒子的照片。「克里斯汀，他比我更早抱你。」安妮說。

相簿裡還有卡爾和克里斯汀遊玩、一起大笑、搔癢和互相擁抱入睡的照片，另外還有克里斯汀拿著卡爾為他製作的兒童工具，在車庫裡一起和爸爸工作的照片。克里斯汀並沒有說太多，但很入迷地看著照片，最後，他指著一張父母一起將他舉在中間的照片。

「媽媽，能給我這張嗎？」他輕聲問。

當他們翻到相簿的最後一頁時，安妮從口袋裡掏出一樣東西給兒子；克里斯汀拿著媽媽給他的小金盒，背面刻有日期。「打開它，克里斯汀。」他媽媽說。在小金盒裡，一個年輕的男人和女人相視而笑，「這是你父親送給我的結婚禮物。親愛的，我希望你能保存它，你會記住，你的父母曾彼此相愛過，當他們有了一個小男嬰時是多麼地高興；我們現在也許不在一起了，但有件事沒有改變——我們倆都愛你，克里斯汀。」

克里斯汀看著小金盒，然後看著他的媽媽，「謝謝，媽媽。」他說：「我可以打電話給爸爸嗎？」

安妮知道，兒子還是偶爾會對父母感到失望，而且他們三個都會犯錯；但是她意識到，幫助孩子了解自己的過去，將有助於克里斯汀適應家庭的變化。不管將來發生什麼，他總是會知道自己來自哪裡。

即使你不再愛孩子的另一位父母，也可以努力幫助孩子欣賞你們分享過的美好時光，藉此讓他了解自己在世界上的特殊地位。紀念家人的過去，是你可以送給孩子的無價之寶。

即使是最佳的共同撫養關係，也會遇到困難的時刻，你們不會總是同意彼此的決定，必須靠努力和耐心來保持溝通的順暢；但是，當孩子可以在兩個幸福的家中，與父母雙方分享生活時，他們將能從中受益。

Point

* 大多數父母（和孩子）發現，設定時間表，讓每個人都能根據它來安排生活，對於享有共同監護權和探視權的父母，和經常要在兩個家庭中來來回回的孩子而言，特別有幫助。
* 你和前任配偶也許有非常不同的教養方式，但如果每個人願意對自己的家規保持溫和且堅定的態度，孩子也將學會適應。
* 「黃金法則」在這裡很有效——試著讓孩子的另一位父母知道，你想知道在他／她家裡發生的事。
* 紀念家人的過去，是你可以送給孩子的無價之寶。

當孩子「進行操控」時

「孩子學會操控」遲早會發生在單親家庭中。孩子很快就了解到，這是對單親父母最終的威脅，他們會說：「我想和爸爸（或媽媽）一起生活。」「我不想再跟你一起住了。」很少有父母在聽到這些話後，不會感到受傷和驚恐。

孩子為什麼這麼說？（大多數的孩子，最終都會這樣做）孩子很聰明，會做對他有用的事情，而「威脅要離開」是如此地有效，因為單親父母愛他們的孩子，並經常感到不安，尤其是他們面對新的生活處境時。

還記得「錯誤行為目的」嗎？一個威脅與另一名父母住在一起的孩子，也許是出於「報復」的念頭而這麼做，他也許基於某種原因感到受傷，並想向最親近且在乎的人——亦即父母——進行反擊；他也可能揚言要離開，作為拉鋸戰的一種手段。即使父母擁有婚姻關係，孩子也經常會操控父母互相對立，以獲得自己想要的東西；當父母分居時，這種策略變得更加有效。當你的孩子說出「我想與爸爸／媽媽一起生活」，這也許是真的——孩子也許有令人信服的理由，表示自己想與另一位父母住在一起；不過，這也可能是孩子在告訴你，他需要花更多時間與另一位父母在一起。

你怎麼知道到底發生了什麼事？你可以查看「錯誤行為目的表」（第二三三頁）會有所幫助。如果你能釐清自己在孩子威脅要離開時的感受，那麼，你就會對正在發生的事有真正的了解；用積極傾聽和真誠的情感來討論問題，將幫助你和孩子和平地解決問題，並盡量不要反應過度。事實上，很多時候當父母拒絕上當，在回應時只是簡單地說（不生氣或諷刺）：「好吧，這也許是我們應該討論的事情」，讓威脅失去一些效果後，孩子就會放棄威脅。

當十三歲的女兒梅根宣布：「我想和爸爸住在一起」時，梅琳達一開始的反應是「感到受傷」，然後她想起了兩週前，在她的單親家長課程上，有關這個主題的討論。她平靜地說：「我真的很想今晚找時間與妳討論這個問題。」

梅根回擊說：「妳改變不了我的想法。」

梅琳達說：「我的目的不是改變妳的想法，而是真正地傾聽，並尊重妳的想法和感受。我知道我在幾個小時後，會做得更好，今晚七點三十分如何？」梅根悶悶不樂地答應了。

當晚七點三十分，梅琳達與梅根坐在廚房的桌子旁開始談話，她說：「我準備好聽聽在妳身上發生的事。」

梅根嘆了口氣，說道：「我只想和爸爸一起生活。」

梅琳達說：「我明白這一點，我不是說妳不能，我只是想知道背後的原因。妳為什麼想和爸爸一起生活？」

梅根說：「我就是想，這就是原因。」

梅琳達說：「梅根，我有種直覺，妳正因為某件事感到受傷。我試著回想，我也許做了什麼事傷害了妳的感受，但是我想不到任何線索。妳有什麼事沒告訴我嗎？」

梅根開始哭了起來：「我只是想爸爸，安琪拉的父親今年夏天會帶她去露營，而我卻很難見到爸爸，他從未出席我的鋼琴演奏會，或其他任何活動。我只是討厭自己是單親家庭！」

梅琳達用雙手環抱梅根：「哦，梅根，」她說，「很抱歉，我知道這有多辛苦，我知道妳有多愛妳的爸爸。我明白為什麼妳會想和他在一起，就像妳想跟我在一起一樣；至少我希望，妳也想和我在一起。」

梅根承認：「我想，但是我討厭妳和爸爸離婚了。」

梅琳達說：「我知道，梅根，有時我也討厭。生活給我們一些困難的學習經驗，但我知道，妳和我可以克服這些困難，同時享受生活中所有美好的事物。我可以和妳達成協議，妳可以試著跟妳的父親住一段時間，而如果妳改變主意，想回來和我一起住，那沒關係，但妳不能每次遇到困難，就改變主意。現在，妳有兩個選項等著妳，因此請妳仔細考慮清楚。」

梅根很驚訝，她問：「妳的意思是，如果我去和爸爸住一段時間，妳不會生我的氣？」

梅琳達輕聲地說：「我會非常想妳，但我不會生氣。」

梅根打電話給父親，並決定試著和他一起住。一年後，她決定回來和母親住。

許多單親父母不想讓孩子擁有「選擇跟誰住的權利」，但這個方法對梅琳達卻很有用。其中有幾個因素讓這個方法奏效：

1 起初，她很明智，等冷靜期過後，再討論這種「火爆」的議題。

2 梅琳達知道梅根行為背後的訊息（從她參與的單親家長課程，以及關於「錯誤行為目的」的探討），梅根也許沒意識到，受傷的感覺正驅使著她的行動，她用憤怒掩蓋自己傷痛的情緒——這是許多人普遍的做法。她的困惑導致敵意，她攻擊對她來說最親近的人——她的媽媽。梅琳達的目的是幫助女兒釐清自己的情緒，並找到某種解決方案。

3 梅琳達願意更關心女兒的感受勝過自己的感受（事實上，她從自己的感受中取得線索——梅根也許受傷了——即使這最初對母女兩人而言都「沒有意義」）。

4 梅琳達願意尊重梅根做某些決定的能力，但也提出限制，刺激梅根進行周全的思考，而不是衝動地做決定。

許多父母甚至不考慮孩子的意願，就決定孩子應該跟誰住，好像父母的意願才重要。梅琳達鼓勵梅根同時愛著父母雙方，讓她不會覺得自己想和哪個父母在一起，就是對誰不忠誠。

梅琳達允許梅根選擇。在某些情況下，允許孩子表達自己的感受就夠了，你不須「修復」或「解決」一切；通常，進行有意義的討論，讓孩子從中了解自己的感受，並加以表達就足夠了，這本身就是一個療癒和解決問題的過程。

如果你和孩子的另一位父母決定，讓孩子參與有關探視或生活安排的決定時，要注意不去引發孩子的操控行為，並記得對選擇設限。

有時孩子會因為要參加學校的特殊活動或其他事情，而需要臨時改變探視的安排。一些父母發現，讓年紀大一點的孩子直接與進行探視的父母商量新的時間表，是很有效的方式；再說，你與孩子的另一名父母溝通得越順暢，就越能應付變化。

Point

*即使父母擁有婚姻關係，孩子也經常會操控父母互相對立，以獲得自己想要的東西；當父母分居時，這種策略變得更加有效。

*你不需要「修復」或「解決」一切，通常，進行有意義的討論，讓孩子從中了解自己的感受，並加以表達就足夠了。

「我需要你們！」

當父母考慮到孩子的想法和願望時，他們會知道，孩子有時需要父母同時出現在同一個地方；如果孩子幸運得到另一位父母的愛和積極參與，只要你和前任配偶還共同撫養孩子，前任配偶便會繼續成為你生活的一部分。孩子會希望在學校活動、棒球比賽、童子軍會議、畢業典禮和婚禮等，所有重要的場合和慶祝活動中，見到你們兩人。你投注時間和精力與另一名父母建立良好關係（即使其中沒有愛情），將讓你和孩子免去很多痛苦，也能為每個人更幸福、更健康的生活奠定基礎。

Point

* 如果孩子幸運得到另一位父母的愛和積極參與，只要你和前任配偶還共同撫養孩子，前任配偶便會繼續成為你生活的一部分。

Chapter 17

讚美你的家庭

珍惜你們的「與眾不同」，帶著「幽默感」一起生活！

相信你的心，它可以是美妙的，盡你所能，然後慶祝一下！

多年以前，好奇的研究人員進行了一項調查，來確認成年人如何看待「家庭」，他們讓不同族群和不同經濟背景的成年人，定義所謂的「正常」家庭；不論我們的社會發生多少變化，也不管受訪者本身的經歷，大多數成年人都會回答：一個「正常」的家庭是由「從未離婚或再婚」的母親和父親，以及幾個孩子所組成的。而且，有趣的是，他們說這個「正常」家庭中的母親，不會出門工作！

研究人員接著調查，美國有多少家庭符合此一描述，他們發現，只有不到百分之十的人有這樣的家庭；這是否表示單親父母及其子女「不正常」？不，但這項研究證實：我們長期以來，對「正常家庭」的迷思，有時會阻礙我們珍惜自己擁有的家庭（無論是什麼型態或大小）。態度也許不代表一切，但卻至關重要；單親父母面臨的最重要任務之一是，不僅要學習接受，而且要讚美自己擁有的家庭。

如果你已經讀到這裡，你也許早就意識到，單親家庭會是成長的好地方，它們不是「破碎的家庭」，孩子不會注定失敗和失望；「單親家庭」的生活的確需要花時間習慣一下，但對於共享這個單親生活的成年人和年輕人來說，這可以是一個和諧、安全、充滿愛心的家庭。

Point

＊態度也許不代表一切，但卻至關重要；單親父母面臨的最重要任務之一是，不僅要學習接受，而且要讚美自己擁有的家庭。

了解單親家庭的價值

首先，你可以做的第一件事，或許也是最重要的一件事，就是了解「單親家庭」的價值和獨特性。無論是作為個人，還是作為家庭，你和孩子都有其他人沒有的優勢、能力和觀念；你家庭的樣貌或運作方式，也許不像隔壁鄰居（或你每週在電視上所看到的那樣），但卻同樣具有價值。

我們通常容易將焦點放在錯的事情，而不是對的事情上，但單親家庭有很多正面特質；正如之前提過的，單親家庭在教養方式上出現分歧和衝突的可能性變小了。許多單親父母分享說，他們享受更多陪伴孩子的時間，而且能更隨興地生活。

請記住，我們也許必須花點時間，才能找到身為單親父母的好處，但是有很多方法可以擴大我們的視野，將看似消極的事情，變成積極的機會。

我的家庭有什麼特別之處？

人類是奇妙的生物。我們每個人都是獨一無二的，而我們擁有的特質、洞察力和能力的組合，都與其他人有別；正因為我們每個人都很特別，所以每個家庭也很特別。我們的期望塑造了我們的現實，作為單親父母，你會將注意力放在困難的事情上，或與「傳統」家庭的不同；但隨著生活逐漸安頓下來，你將能夠開始利用自己的智慧和創造力，來進行一些改變——也許不是改變關於你們家庭存在的事實，而是改變你們如何看待它，以及如何使其運作的方法。

你會在某一天（也許在某次的家庭會議上）花一些時間與孩子一起思考、對話，並拿出一大張紙，寫下這個家庭特別的事情。你也許會說：「我們一點都不特別。」「我們只是試圖過溫飽生活的普通人。」但是，如果你花時間和精力去探索，會發現有一些奇妙的事情使你的家庭與眾不同。

你發現的事也許會讓你吃驚。你的家可能存在一種特別溫暖和願意接納的氣氛，或是充滿一種動力和熱情；而每個孩子都有自己的興趣，例如棒球、音樂、芭蕾舞、電動遊戲、閱讀，這些活動讓他們充滿朝氣；同時，你也有自己的能力和才華；你們家可能養了有趣的寵物，家人間可能有共同的興趣（例如上教堂、露營、騎腳踏車，或做園藝），這都會給你們一種認同感。你們的房屋、街坊鄰居及周遭的一切（甚至是讓人看著礙眼的地方），都使你們與眾不同。

填好這張紙後，花一些時間，從舊雜誌上剪下一些圖片，來表現你所寫下的內容，然後，將這張「全家福」張貼在醒目的位置，並在靈感來時添加上去；你甚至可以找到一個屬於家庭的座右銘，讓它成為這張「全家福」的完美標題。

騰出時間，讓全家一起發掘你們的與眾不同之處，這會讓你們團結起來，並珍惜所擁有的東西；同時，這也可以幫助你看到家人之間的差異，也許就是這個家庭最大的優勢。

Point

＊正因為我們每個人都很特別，所以每個家庭也很特別。

＊騰出時間，讓全家一起發掘與眾不同之處，這會讓你們團結起來，並珍惜所擁有的東西；同時，這也可以幫助你看到家人之間的差異，也許就是這個家庭最大的優勢。

創造新習慣

「家庭傳統」是讓家庭凝聚、彼此認同並展現其特殊性的方式——一家人一起度過的特殊時光，以及在生活中共享的慶祝活動和儀式。對於單親父母來說，「節日、假期」會是特別辛苦的時候；父母雙方通常必須分配陪伴孩子的時間，而單親父母在假期或生日時，經常只能獨自度過的景象，想來就很慘淡。

我們以往在家庭中習慣舉行的傳統節日活動和慶祝活動，對單身的人來說，成了一種壓力現在幾乎對所有家庭來說，「節日、假期」都是一件讓父母倍感壓力的

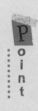

事，尤其是對於離婚、喪偶或再婚的家庭而言——孩子要在哪一天跟哪個父母在一起？會吃幾頓火雞餐？誰的孩子要和哪個父母在一起？有時候，無論你選擇如何度過那些特別的日子，總是有某個人的情感注定會受到傷害，或感覺被排斥在外。除了上述的原因外，假期的花費在經濟上會造成壓力，這也難怪很多單親父母一想到假期就頭痛。

你可以做一些事，恢復假期和家庭聚會的歡樂氣氛。

恢復假期的樂趣

- 根據你的情況調整期望
- 不要害怕即興發揮，或採取不同的做法
- 詢問家人，對他們來說最重要的事情是什麼，然後根據答案來籌備慶祝活動
- 試著別送大量的禮物

根據你的情況調整期望。我們大多數人仍然相信，家庭的慶祝活動應該要像諾

曼・洛克威爾[19]的繪畫一樣——爸爸在切著桌上一隻巨大而多汁的火雞，餐桌上擺滿了美麗的餐具，全家人個個臉色紅潤、面帶微笑、滿懷期待；沒有爭吵，沒有疲累、愛抱怨的孩子，沒有痛苦的回憶。然而，不幸的是，即使是在最幸福的家庭中，現實情況也很少如此；面對「傳統節日」，也許就是接受現況，並找到每個人都能享受的最佳方式；「與眾不同」並不意味著「很糟」。

不要害怕即興發揮，或採取不同的做法。你很難不陷入「但我們一直都這麼做」的想法；請不要害怕改變做法，以適應自己真實的情況。如果你的孩子在放假時，沒有跟你待在一起，請在你們相處時挑一天，計畫一次特別的慶祝活動；安排活動不會發生什麼神奇的事——重要的是，你們花時間共同創造親子間的特殊時光。

乍看之下，你們一些舊有的家庭傳統似乎已經被破壞了。如果你珍愛的聖誕裝飾品，被你的前任配偶帶走一半，那麼與孩子一起花個一天時間，來製作新的裝飾；少量的緞帶、粉彩紙、舊的聖誕賀卡、空蛋殼、照片，以及一點點的想像力，不僅會填滿聖誕樹上的空白處，還會為你和家人創造值得珍惜的寶物，以及伴隨這些寶物的美好回憶。

詢問家人，對他們來說最重要的事情是什麼，然後根據答案來籌備慶祝活動。詢問孩子「哪些家庭傳統對他們最重要」，會是件有趣的事；你會發現，沒有人特別在意你多年來費心製作的奢華甜點，但每個人都喜歡一起玩遊戲，或一起看一部特別的電影。不要害怕讓事情變得簡單——你也許會發現，在特殊日子裡，最好的時光，是晚餐後一起到公園散步。

當地的書店或圖書館是你尋找靈感的好地方——這裡有許多關於如何籌備家庭慶祝活動的好書。無論你和家人如何決定，花時間創造特別的回憶，會幫助你們建立歸屬感、完整性和歡樂的氣氛。

試著別送大量的禮物。不要將愛與一堆禮物混為一談，如果你接下來的幾個月，要擔心支付帳單的費用，就沒辦法好好享受假期。請記住，即使是雙親家庭，也會有孩子在打開許多禮物後還說：「這就是全部嗎？」；你無須為不能提供孩子足夠的禮物而感到內疚，趁此機會，教導孩子其他的可能性。

---

19 諾曼．洛克威爾（Norman Rockwell）（1894-1978），美國二十世紀初重要的畫家和插畫家，將美國傳統價值觀在二十世紀的轉變，細膩地用畫筆記錄下來。文中指的畫作應為《免於匱乏的自由》（又名《感恩節圖畫》），為其「四大自由」系列的第三幅油畫。

你可以在給每個孩子一份特別的禮物後，使用預算中所剩餘的錢，來幫助其他人——也許是和孩子一起「捐助」給其他需要的家庭——有時這令人驚訝，但總是有人比我們更辛苦。尋找幫助他人的方法，不但可以讓你們重新體會假期所蘊含的助人意義，也可以為孩子提供分享和奉獻的寶貴機會。

Point

* 安排活動不會發生什麼神奇的事——重要的是，你們花時間共同創造親子間的特殊時光。
* 尋找幫助他人的方法，不但可以讓你們重新體會假期所蘊含的助人意義，也可以為孩子提供分享和奉獻的寶貴機會。

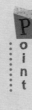

新的慶祝方法

你必須鼓起勇氣，來尋找慶祝假期並將單親家庭成員聯繫在一起的新方法。

艾倫對過感恩節感到憂心，這是她離婚以來的第一個假期，而兩個孩子將和他們的父親、祖父母度過週末，與艾倫以外的其他家人一起共享感恩節晚餐。一想到要自己一個人窩在空盪盪的公寓，就讓她淚眼汪汪，但她不確定該怎麼辦。

艾倫在閱讀有關太平洋海岸的一篇雜誌文章時，突然有了一個想法，於是拿起電話進行預約，然後在改變主意前下了訂單；那天晚上，艾倫和她的孩子們一起坐下來，擬定了一些計畫。

「你們兩個都知道，今年你們會和父親、祖父母一起過感恩節，對嗎？」艾倫問。孩子們點了點頭，不確定媽媽會如何反應。

艾倫笑了，「即使我們不會共度感恩節，我仍然想與你們一起慶祝。我提議，我們可以在星期三，一起吃頓特別的飯，只有我們；你們覺得如何？」

孩子們帶著熱情的笑容接受了這個提議；艾倫和她的孩子們安排了一個美好的感恩節活動。孩子們決定，因為他們會在祖母家中吃火雞，所以想和媽媽一起吃起司漢堡；艾倫笑了，並且同意了。他們一起用蠟燭和玉米製作餐桌上的擺飾，一邊聊著感恩節的意義。當他們安排的感恩節活動到來時，他們在餐桌上擺了最棒的餐點，點了蠟燭，然後把燈關掉。

在淡淡的燭光中，艾倫握著孩子們的手，問他們想感謝什麼。他們花了一些時間思考，這一年對每個人來說都很辛苦，但每個家庭成員都至少有一件真正想感謝的事情。

然後，最小的班尼不確定地問：「我們能說我們不感謝什麼嗎？」艾倫對她的兒子點點頭。

班尼默默地說：「我不感謝離婚，但我很高興，我們仍然彼此相愛。」那天晚上，餐桌旁的每個人不止流下一滴眼淚，而這也是療癒和理解的時刻，當艾倫抱著孩子跟他們說晚安時，她知道一起過特殊的感恩節是個好主意。

第二天，艾倫將興奮的孩子們送到父親家，她轉身收拾了行李，開車前往沿海小鎮，她預定了一間附早餐的小旅館。獨自一人並不容易，尤其當看到每個人似乎都成雙成對或是全家出遊時；不過，她發現自己享受著平靜，並有時間讀一本書，沿著海灘散步。到一個有趣的新環境，使她擺脫了必須重新安排假期的痛苦；事實上，她決定明年輪到她時，要帶孩子到海灘上過感恩節。艾倫想，這是個美麗的地方，為什麼不做些新的嘗試呢？

創造特殊時光

「特殊時光」並不僅限於假期和特殊事件，每天都可以創造與孩子的「特殊時光」——重要的是，我們要在忙碌的生活中為它騰出時間。

布拉德家的鄰居如果從窗戶望進去，可能會以為那個家有些不尋常。布拉德每天晚上回到家，都要面對三個飢餓的孩子；他通常還必須洗衣服、檢查家庭作業，並處理家庭生活中所有的雜事。

但是布拉德採取的方法有些不同。他走進前門，脫下鞋子，然後在地毯上躺下來，「我的孩子在哪裡？」他喊，「我所有的孩子都在哪裡？」

布拉德的孩子們無論身在何處——不管是在院子裡，還是在房子裡——都會衝向父親，躺到他的肚子上，搔癢、咯咯笑和大叫。他們會這麼笑鬧一陣子，然後，當笑聲平息後，布拉德和他的孩子們會談論當天發生的事情、他們的感受，以及晚上的活動安排。在鄰居的眼中，這可能是一種愚蠢的儀式，但對布拉德一家來說，這是保持連結，並騰出時間歡笑的好方法，然後他們會一起準備晚餐和做家事。

特殊時光可以透過家人喜歡的任何活動來創造。比方說，定期舉行的家庭會議不僅為解決問題提供時間，而且在每個人參與、分享時，建立起家庭意識和家庭的完整感；家庭會議還教導孩子，單親家庭可以好好運作，同時提供了傾聽、交談和玩樂的時間。

為家人創造特殊時光也許包括「每天晚上在睡前輪流朗讀一本書」（這是一石二鳥的辦法，因為唸書給孩子聽，是刺激健康的大腦發育和準備入學的最佳方法之一），在週末「騎自行車」、「野餐」、「打棒球」，或是「一起出去玩」。這些時間不必完美——實際上，它們也許不完美；但共享時光的頻率越高，家庭的基礎就越堅固。你與孩子度過的特殊時光，不必花費很多金錢，或一定是件重要的大事，只要花時間「在一起」，就是最重要的事。

父母能給孩子最有價值的事物之一，就是共享時光的回憶；這些珍貴的回憶，延續著家庭的歷史。對單親父母來說，特殊時光是將家庭聯繫在一起、共同療癒，並帶來歡樂的一種方式。

Point

* 每天都可以創造與孩子的「特殊時光」——重要的是，我們要在忙碌的生活中為它騰出時間。
* 父母給孩子最有價值的事物之一，就是共享時光的回憶。

儀式的力量

現代生活似乎沒有很多時間能進行「儀式」；實際上，我們大多數人並不真正確定「儀式」一詞的含義，但將「儀式」放入我們的日常生活中，會帶來豐裕、慶祝的感覺，至少在大多數情況下，會使我們的生活充滿歡樂。

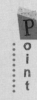

「儀式」是我們在生活中熟悉且會重複發生的事件。有時它們會自然地發生，但有時我們可以透過計畫、創造並利用「儀式」，來凝聚我們的家庭。就寢儀式是一個熟悉且極為有效的範例。讓孩子上床睡覺，尤其是年幼的孩子，可能是每個家庭裡人人都怕的夜間拉鋸戰；制定一種儀式（我們稱之為「慣例」）會使孩子感到安全和舒適，並使整個過程變得更容易。

「儀式」可以幫助我們標記並慶祝生活中的轉變和里程碑，也可以幫助我們療癒，並給我們一種表達悲傷或喜悅的方式。我們大多數人都熟悉生日的儀式，例如蛋糕、蠟燭、熟悉的歌曲，但你還可以做更多事情，使這種場合變得特別。你可以選擇帶孩子出去吃一頓特別的「只有我們」的午餐，也許可以讓過生日的人選擇晚餐菜單，然後使用特別的盤子用餐；蛋糕上可以點綴家裡傳統的獨特裝飾。有位媽媽用蠟紙包裹著小硬幣和幸運符，將它們放在蛋糕層與層之間的糖霜中，收到幸運符的人可以許下特殊的願望。如果你的孩子是被收養的，慶祝他／她開始與你同住的日子，是增進你們親密關係的絕佳方法。

如果你的孩子失去父母或兄弟姊妹，你可以在他們的忌日時，創造一個特殊的「懷念」儀式；你可以選擇種一棵樹或玫瑰花、翻閱舊相簿，或在吃一頓特殊的美食時分享彼此最美的回憶。尤其是在最初的艱難日子中，這些儀式將使你的家人有機會分享他們的悲傷、記憶，並一起療癒。

「儀式」是將家人凝聚在一起的有效方法；不過，在計畫這些特殊的慶祝活動時，要考慮家庭的獨特性和處境；舉行家庭習慣的慶祝活動，可能是件很棒的事，但若僅僅因為「該做」而做某件事，只會把它變成一種「義務」或給人「無聊感」，而不是你想要的「認同」和「喜悅」的精神。努力使自己的儀式符合家庭實際的生活，使它們個性化並具有特殊性；將儀式融入日常生活中，可以使全家人有機會感受、期待和慶祝。

Point

*儀式可以幫助我們標記並慶祝生活中的轉變和里程碑。

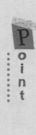

確實傳達愛的訊息

父母——所有的父母——都太容易陷入日常生活的忙碌中；我們忙於做事、處理問題、聆聽、談話和把家庭成員凝聚在一起。有時我們忘記花時間（或不確定如何）提醒孩子「我們愛他們」，有時我們忽略他們嘗試傳達愛的方式。

在網路上流傳著一個關於「孩子的愛」的美麗故事，我們不知道這個故事的來源，但要在這裡謝謝原始的分享者，並與大家分享。

從前有一位父親，因三歲的女兒浪費一卷金色的包裝紙而生氣。他的預算有限，所以當孩子想用這卷包裝紙包裝一個放在耶誕樹下的禮盒時，他很惱怒。

當小女孩在第二天早上把禮物拿到父親面前，說：「爸爸，這是給你的。」他為自己先前的反應過度感到尷尬；可是當他打開，發現盒內空無一物時，他的怒氣再次燃起，他無法抑制自己的怒火，對女兒說：「妳不知道當妳給某個人禮物時，裡面應該要有東西嗎？」

小女孩抬起頭，淚眼汪汪地看著他說：「哦，爸爸，這不是空的；我把吻吹進盒子裡，爸爸，全部給你。」這位父親徹底崩潰了，他用雙臂抱住女兒，請求她的原諒。這位父親把金盒子放在床旁多年，每當他灰心時，就會打開這個金盒子，並想起孩子放在裡面的愛。

無論我們是否意識到，我們都拿到了一個金盒子，裡面裝滿了孩子無條件的愛和親吻。如果你曾經請求孩子的原諒，你無疑體驗過那種滿滿的愛；如果「被愛」給人如此強大的安心感，難道對孩子來說，不也是如此嗎？

「哦，我的孩子知道我愛他們。」大多數父母都會這麼說，「我一直這樣告訴他們。」但光是說也許還不夠。一些有趣的研究顯示，最能傳達愛的並不是我們的話語，而是我們的「行動」：眼神交流、善意的碰觸、花時間陪伴、建立孩子的歸屬感和價值感。當我們經過正伏案學習的女兒身旁時，撥弄她的頭髮；或當兒子盡責地洗碗時，給他一個意想不到的擁抱，這都在以一種奇妙的方式說：「我愛你，謝謝你」。特別是當孩子最不抱期望的情況下，你可以偶爾說「好」，而不是「不行」，這會讓他們感到特別開心，並使每個人更加愉快。即使是便宜的零食（一包口香糖、一些棒球卡），只要是為了向孩子表達「你很特別」而給的，都能成為一種魔法。

電影《歡樂滿人間》[20]裡有一首歌〈一勺糖〉（A Spoonful of Sugar）是這麼唱

的：「只要一勺糖，就能幫助藥物入口。」當我們設法向孩子傳達愛的訊息時，在日常生活中由孩子所引發的煩惱，霎時就變得不再那麼痛苦和不堪負荷了；當孩子做出一些令人失望的選擇時，你必須使用一些正向教養的方法，但你仍然可以微笑，或表示關愛地說：「你仍然是我的孩子，我愛你。」

有些家庭發現，即使是在最激烈的討論中，像是「用手指向心臟」之類的無聲訊號，也可以向孩子表達愛和安心。無論哪一種方式最適合你和你的家人，都要花時間確實傳達愛的訊息，它可以帶來很大的改變。

傳達愛的訊息

向孩子傳達愛的訊息是如此地重要，而且有很多具創意（和省錢）的方法可以做到這一點！以下是一些拋磚引玉的建議，幫助你創造出自己的做法。

- **傳遞訊息**。試著在孩子的午餐盒裡塞一張便條紙，讓他知道你想著他。或是當他去另一個父母家時，在他的背包裡放一張「便利貼」；「便利貼」上可以是一首有趣的詩、一句「我愛你」或一個「笑臉」符號，用意是讓孩子知道他很特別。
- **善用科技**。在現今時代，很多父母發現科技提供許多與孩子保持聯繫的方式：你可以發送「電子卡片」給孩子，用手機向青少年子女傳送關心的訊息。

- **使用物品作為象徵。**某個晚上，一位母親對一個心煩的小男孩說，他可以把自己的煩惱告訴他的絨毛小白兔，兔子總是會明白的；多年來，每當男孩離家時，他都會帶著這隻小白兔，並想起愛他的媽媽。
- **共度「特殊時光」。**沒有什麼比固定花時間與孩子單獨相處、分享想法、一起遊戲或單純陪伴，更能表達「我愛你」了。

Point

*當我們設法向孩子傳達愛的訊息時，在日常生活中由孩子所引發的煩惱，霎時就變得不再那麼痛苦和不堪負荷了。

20《歡樂滿人間》（*Mary Poppins*）是一九六四年一部美國歌舞奇幻電影，改編自英國作家P．L．崔佛斯（P. L. Travers）的小說系列《瑪麗．包萍》（*Mary Poppins*），敘述一名魔法保姆帶著一個倫敦家庭中的兩個孩子歷險的故事。

「笑」是最好的良藥

表示愛和團結的最佳（也是最健康的）方法之一，就是「笑」。有時說起來容易做起來難，但要培養你的幽默感，學會認識並享受生活中滑稽的一面，以及找到與孩子一起開懷大笑的方法，可以使我們對生活的感受發生驚人的變化。

一個夏天的傍晚，當皮特的雙胞胎兒子泰勒和崔維斯走進前院時，他正在幫枯萎的矮牽牛澆水；孩子們抱怨道：「爸爸，我們很無聊，沒事可做，屋子裡太熱了，而且天還很亮，我們不想上床睡覺。」兩個男孩皺著眉頭、拖著腳步走進前院。

皮特感到一陣煩躁，他們這週至少進行了兩次相同的對話，他們已經針對可以從事的活動進行過腦力激盪，並同意有足夠的預算時會買電風扇。可是男孩們又來了，他原本打算開口發怒，但一回頭，看到兩張脾氣同樣暴躁的面孔時，卻使他感到滑稽。

「來，」他咧嘴一笑，「這也許會使你們冷卻下來。」然後他用水管，朝男孩們的腿噴了水。

兩個男孩怒吼著跳起來，「爸爸！」他們尖叫著，跑進屋子，然後用力地把門關上。喔，這下好了，皮特想，現在我搞得他們生氣了；當他正準備關掉水管，去和男孩們說話時，崔維斯和泰勒出現在屋子轉角處，手裡抱著大功率的噴水槍。

在接下來的十五分鐘，鄰居們觀賞了一場在皮特家前院上演的激戰；當戰鬥人員最後倒在草坪上散落的物堆中時，他們三個都濕透了。

「好吧，」泰勒清醒地說，低頭看著他滴水的T恤，「我想，我現在已經不熱了。」他說話的方式讓他的哥哥和父親覺得很搞笑，三個人開始大笑了起來，一起衝進屋子裡洗澡和睡覺。

喬西和她的三個孩子決定在家中進行一場持久賽，看看誰是第一個能在不同情境中發現幽默的人；這場比賽的規則是，這種幽默必須使彼此「一起笑」，而不是「笑彼此」。有一天，當一家人從一次家庭野餐返家時，喬西因超速而被警察攔下，並被開了罰單，她對必須繳的罰款感到非常沮喪。

她的一個孩子打趣道：「好吧，媽媽，妳總是告訴我們，錯誤是學習的絕佳機會。妳剛剛獲得了一次絕妙的機會。」另一個孩子補充說：「嘿，對呀。那個警察也許透過教妳放慢速度，而拯救了我們的性命；那張罰單也許是為我們的生命所付出的很小的代價。」喬西也讚聲說：「好吧，我總是去工作坊尋求個人成長，看來，我剛剛為大家提供了一次私人講座；現在，我不必再囉嗦要大家放慢速度了，因為我剛剛示範了後果。」他們都笑了，並且學到了東西。

喬西和她的孩子們還決定製作一本卡通剪貼簿。他們會掃描報紙和雜誌，剪出自己最喜歡的漫畫，然後將它們貼到剪貼簿中；他們透過共享剪貼簿的最新內容，來結束每次的家庭會議，這個家庭的每個成員都有很棒的幽默感。

「笑」能解決你所有的問題嗎？當然不是，但它的確可以使問題顯得不那麼嚴重。重要的是，你必須意識到「笑聲」和「嘲笑」之間的區別；如果你聆聽自己內在的智慧，你會知道笑聲何時會產生正面的效果，何時會產生傷害的效果。

利用你的幽默感和一點創造力，可以解決日常生活中的麻煩；隨興的枕頭大戰、搔癢比賽，或在意想不到的時刻做個鬼臉，能同時提醒父母和孩子：即使還有很多家事要做，生活仍然非常美好。有時，一個討厭收玩具的孩子，在「收玩具」變成遊戲後，會急著收拾；有時候，一個微笑和「我打賭，在我數到十之前，你不能收好那些玩具（或穿上睡衣、刷牙）」，就能使這項任務成為一種有趣的遊戲，而不是一場拉鋸戰。有時，只是講個笑話和搞笑的故事，就可以讓每個人一起微笑，不過，這在大多數家庭中，很少有機會被好好地運用。

Point

＊培養你的幽默感，學會認識並享受生活中滑稽的一面，以及找到與孩子一起開懷大笑的方法，可以使我們對生活的感受發生驚人的變化。

＊「笑」能解決你所有的問題嗎？當然不是，但它的確可以使問題顯得不那麼嚴重。

信仰的價值

研究健康家庭的專家告訴我們，這些家庭都擁有的一種相同特質，就是「信仰」。對於某些家庭來說，這意味著「認同一個教會」；對其他人來說，則可能意味著完全不同的事物。

一位著名的神學家曾經將「信仰」定義為「對比自己偉大的事物，產生積極的認同感，該事物賦予生命意義與使命感。」宗教和信仰也許並不相同，但諸如愛國主義、信奉上帝（或一種更高的存在）、對平等或環境的關注等，在本質上就是種深層的「信仰」。

對大多數人而言，「信仰」是一種力量的來源，是打造生活的基礎，也是一種與「比自己偉大的事物」連結的有效途徑。你和孩子會發現，祈禱或信仰的實踐，使你們彼此團結，並與更大的社群連結在一起。

你選擇的信仰形式，並沒有比你選擇相信的事物更重要；不論你如何定義它，為自己和孩子創造一種「信仰」的練習，將提升你們對自己家庭的認同。

創造值得珍惜的記憶

當你有時間安靜下來時，回想一下自己的童年，你最喜歡回想起什麼，或希望自己能擁有什麼回憶。你的孩子會有歡笑、慶祝，和其他值得回顧的美好時光嗎？創造那些特殊的時刻，其實比你想像的還要容易（且成本低）；它實際上可以成為一種生活方式，並改變你家中的氛圍。為儀式、慣例、歡笑和共享的回憶挪出時間和空間，這會使你的家庭產生「凝聚感」，幫助你創建一個「人們會想來停留一段時間」的地方。

沒有任何一個人可以選擇生活中發生的所有事情；有句老話告訴我們：「每個生命中都必須下點小雨」——雖然對我們當中的某些人來說，這是一場名副其實的洪水！不過，也有另一句老話告訴我們：「眼睛沒有淚，心就沒有彩虹。」無論當一名單親父母是否是你的選擇，你的家就是你的家，只要有勇氣，你就能建造屬於自己的家。相信你的心，它可以是美妙的，盡你所能，然後慶祝一下！

Point

＊為儀式、慣例、歡笑和共享的回憶挪出時間和空間，這會使你的家庭產生「凝聚感」，幫助你創建一個「人們會想來停留一段時間」的地方。

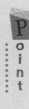

結語

相信自己的能力，勇敢地面對挑戰吧！

我們雖然來到了本書結尾，但這只是旅程的開始。成為單親父母也許是你仔細考慮過的選擇，或是一段你沒預料到的旅程；你會感到恐懼、迷惑或不知所措，你也可能覺得，這就像大多數的旅行一樣，旅途中會有一些崎嶇不平的地方，但也會有一些美好的時光。

「教養」通常會讓父母學得比孩子多，單親教養提供成長和改變的特殊機會。成人和孩童也許是不情願地加入，也許感到心碎和受傷，或不確定是否能讓家庭正常運作，但是，在最好的情況下，單親教養可以創造美好的事物、創造新的家庭生活，並看到它的實現。

是的，單親父母「有可能」養育出負責任、有禮貌、聰慧的孩子，並看著他們成長為有能力且快樂的成年人。身為作者和父母，我們希望協助你學習，並提供你實現該目標的技能和知識。你可以建造一個安全且充滿愛心的家庭，一個你和孩子可以共同茁壯成長和學習的地方；這並非總是那麼容易，卻會給你和孩子帶來很大的回饋。

你有機會以愛、智慧和信心，教導孩子如何面對生活及生活中所有的挑戰；你可以透過在孩子面前誠實生活，盡力言行一致，來教導他們為人處世的道理，而孩子可以了解到，儘管偶爾會遇到困難和挑戰，但生活是一場值得享受的冒險。

身為單親父母對你來說也許是很困難的事，但無疑也是最重要的事；單親與否，你都是孩子的父母，你做任何事進而對世界造成的影響，都比不上你透過教導孩子所留下的印記。

在日常生活的忙碌中，你會很期待孩子趕快進入下一個階段——無論是哪一個階段。當他們還是嬰兒時，我們期待著他們學步（不再需要尿布！）；當他們是學齡前兒童時，我們希望有一天他們上小學；當我們面對孩子青春期的挑戰時，也許會渴望孩子獨立的那一天。

也許你現在很難相信，但大多數父母總有一天，只希望時光倒流，並且無法相信，那個永遠綁不好鞋帶的孩子，已經成長為一個有能力且獨立的年輕人，不再像以前那樣需要父母。學習放慢腳步，欣賞和享受與孩子在一起的每一刻，是很多父母太晚才發現的事情。是的，當一名單親父母，有時是一項艱鉅的工作，但沒有什麼比與孩子分享生活更快樂的事了。

還記得我們的柏樹嗎？如果那棵樹可以說話，它會告訴我們，有時候它希望生長在其他地方，特別是當攀附岩石所需要的力量和毅力，似乎大過我們原本擁有的力量時，屈服於狂風暴雨，單純地放手，看來是很誘人的選擇。

但柏樹和單親父母都擁有可以抵擋風暴的力量，它們可以承受並生長，為聚集在樹下的人們提供庇護、美景和靈感；當太陽升起時，眼前的景象將蔚為奇觀。

每個單親父母最終都必須找到自己的方式，學會相信自己的智慧，在看起來正確的時刻，做出必要的改變。錯誤和挫折是不可避免的，但真正重要的，不是「你在哪裡」，而是「你要去哪裡」。我們誰都不會成為完美的父母，我們的孩子也不可能成為完美的孩子；如果你盡力而為，偶爾犯錯，從中汲取教訓，並一直愛護孩子，你就知道自己正朝著正確的方向前進。這是任何父母都能做到的事——是的，這就夠了。

國家圖書館出版品預行編目資料

跟阿德勒學正向教養：單親家庭篇：傾聽孩子的訊息密碼，增進信任關係，建立愛與歸屬感的環境／簡・尼爾森（Jane Nelsen），謝瑞爾・艾爾文（Cheryl Erwin），卡洛・德爾澤（Carol Delzer）著；陳玫妏譯. -- 初版. -- 臺北市：日月文化出版股份有限公司，2021.07
448面；16.7×23公分. --（高EQ父母；84）
譯自：Positive discipline for single parents : nurturing cooperation, respect, and joy in your single-parent family
ISBN 978-986-248-996-3（平裝）
1.單親家庭 2.親職教育 3.親子關係
544.1　　110008296

高 EQ 父母 84

跟阿德勒學正向教養：單親家庭篇

傾聽孩子的訊息密碼，增進信任關係，建立愛與歸屬感的環境

Positive discipline for single parents : nurturing cooperation, respect, and joy in your single-parent family

作　　者：簡・尼爾森（Jane Nelsen）、謝瑞爾・艾爾文（Cheryl Erwin）、卡洛・德爾澤（Carol Delzer）
譯　　者：陳玫妏
審　　訂：姚以婷
責任編輯：陳玟芯
校　　對：陳玟芯、謝美玲
封面設計：日央設計
美術設計：林佩樺

發 行 人：洪祺祥
副總經理：洪偉傑
副總編輯：謝美玲
法律顧問：建大法律事務所
財務顧問：高威會計師事務所
出　　版：日月文化出版股份有限公司
製　　作：大好書屋
地　　址：台北市信義路三段151號8樓
電　　話：（02）2708-5509　傳　　真：（02）2708-6157
客服信箱：service@heliopolis.com.tw
網路書店：www.heliopolis.com.tw
郵撥帳號：19716071 日月文化出版股份有限公司

總 經 銷：聯合發行股份有限公司
電　　話：（02）2917-8022　傳　　真：（02）2915-7212
印　　刷：禾耕彩色印刷事業股份有限公司
初　　版：2021年7月
定　　價：450元
I S B N：978-986-248-996-3

日月文化集團
HELIOPOLIS
CULTURE GROUP

感謝您購買 跟阿德勒學正向教養：單親家庭篇

為提供完整服務與快速資訊，請詳細填寫以下資料，傳真至02-2708-6157或免貼郵票寄回，我們將不定期提供您最新資訊及最新優惠。

1. 姓名：＿＿＿＿＿＿＿＿＿＿ 性別：□男 □女
2. 生日：＿＿＿年＿＿＿月＿＿＿日 職業：
3. 電話：（請務必填寫一種聯絡方式）
（日）＿＿＿＿＿＿（夜）＿＿＿＿＿＿（手機）＿＿＿＿＿＿
4. 地址：□□□＿＿＿＿＿＿＿＿＿＿
5. 電子信箱：＿＿＿＿＿＿＿＿＿＿
6. 您從何處購買此書？□＿＿＿＿＿＿縣/市＿＿＿＿＿＿書店/量販超商
□＿＿＿＿＿＿網路書店 □書展 □郵購 □其他
7. 您何時購買此書？ 年 月 日
8. 您購買此書的原因：（可複選）
□對書的主題有興趣 □作者 □出版社 □工作所需 □生活所需
□資訊豐富 □價格合理（若不合理，您覺得合理價格應為＿＿＿＿）
□封面/版面編排 □其他＿＿＿＿＿＿
9. 您從何處得知這本書的消息： □書店 □網路／電子報 □量販超商 □報紙
□雜誌 □廣播 □電視 □他人推薦 □其他
10. 您對本書的評價：（1.非常滿意 2.滿意 3.普通 4.不滿意 5.非常不滿意）
書名＿＿＿ 內容＿＿＿ 封面設計＿＿＿ 版面編排＿＿＿ 文/譯筆＿＿＿
11. 您通常以何種方式購書？□書店 □網路 □傳真訂購 □郵政劃撥 □其他
12. 您最喜歡在何處買書？
□＿＿＿＿＿＿縣/市＿＿＿＿＿＿書店/量販超商 □網路書店
13. 您希望我們未來出版何種主題的書？＿＿＿＿＿＿
14. 您認為本書還須改進的地方？提供我們的建議？

＿＿＿＿＿＿＿＿＿＿＿＿＿＿＿＿＿＿＿＿

＿＿＿＿＿＿＿＿＿＿＿＿＿＿＿＿＿＿＿＿

＿＿＿＿＿＿＿＿＿＿＿＿＿＿＿＿＿＿＿＿

＿＿＿＿＿＿＿＿＿＿＿＿＿＿＿＿＿＿＿＿

生命，
因家庭而大好！

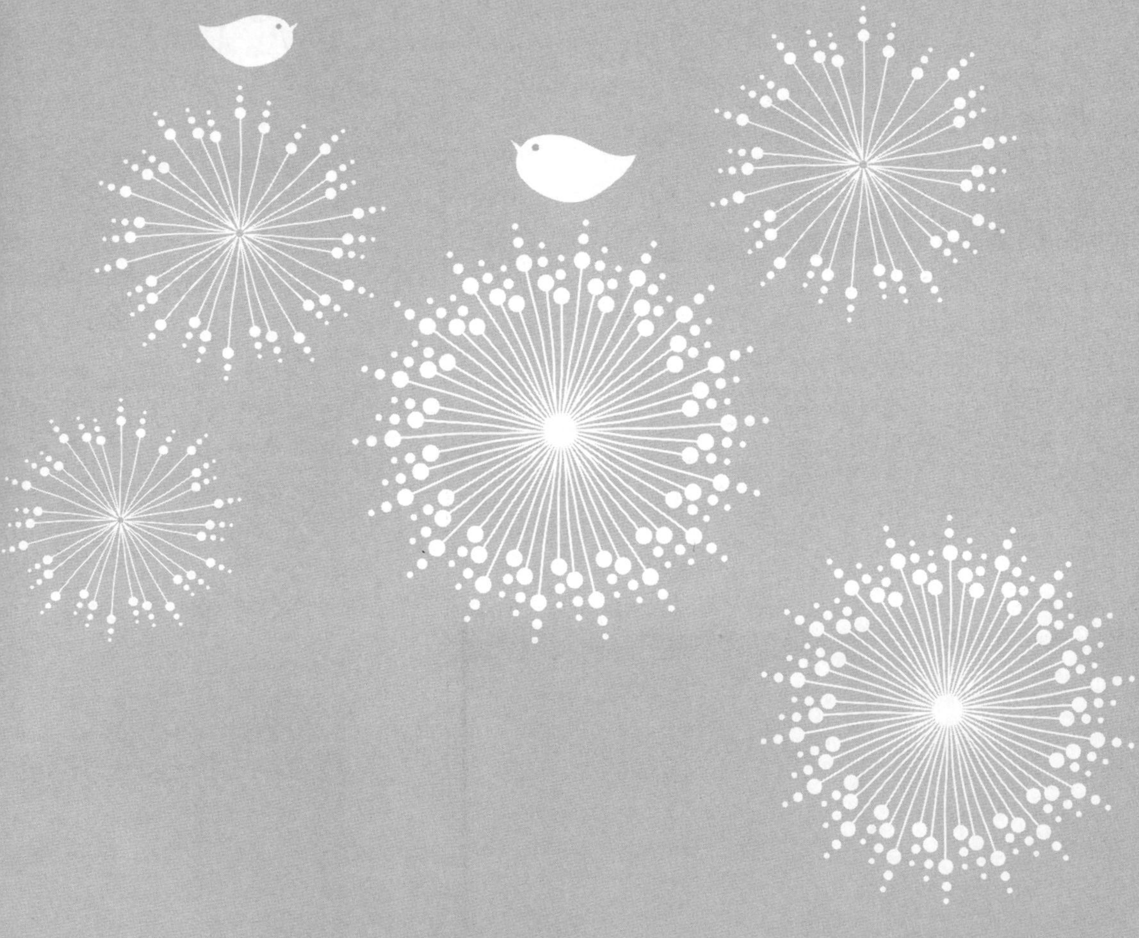